上海新金融研究院
SHANGHAI FINANCE INSTITUTE

探索国际金融发展新趋势，求解国内金融发展新问题，支持上海国际金融中心建设。

绿色经济与绿色金融

GREEN ECONOMY AND GREEN FINANCE

蔡　昉 ◎ 主编

中国人民大学出版社
·北京·

新金融书系
NEW FINANCE BOOKS

"新金融书系"是由上海新金融研究院（Shanghai Finance Institute，SFI）创设的书系，立足于创新的理念、前瞻的视角，追踪新金融发展足迹，探索金融发展新趋势，求解金融发展新问题，力图打造高端、权威、新锐的书系品牌，传递思想，启迪新知。

上海新金融研究院是一家非官方、非营利性的专业智库，致力于新金融领域和国际金融的政策研究。研究院成立于2011年7月14日，由中国金融四十人论坛（China Finance 40 Forum，CF40）创办，与上海市黄浦区人民政府有战略合作。

上海新金融研究院努力提供一流的研究产品和高层次、有实效的研讨活动，包括举办闭门研讨会、上海新金融年会、外滩金融峰会，开展课题研究，出版《新金融评论》、"新金融书系"等。

中国金融四十人论坛是一家非营利性金融专业智库平台，专注于经济金融领域的政策研究与交流。论坛正式成员为40位40岁上下的金融精锐。中国金融四十人论坛致力于以前瞻视野和探索精神，夯实中国金融学术基础，研究金融领域前沿课题，推动中国金融业改革与发展。

序　言

自 2020 年 9 月习近平主席在联合国大会上做出"30·60"目标的庄严承诺，低碳发展已上升为国家战略，有关绿色经济发展、低碳转型的讨论方兴未艾、如火如荼。中国金融四十人论坛作为国内领先智库，对这一领域始终保持高度关注。此次，论坛编辑部撷取了 30 余篇与绿色发展、低碳转型相关的文章，编纂成集。从内容来看，涉及"双碳"目标及其实现路径、与之相关的经济转型及风险应对、ESG 投资和碳市场建设、金融支持双碳等主题；从作者来看，他们或是分别具有中国金融四十人论坛成员、特邀成员、学术顾问、学术委员和特邀嘉宾等身份，经常参与论坛的研讨活动，或是在金融相关领域担任或曾经担任领导职务，或是金融领域的权威人士，都具有很深厚的理论造诣和丰富的实务经验。这些文章既贴近现实，从操作层面提出了有价值的建议，也不乏对理论问题的深度探讨。此次以"绿色经济与绿色金融"为题，将其集结出版，既体现了论坛对这一重大问题的关注，也是对已有成果的珍视。不过，为了突出作者在实践领域的优势，本书没有专门设立理论研讨的章节，这倒为我写作本序言提供了一个合适的切入点。虽然我没有能力也并不打算做出一个关于此课题的"理论思考"，但是从相对超脱的层面提出问题，或许可以起到对本书拾遗补阙的作用。这个序言既可以作为一个导读，也提出了一些值得继续探讨的问题。

一、把绿色发展同时作为主线和增长点

力争在 2030 年前二氧化碳排放量达峰，努力争取 2060 年前实现碳中和，既是中国对世界做出的庄严承诺和积极贡献，也成为中国式现代化的重要特征和目标要求。党的二十大报告对 2035 年基本实现现代化的总体目标做出的描述，就包括"广泛形成绿色生产生活方式，碳排放达峰后稳中有降，生态环境根本好转，美丽中国目标基本实现"的要

求。从这一重大部署来看，实现绿色发展，有两条既缺一不可又并行不悖的路径。

一方面，作为新发展理念的一个重要组成部分，绿色发展应该作为一条主线，贯穿于高质量发展和发展方式转变的各个方面。创新、协调、绿色、开放、共享的新发展理念，是一个回答关于发展的目的、动力、方式、路径的系统理论体系。从绿色发展这个总体发展理念出发，要求促进发展模式的转变，推进绿色金融，形成绿色发展方式和生活方式，显著提高绿色产业比重，并推动清洁能源替代化石能源、能源利用的电气化替代、碳捕获、碳交易等科技和制度的创新。

另一方面，绿色发展也是一个重要的发展领域，在高质量发展总体要求下，可以成为新的经济增长点。在更高的经济发展阶段，在人口负增长和进入老龄社会的新国情条件下，社会总需求越来越成为经济增长的常态化制约，需要探寻出口、投资和消费"三驾马车"的新动力。从外需来看，应对气候变化和气候危机的全球努力，必然对绿色产业的供给产生新的需求，给中国探寻新的比较优势和竞争力提供新的机遇。从内需来看，中国式现代化的本质要求之一是促进人与自然和谐共生，这就要求现代化建设和生态文明建设两个过程融为一体，毕其功于一役。相应地，绿色生产方式和生活方式也对绿色产业的产品和服务提出越来越大的需求。

例如，绿色转型是发展方式转变的一个重要方面，赋予这个转变以时代内涵和现实内容；与高端化和智能化一道，绿色化也是中国制造业保持竞争优势、稳定在国民经济中的比重的一项关键举措；推进环境污染防治、能源革命和能源转型，提升生态系统碳汇能力等，都在党的二十大报告中得到部署，也将成为新的经济增长点，创造出对相关产业的强劲需求。

二、应对气候变化要求思维范式转换

把绿色发展同时作为主线和增长点的理念，涉及思维范式转换和认识方法论更新，我称之为从"取其轻"到"取其重"的转变。人类从最初开始关注资源、环境、生态问题，到如今面对迫在眉睫的气候危机，始终受到一种传统思维范式的困扰，即把发展的需要与保护自然的需要看作一种"替代取舍"（trade off），两者之间似乎是非此即彼或此消彼长的关系。面对这种不得不做的抉择，通常应用的原则便是"两害相权取其轻"。

这种替代取舍的思路，归根结底不能解决与当事人利益相关的问题，因此理念上的冲突始终存在，利益相关方的激励不相容更是经常产生"合成悖论"，导致共同行动的失败。中国式现代化是人与自然和谐共生的现代化，和谐共生的认识应该超越替代取舍的思维。理论界经历旷日持久的争论，如今形成了足够多的共识，长期实践也积累了大量的经验和教训，使我们可以反思传统观念，进而实现思维范式转换。

从实践上，完全可以形成更具双赢性质的"两利相权取其重"格局。一般认为，减排和除碳方面的技术绝大多数已经存在。此外，以生成式人工智能为代表的数字技术，日益成为通用技术中的通用技术，足以成为应对气候危机和实现绿色发展的科技新支点。应用已经成熟的技术，挖掘已经存在的技术潜力，在清洁能源、除碳、碳捕获等诸多领域形成产业乃至经济增长点，推动绿色发展和实现双碳目标，可以获得绿色转型的红利。这种"取其重"的思维范式有助于在各利益相关方之间形成激励相容。

从理论上，完全可以将各利益相关方的目标函数归于一统。描述微观主体行为动机的传统经济模型，追求简单、简洁和因果关系的单一性，假设经济行为人只对市场价格做出反应。在解释气候变化相关的问题时，这种经济理论往往捉襟见肘。诚然，经济学也在外部性的概念框架内讨论资源、环境等问题，但是这类讨论往往外在于理论模型。英格兰银行前行长、联合国气候变化问题特使马克·卡尼（Mark Carney）认为，相比以往讨论的"公地悲剧"，气候变化问题表现为"地平线悲剧"，其外部性的范围超出了商业周期、政治周期和技术官僚体系的视野。[①] 而且，气候变化关乎人类的生死存亡。如果把这种外部性排除在经济模型之外，就不可能使利益相关各方形成共同的目标和激励，把全球气温控制在可接受程度的共同行动也难以落实。

市场并不只是一组供给和需求曲线，而是一种包含更丰富内容的制度安排。现实中，市场主体的行为不应该仅受价格信号的引导，还需要

---

① CARNEY M. Breaking the tragedy of the horizon: climate change and financial stability. Speech, Lloyd's of London, 29 September 2015. [2020-09-25]. http://www.bankofengland.co.uk/publications/Pages/speeckes/default.aspx.

受到各种必要的外部约束，后者分别以政策、规制、社会责任和其他契约的形式，影响市场主体的经营决策和投资方向。影响发展可持续性的资源、环境和生态问题，关乎人类生存的气候变化问题，乃至涉及人民福祉的收入分配和社会保护等问题，都应该同企业预期利润一样，纳入市场主体的目标函数。这个范式转换将有助于在实践中找到有效的双碳目标实现路径，并使其在宏观和微观层面均有内在的动力。

三、绿色金融是金融本质的与时俱进

无论是贯彻绿色发展的理念，还是落实金融为实体经济服务的要求，大力发展绿色金融都是必由之路，是金融促进高质量发展的题中应有之义。如前所述，在人与自然和谐共生的现代化过程中，市场主体的目标函数应该是企业利润与社会责任的统一。与此相对应，在促进绿色发展的过程中，中央银行和金融机构同样肩负着双重职能。一方面，立足于创造宽松的金融环境，使参与绿色发展的市场主体获得充分的商业金融支持。另一方面，体现鼓励性和支持性的金融政策，使驱使市场主体参与绿色发展的激励力度最大化。

从全球来看，伴随着近年来极端气候导致的自然灾害频发，全球平均气温加速上升，欲使其上升幅度控制在比工业化前水平升高1.5摄氏度之内已无可能。从中国实现"双碳"目标要求来看，逐步淘汰煤炭、交通运输低碳转型、制造业绿色转型、绿色城镇化、重塑人与土地的关系和消费模式的绿色转变等转型任务十分繁重。[①] 因此，绿色金融的发展应该加快步伐，在目标明确和激励合理的前提下，显著增强支持政策的实施力度、提升金融工具的运用广度，以及扩大服务范围和加快控制风险的能力建设。

鉴于这一系列转型任务既艰巨又紧迫，相关领域产业发展及投资不可避免地会出现一拥而上的现象，绿色金融也必须跟上这个规模和步伐。经济学家卡萝塔·佩蕾丝（Carlota Perez）在回顾技术革命和经济增长历史时发现，生产率的爆炸性增长和金融狂热的迸发，是彼此关联和相互依赖的，以往历次重大技术革命都曾先经历金融狂热阶段，随后

---

① 朱民，刘世锦，张永生，等. 拥抱绿色发展新范式：中国碳中和政策框架研究. 世界经济，2023（3）：3-30.

便进入生产率的黄金时代。① 这个历史经验具有两点启示。

首先，技术革命及其成果的传播通常以浪潮的形式发生。作为不可或缺的催化剂，金融呈现出一种席卷而来的狂潮，不仅投融资规模大幅扩大，投融资手段也加快创新。正如以往技术革命时期的金融热潮一样，如今在全球范围内，ESG 领域也出现了类似的现象，以至于很多人将其与 2000 年的互联网泡沫相提并论。② 然而，既然这种现象反映了绿色发展的必然性和紧迫性，就不应简单地将其视为潜在的金融风险而予以遏制。

其次，唯其如此，加强监管力度和创新监管手段，是绿色经济和绿色金融健康发展一个不可或缺的前提。在中国，绿色经济和绿色金融起步很快，逐渐成为投资和融资的热点，更需要把握好加快发展与防范风险的平衡。为保持这种平衡，有两个方面值得强调：第一，借助金融科技的最新成果提高监管水平，防范和应对超常规绿色经济发展中可能存在的超常规金融风险。第二，金融履行的商业性和政策性两种职能，从促进绿色发展的角度来看固然是统一的，但是，在操作层面应该有明确的界限，避免在市场主体中滋生寻租乃至"洗绿"行为。

蔡　昉
2023 年 5 月

---

① 佩蕾丝. 技术革命与金融资本. 北京：中国人民大学出版社，2007.
② THORNHILL J. Bubbles can also lead to golden ages of productive growth. The Financial Times, March 5，2021.

目 录

第一章 "双碳"目标与经济转型 1

"双碳"是一场广泛而深刻的经济社会系统性变革 3
低碳经济转型的挑战与应对 17
"双碳"目标下我国能源结构发展趋势 25
能源短缺与碳达峰 34
碳中和经济学——反推式变革的七个思考 40

第二章 "双碳":战略与路径 55

"双碳"目标下的中国绿色低碳转型:战略与路径 57
实现碳中和的重要前提:构建清晰化的碳排放总量目标 74
应尽快制定碳达峰碳中和整体规划 81
"双碳"战略推进与投资布局 86
碳中和路径及其经济金融含义 99
高质量发展与碳中和背景下的投资思路 105

第三章 构建绿色金融体系 115

充分发挥绿色金融对实现"双碳"目标的作用 117
发展绿色金融 助力"双碳"目标实现 122
双措并举发展绿色金融 127
以碳中和为目标完善绿色金融体系 134
中国绿色金融标准体系的建设与发展 148
绿色金融发展需兼顾机制设计与风险防范 153

第四章　金融支持"双碳"目标 ………………………………… 161

碳中和与绿色金融市场发展 …………………………………… 163
绿色金融面临"七重七轻" ……………………………………… 172
碳中和与转型金融 ……………………………………………… 176
绿色股票的发展前景及中国机遇 ……………………………… 185

第五章　ESG 投资的探索 ……………………………………… 197

ESG 投资的理论意义与现实挑战 ……………………………… 199
把握好 ESG 发展的三重主线 …………………………………… 206
中国 ESG 投资的痛点与对策 …………………………………… 214
强化信息披露基础设施，健全金融机构信息披露制度 ……… 217
全球 ESG 投资生态系统的演化与扩张 ………………………… 223
可持续投资的全球实践与中国的思考 ………………………… 230

第六章　碳市场建设 …………………………………………… 237

金融业在应对"气变"和碳市场建设中的角色与潜能 ……… 239
碳交易、碳金融和绿色投资 …………………………………… 245
发挥碳交易市场金融作用　形成有效的碳市场 ……………… 249
碳价会进一步上涨吗？ ………………………………………… 258

第七章　"双碳"转型风险与应对 …………………………… 271

需重视转型风险带来的金融问题 ……………………………… 273
审慎管理气候变化相关金融风险 ……………………………… 281
商业银行需高度关注碳中和目标带来的转型风险 …………… 287
对高碳企业绿色转型风险不必过于悲观 ……………………… 293

第一章

"双碳"目标与经济转型

"双碳"是一场广泛而深刻的经济社会系统性变革

陈文辉[*]

2020年9月22日,习近平主席在第75届联合国大会一般性辩论上发表重要讲话,并向全世界郑重承诺:中国二氧化碳排放力争于2030年前达到峰值,努力争取2060年前实现碳中和。应对气候变化是一项系统工程,涉及经济、政治、文化和社会各个方面。"双碳"目标的推进将带来一场广泛而深刻的经济社会系统性变革,影响中国未来40年的发展方向。

一、全球变暖已成为政治共识,各国政府积极采取应对措施

(一)全球变暖的危害

过去100年来,地球正在经历一次显著的以全球变暖为主要特征的变化。

联合国政府间气候变化委员会2021年公布了具有里程碑意义的气候评估报告,首次明确指出"人类活动导致了气候变化"。2011—2020年全球地表温度相较工业化前水平增加约1.1℃,比过去12.5万年中的任何时期都要高,大气中二氧化碳含量达到了200万年以来的最高值。

权威科学家发出警告:在31项能代表地球生命特征的项目中,18项已突破历史峰值。地球上的15个气候临界点已经被激活9个。这些气候临界点是引起全球或区域气候从量变到质变的关键节点,是不可逆的,如被突破则可能造成灾难性后果。气候变化的速度与强度超出了人

---

[*] 作者系中国金融四十人论坛(CF40)学术顾问、全国社会保障基金理事会原副理事长。

们的预料，成为当今影响最为深远的全球性环境问题之一。

全球变暖最直接的影响是气温升高。持续的高温天气易引发各类疾病，影响人们生命健康。2022年7月以来，美国西北部和加拿大西部持续高温，导致数百人死亡，每天因高温被送往医院的人数显著增加。

一方面，全球变暖会增加地表蒸发量，改变降水分布，在造成干旱和洪涝的同时，引发粮食安全问题。斯坦福大学的一项研究表明，温度每上升1℃，谷物产量就会下降17%。欧洲过去20年是2 000多年来最严重的干旱期。干旱对粮食生产造成不小的压力，也提升了山火发生的频率。另一方面，我国近年来降水量明显增加。2020年，我国遭受严重洪涝灾害，6 346万人受灾。2021年，河南发生超历史洪水，郑州等特大城市陷入瘫痪，数千万人的生活受到严重影响。更重要的是，作为我国农业大省，河南此次洪灾中有1 450万亩农田受影响，其中550万亩农作物绝收。

全球变暖还会导致冰川融化和海平面上升，威胁人类的生存环境。南北极的永久冻土中冰封着多种史前微生物，这些史前微生物随着冰川融化而复苏，可能引发全球疫情。以2010—2019年间与1992—1999年间相比，格陵兰和南极冰盖的平均流失速度分别增加了6倍和3倍。据气候学家估算，若全球气温上升1.7℃，海平面将上升30厘米。目前，海平面上升速度是1901—1971年间的3倍。全球一半以上的人口居住在距海岸线200千米以内的地区。世界级大都市几乎都是沿海城市，海平面上升将严重威胁沿海城市和岛屿的安全。以上海为例，未来30年，上海濒临的东海海平面可能会升高7.5～14.5厘米，部分沿海区域将被淹没。

当全球升温超过2℃时，生态系统将受到不可逆的损害，生物多样性将出现断崖式下降。在《自然》（*Nature*）上发表的一篇论文指出，如果人类没有达到《巴黎协定》设定的目标，那到2100年，陆地生态圈中38%的地区和海洋生态圈中51%的区域将受到严重影响。

（二）从科学共识到政治共识

学术界对全球变暖的研究已有近200年历史。目前，认为人类活动导致全球变暖的观点占据绝对主流地位。

全球变暖的学术研究始于1827年，法国科学家傅里叶（Fourier）认为大气与温室的玻璃有相同的作用。1896年，瑞典化学家阿伦尼乌斯（Arrhenius）提出，温室气体增加可能导致气候变暖。自1957年科学家首次在美国夏威夷和南极站直接测量二氧化碳浓度以来，大气中二氧化碳浓度持续增加。而全球气温在20世纪40年代出现短暂上升后，20世纪五六十年代却开始缓慢下降，但20世纪70年代又迅速回升。这一时期，科学界对全球变暖和温室气体的关系充满争议。直到1998年，宾夕法尼亚州立大学古气候学家迈克尔·曼恩（Michael Mann）重建了1 000年的气候史，用一条"曲棍球杆"曲线展示了人类活动与气候变暖的关系，"曲棍球杆曲线"理论从此成为学术研究的主流观点。

如今，观测数据显示全球气温呈现明显的波动上升趋势，并与二氧化碳浓度高度正相关。全球变暖已成为不争的事实，80%以上的主流科学家支持全球变暖的观点，并致力于研究全球变暖对人类社会的影响。只有少数科学家仍坚持相反的观点。

民众感受与科学研究相结合，推动全球变暖成为政治共识。与科学家注重严谨的逻辑分析和翔实的数据支持不同，民众对全球变暖的认知更多源自自身的感受，这种感受又与其所处的地理环境和社会经济发展水平紧密相关。

欧洲民众是最先意识到全球变暖的危害并积极采取行动的群体。欧洲以岛国和沿海城市为主，海平面上升直接威胁到大多数人的生存。全球变暖学说得到越来越多主流科学家的支持，特别是欧洲民众中年轻一代对未来的生存环境非常担忧，而近年来频频出现的极端天气进一步强化了这种担忧，并通过民主程序影响司法和选举。2021年5月6日，德国总理默克尔宣布将德国实现碳中和的时间从2050年提前至2045年，并提出了更严格的减排目标。这是因为德国联邦宪法法院判定此前的减排目标对后代不公平，默克尔政府也寄希望于新的减排目标能争取更多选民的支持。

美国民众在利益集团的影响下左右摇摆。拜登政府的"绿色新政"代表了当前美国社会的主流民意。美国拥有丰富的油气资源和发达的石油工业，为居民提供廉价能源，美国人也养成了高能耗的生活方式。化石能源产业在美国拥有很强的影响力，化石能源巨头是共和党主要的出资者之一。因此，一方面，共和党执政时期，美国政府为大力发展化石能源产业，尽量减少气候变化问题对产业发展的束缚。另一方面，美国与欧洲一样已经完成工业化，普通民众非常关注气候变化对未来生活环境的影响，民主党代表此类民意，每届政府都会留下很多"绿色遗产"。随着两党交替执政，美国应对气候变化的政策不断摇摆。但随着科学界对全球变暖的研究达成共识，两党的政治精英在气候问题上达成一致的可能性越来越大。在特朗普当政时期，尽管特朗普公开宣称气候变化是一场骗局，仍有55%的共和党认同美国应采取措施减少气候变化对环境的影响。相信拜登政府任内应对气候变化问题将成为美国主流民意，往后共和党很难在气候问题上再开倒车。

中国作为发展中国家，主动提出"双碳"目标，有力地推动应对气候变化问题成为全球共识。伴随着经济的快速增长，中国人对生活环境的要求越来越高，环境保护的意识也越来越强。自十八大以来，中国共产党顺应民意，倡导绿色发展理念，不断加强生态文明建设。2019年，中国人均国内生产总值（GDP）突破1万美元大关，进一步向高收入国家看齐。2020年，新冠疫情肆虐，更多中国人意识到可持续发展的重要性，认为必须尽快采取行动保护地球家园。习近平主席代表中国人民向世界做出"双碳"承诺，获得全国人民的衷心支持和世界人民的广泛好评。中国作为发展中国家，主动提出"双碳"目标后，日本、加拿大、韩国等发达国家也相继提出碳中和时间表。截至2021年初，已有127个国家和地区——占全球二氧化碳排放65%以上和世界经济体量70%以上——都做出了碳中和承诺，应对全球变暖问题已在政治层面达成共识。

（三）各国政府的应对措施

应对气候变化是一项跨越国界的全球性挑战。各国要解决这一问题，需要在各个层面进行协调，需要国际合作。2016年签署并生效的《巴黎协定》代表了全球绿色低碳转型的大方向，对2020年后全球应对气候变化的行动做出了统一安排。截至2022年12月,《巴黎协定》签署方达195个,缔约方达194个。《巴黎协定》坚持"共同但有区别的责任"和各自能力原则。缔约国根据国情,自主提出减排目标和措施。

欧盟委员会于2019年发布了"2050欧盟绿色新政",以"2050年实现碳中和"作为推动全局性转变的抓手,制定了具体的时间表、路线图,包括能源、产业、建筑、交通、农业等各个领域的重点行动,明确了能效、可再生能源、循环经济等领域的立法计划以及每年新增2 600亿欧元绿色投资的资金保障机制。此外,欧盟作为应对气候变化的领导者,建立了全球领跑的碳排放权交易体系。从市场规模上看,欧盟碳交易体系的碳交易额达到1 690亿欧元左右,占全球碳市场份额的87%。从减排效果来看,欧盟碳排放量2019年相对1990年减少23%。

欧盟各国也分别有应对气候变化的亮点计划。德国政府2021年宣布,实现净零碳排放即碳中和的时间,将从2050年提前到2045年,为此将提高减排目标,2030年温室气体排放较1990年减少65%,高于欧盟减排55%的目标。德国政府计划为能源转型提供巨额经济补贴,将1 300亿欧元刺激资金中的1/3用于公共交通和绿色氢开发等领域。法国2015年承办了联合国气候变化大会,在签署《巴黎协定》过程中发挥了引领作用。自2015年起,法国政府提出"国家低碳战略",先后制定并实施《绿色增长能源转型法》《多年能源规划》《法国国家空气污染物减排规划纲要》等法律法规,依法构建了法国国内绿色增长与能源转型的时间表,为实现节能减排、促进绿色增长提供了有力的政策保障。

英国是世界上最早开始碳中和实践的国家。2008年,英国正式颁布《气候变化法》,成为世界上首个以法律形式明确中长期减排目标的国家。2019年6月,英国新修订的《气候变化法》生效,并正式确立2050年实现碳中和目标。为推动这一目标实现,英国政府于2020年宣布了一项涵盖10个方面的"绿色工业革命计划",包括大力发展海上风能、推进新一代核能研发和加速推广电动车等。这项计划将动用超过120亿英镑的政府资金,预计到2030年将带动3倍以上的私营部门投资,建立适应未来的绿色产业。此外,英国还启动了440亿美元的清洁增长基金,用于绿色技术的研发。

虽然美国在特朗普政府时期退出了《巴黎协定》，但是许多州和企业低碳转型力度未减。拜登上台后，美国已正式重返《巴黎协定》，并承诺到2035年，通过向可再生能源过渡实现无碳发电；到2050年，美国将实现碳中和。为了实现美国的"3550"目标，拜登政府计划推动绿色复苏，大力发展清洁能源，承诺4年内为气候友好型基础设施投入2万亿美元，涉及高铁扩建、电动汽车生产、风能、太阳能和其他可再生能源技术的推广；10年内投资4 000亿美元用于清洁能源技术创新，加快清洁技术在美国经济中的应用。2021年，拜登签署行政令，设定到2030年零排放汽车销量达50%的目标，这将倒逼美国汽车产业的新能源化转型。

日本于2020年发布了《绿色增长战略》，承诺到2050年实现碳中和目标。日本政府针对包括海上风电、核能产业、氢能等在内的14个产业提出具体的发展目标和重点发展任务，并计划通过监管、补贴和税收优惠等激励措施，引导超过2.3万亿美元的私人资本投资绿色领域。

中国政府2020年提出"双碳"目标并对2030年中国单位GDP碳排放下降程度、非化石能源占一次能源的消费比重、森林蓄积量和新能源装机量等量化指标做出具体承诺。2021年，中国政府把碳达峰碳中和纳入生态文明建设整体布局，并写入"十四五规划"。历经10年的地方碳市场试点工作后，2021年7月16日，全国碳排放权交易在上海环境能源交易所正式启动。首批纳入碳市场覆盖的企业碳排放量超过40亿吨，成为全球覆盖温室气体排放量规模最大的市场。当前，"双碳"目标已上升为国家战略，各级政府、国有企业、金融机构和私营部门都在探索新的发展模式，推动经济社会发展建立在资源高效利用和绿色低碳发展的基础之上。

二、我国应对策略的深层次思考

在127个提出碳中和目标的国家中，从碳达峰到碳中和平均时间是43年，而我国只有30年。我国仍处于工业化后期，实现"双碳"目标要同步推动经济结构转型，以煤为主的能源结构进一步加大了减碳难度。我国政府提出"双碳"目标，是基于我国推动构建人类命运共同体的责任担当和实现可持续发展的内在要求而做出的重大战略决策,抓住了实现中华民族伟大复兴的难得机遇,将会是一场广泛而深刻的经济社会系统性变革。

(一) 体现了中国作为负责任的大国推动构建人类命运共同体的主动担当和情怀

地球是我们共同的、唯一的家园。人类需要一场自我革命,加快形成绿色发展方式和生活方式,建设生态文明和美丽星球。

中国作为全球最大的碳排放国,实现"双碳"目标对应对全球气候变化具有至关重要的作用。中国是人口大国、制造业大国、进出口大国,2019 年排放二氧化碳 101.7 亿吨,占全球总排放量的 28%,几乎相当于美国、欧盟、英国、日本等西方发达国家的总和。据有关专家测算,若中国顺利实现"双碳"目标,全球碳中和的时间将提前 5~10 年,温升目标可降低 0.2℃~0.3℃。这对坚定各国应对全球变暖的决心,共同实现人类的可持续发展非常重要。

中国累计碳排放量和人均碳排放量并不高,主动提出"双碳"目标彰显了大国担当和对人类命运真诚关切的天下情怀。发达国家 20 世纪已完成工业化,并排放了大量二氧化碳,而发展中国家正在经历工业化进程,承接了发达国家高能耗产业。中国作为世界工厂,承担了全球绝大多数商品的制造,但从累计碳排放量来看只占全球的 12.7%,约为美国的一半;人均碳排放量仅有 7.28 吨,排在全球第 44 位。《巴黎协定》强调公平和共同但有区别的责任。有学者据此估算了各国享有的"碳配额"。美欧等发达国家早已透支了"碳配额",目前处于"碳负债"状态;而中国仍有一半以上的"碳配额"可用。发达国家做出碳中和承诺是其应尽的义务和历史责任,具有道义和法理上的双重压力。而中国提出"双碳"目标,是一种自主自愿的"公益"行动,体现了中华民族的天下情怀,彰显了中国作为负责任大国的担当。

(二) 在全球绿色低碳转型中抢占先机,为实现中华民族伟大复兴奠定基础

工业革命以及化石燃料的使用大幅提升了生产力,人类社会进入工

业文明阶段。人们不断从自然中攫取资源，燃烧化石燃料获取能量，创造出丰富的物质财富，但也破坏了生态环境。特别是二氧化碳的过量排放导致全球变暖，严重威胁人类的可持续发展。人类不能再忽视大自然一次又一次的警告，沿着只讲索取不讲投入、只讲发展不讲保护、只讲利用不讲修复的老路走下去。在科学家严谨论证的基础上，在全世界人民强烈的呼吁中，在各国政要的共同努力下，人类社会正向绿色低碳发展转型，实现从工业文明向生态文明的跃迁。

实现绿色低碳转型需要全社会形成共识，只有中国具有显著的制度优势。绿色低碳转型是一项庞大而繁杂的系统性工程，需要社会各界达成共识，只有齐心协力才能顺利推动。发展低碳产业必然会对原有产业产生冲击；特别是化石能源产业，在工业社会中占有非常重要的地位，其背后的利益集团会千方百计阻挠转型计划的制定和实施。此外，绿色低碳转型需要大量资金的持续投入。据有关机构测算，要实现《巴黎协定》温升控制目标，全球每年需投入 2.5 万亿～2.8 万亿美元。这意味着各国每年要拿出相当于 GDP 3% 的资金投入绿色低碳转型。无论财政资金还是社会资本，如果没有形成高度的社会共识，都很难完成这一投资目标。

西方发达国家是多党制政体，各党派代表不同的利益集团，当代表化石能源产业利益的政党执政时，绿色低碳发展的进程就会放缓，甚至倒退，美国就是最好的例证。即使社会已形成绿色发展的共识，面对转型需要的巨额资金投入，各党派也会围绕自身利益进行激烈的博弈，最终绿色发展计划会因缺少资金支持变成一纸空文。

发展中国家尚处于工业化进程中，高耗能和化石能源产业在国民经济中占比很高，社会影响力很强，从而导致实现绿色低碳转型的成本更高、投入更多、难度更大。

中国的制度优势解决了发展中国家实现低碳转型的难题。中国坚持一党执政，中国共产党从来不代表任何利益集团的利益；只要实现绿色低碳发展符合中国最广大人民的根本利益，中国政府就会全力以赴，并坚定不移地去推动。在党中央的统一部署下，财政资金和国有资本充分发挥引导作用，带动社会资本共同投资绿色产业，为低碳转型提供充足的资金支持。中国为全球特别是发展中国家绿色低碳转型提供了很好的范式。比尔·盖茨公开表示，解决气候问题要向中国学习，只有社会主义才能救地球。

实现绿色低碳转型需要重构基础产业，中国具有明显的先发优势。从全球二氧化碳排放结构来看，作为基础设施的能源和交通行业占了一半以上的份额，因此实现绿色低碳发展要先构建新的基础设施，大力发展可再生能源和绿色交通。

得益于中国强大的制造业基础和早年持续的财政补贴，中国在光伏和新能源汽车产业已取得明显的先发优势。太阳能是最重要的可再生能源，而中国企业在光伏产业领域已经遥遥领先。在前十大光伏生产商中，有9个是中国企业，全球70％的光伏组件来自中国（剩余30％中的相当大一部分是由中国企业在海外的工厂生产的）。预计2025年，中国生产的太阳能电池将是其他地区总和的两倍，中国将在光伏产业中完全占据主导地位。

像光伏这样的产业，中国还有新能源汽车，中国拥有蔚来、理想、小鹏三家造车新势力，而像比亚迪、长城等传统汽车生产商也在积极转型，推出了深受市场认可的新能源车型。除了美国的特斯拉，中国新能源汽车企业已经将绝大多数国外汽车生产商远远甩在身后。中国新能源汽车快速发展得益于中国拥有完整的新能源汽车产业链，电机、电控、电池等核心部件都已实现自主可控，且在一些领域达到世界领先水平。

以新能源电池为例，宁德时代作为行业龙头企业，出货量多年蝉联全球第一，目前占有全球近1/3的市场份额，已成为拥有万亿元市值的企业。比亚迪电池排名中国第二、全球第四，拥有约占全球7％的市场份额。新能源电池不仅是绿色交通的动力源，也是可再生能源的储能设施。目前，中国国内还有数家新能源电池生产企业，有的专注研发能量密度更高的固态电池，有的致力于研发更适合储能的钠离子电池，它们都处在全球领先水平。

光伏和新能源汽车（电池）是绿色低碳转型必要的基础设施，都是万亿元级的大市场。中国企业所占市场份额遥遥领先,全产业链自主可控,前沿技术系统布局,已形成以我方为主导的产业链。中国企业有望告别组装代工等低附加值产业,在全球绿色低碳发展转型中实现价值链的跃迁,成为技术、设计和品牌的输出方。

要实现以上目标,中国还要关注另一个二氧化碳排放的重要领域——工业。中国工业排放的二氧化碳占了总排放量的40%,与能源行业相当,但大多数工业减排技术仍处在研发阶段。中国企业要想在未来的产业分工中占据价值链顶端,必须加大清洁技术投入,率先实现绿色低碳发展。

实现绿色低碳转型需要全球合作,这样可减轻中国崛起过程中承受的压力。中国的日益强大令美国为首的西方世界非常担忧,西方正在酝酿一场"新冷战"以遏制中国崛起。美国已将中国列为战略对手,无论是特朗普发动中美贸易摩擦实施全面打压,还是拜登采用小院高墙式精准打击,都希望借此实现中美脱钩。欧洲一些政客和媒体故意歪曲抹黑,制造意识形态对立,妄图孤立中国。

当前国际形势严峻,西方世界正在采取一切手段对中国进行围堵和封锁,而气候合作正是中国的破局之道。人类生活在一个互联互通、休戚与共的地球村,各国紧密相连,人类命运与共。气候变化是人类面临的共同挑战,关系着人类前途和未来,任何一国都无法独自解决,必须开展全球行动、全球应对和全球合作。

美国国务卿布林肯和美国总统气候变化特使克里在不同场合均表示,美国希望在气候变化领域与中国合作。来自全美各个地区和行业领域的40家机构,已联名致信美国总统拜登和美国国会议员,呼吁摒弃对华敌对态度,优先推动多边主义、外交及与中国的合作,共同应对气候变化危机。欧洲在应对气候变化方面已经与中国开展紧密合作。2020年9月,中欧建立环境与气候高层对话,打造中欧绿色合作伙伴关系。2021年以来,中法德三国领导人已召开两次视频峰会。应对气候变化是最重要的议题,将成为中欧合作的重要支柱。

中国在与西方世界开展气候合作的过程中,建立高层对话机制,避免双方关系进一步恶化;开展学术交流和技术合作,共同推动清洁技术研发,逐步打破西方对中国的科技封锁;向欧美等国出口光伏、新能源汽车、动力电池等,加强经贸合作和利益绑定。实现中华民族伟大复兴进入了不可逆转的历史进程,但也会受到越来越大的国际压力。中国一定要打好气候合作这张牌,从容应对西方世界的"围剿",实现中国的和平崛起。

(三)"双碳"是一场广泛而深刻的经济社会系统性变革

党中央明确指出,实现"双碳"目标要以能源绿色低碳发展为关键,加快形成节约资源和保护环境的产业结构、生产方式、生活方式、空间格局。这对中国经济社会而言将是一场广泛而深刻的系统性变革。

一方面,推进"双碳"目标有望解决中国面临的能源安全问题。2019年,中国原油消费量为6.3亿吨,原油对外依存度为72%,是全球第一大原油消费国和原油进口国。进口原油主要来自中东和非洲地区,前五大国占了进口总量的75%,中东局势动荡时刻威胁着中国能源安全。此外,中国90%的进口原油需要海运,其中绝大多数要经过马六甲海峡。一旦发生战事,马六甲海峡被封锁,中国将很快陷入原油短缺的境地,而这会导致工业和运输瘫痪,严重影响国家安全和国计民生。

另一方面,中国以煤为主的能源结构不仅导致整体能源利用率低下,还带来巨大的生态环境问题。近年来,中国加大天然气进口力度,降低煤炭在一次能源中的比重。2019年,中国已成为全球最大的天然气进口国,与此同时天然气的对外依存度也达到了43%。俄罗斯是中国重要的天然气进口国。2014年,中俄签订30年天然气供应协议,一定程度上保障了中国在21世纪中叶之前的用气安全,但2044年后能否续签具有不确定性。

因此,加快发展可持续能源,推动能源转型,既是绿色低碳发展的关键,也是解决中国能源安全问题的根本之道。若"双碳"目标顺利实现,2060年中国化石能源占一次能源的比重将下降到15%以内,完全可以实现自给自足。

推进"双碳"目标将带动经济结构的深度调整。中国仍处于工业化进程中，工业在国民经济中约占1/3，排放了40%的二氧化碳。工业碳排放强度是服务业的3~4倍。随着经济发展水平的提高，服务业在国民经济中所占比重会进一步上升，这有利于中国整体碳排放强度下降。但实现"双碳"目标仅仅依靠经济结构的自发调整是远远不够的，还要大力推动工业的绿色低碳转型。

一方面，大力发展可再生能源和绿色低碳产业，替代化石能源及高碳行业。目前，化石能源占中国一次能源消费的85%，可再生能源占15%。到2060年，可再生能源要达到85%，化石能源仅占15%。这意味着未来40年，光伏、风电、水电、核能等可再生能源行业和新能源汽车、清洁技术等绿色低碳产业将迎来高速增长。与此同时，煤炭、石油、传统汽车等高碳产业将逐步萎缩直至退出历史舞台。

另一方面，大力推动制造业的绿色低碳转型。当人类社会从工业文明进入生态文明后，制造业的竞争逻辑也发生了根本性改变。工业文明解决了物质短缺问题，成本是制造业最关注的问题。企业生产成本足够低，就能以更低的售价抢占更多的市场份额。生态文明要解决可持续发展问题，制造业要尽可能以最少的资源消耗实现产出，资源利用效率是企业的核心竞争力。

当前，中国制造业得益于便宜的劳动力、齐备的产业链和完善的基础设施，以低成本优势在全球竞争中立足，但激烈的价格竞争让企业不敢进行长期投入。中国制造业普遍存在技术含量低、生产方式粗放、附加值低等问题，亟须转型升级。随着"双碳"工作的推进，碳交易市场不断扩大，碳税的预期也越来越强，低效率、高能耗的企业将面临越来越高的碳成本，最终被市场淘汰。而加大现有产线升级改造、采用清洁技术、加强精细管理、提升生产效率、降低能耗水平的企业，将占有更多的市场份额，成为行业龙头。

更重要的是，为达到"双碳"要求，目前绝大多数产品都将被重新定义：按照循环利用的理念设计，选择环境友好型新材料，采用清洁技术和"零碳"工艺。西方积累了数百年的工业流程面临重构，发达国家老牌企业的优势将不复存在，并和中国企业站在同一起跑线上。这是中国制造业实现弯道超车的难得机遇，只要率先实现绿色低碳转型，就能在设计、技术（专利）等环节取得先发优势，从而跃居价值链顶端，实现真正的高质量发展。

推进"双碳"目标对生产生活方式以及空间格局分布都将产生重大影响。低碳将重塑我们的价值观，深刻改变我们的生活。"碳"之于地球正如"糖"之于人类：在物资匮乏年代，人们都偏好高糖的食物，但如今大家都提倡清淡饮食，以保持健康。同样，今天的中国已全面建成小康社会，物质充裕，人们对环境的关注度越来越高，低碳理念会像健康理念一样，得到越来越多人的认可和践行。人们购买商品时不仅会考虑价格，还会关注商品的含碳量。开大排量豪车不再是身份地位的象征，而是一种缺少环保意识的低素质表现。父母教育孩子随手关灯的节约用电的初衷不是为了省钱，而是为了减碳。消费者对低碳产品的需求，将重构现有生产体系。

低碳产品与现有产品从设计理念到生产方式都有明显区别，将对现有生产体系产生颠覆式影响。生产传统产品的成本是唯一考量因素。而生产低碳产品，企业则要兼顾成本和碳足迹。低碳企业早期的经营目标是在成本可控范围内尽可能实现生产全流程的碳足迹最小化，逐步过渡到碳足迹为零约束下的成本最优化。低碳生产需要清洁能源以及采用更多的清洁技术，这需要对现有产线和生产流程做出相应调整，以满足低碳生产的需要。例如，3D打印在碳排放和节约资源方面具有非常大的优势，但目前成本比减材制造要高，传统企业不会采用，但低碳企业有很强的动力率先试用。此外，员工的激励考核机制也要与低碳发展相适应，以前只考核业绩，现在要将碳排放纳入进去。生产的各个环节都要为减碳做出贡献，这样才能实现生产全流程的低碳转型。

低碳生产将重新定义各生产要素的比较优势，从而引发产业空间格局的调整。以电解铝为例，传统电解铝企业多分布在山西、内蒙古、新疆等产煤地区，煤电价格便宜，公司成本优势显著。而如今，有些企业已将主要产能迁往云南，利用水电生产电解铝，以满足客户对产品低碳的要求。光伏作为未来最重要的可再生能源,随着技术进步和产能扩张,发电成本还有很大下降空间。金属冶炼需要焦炭做还原剂,会产生大量二氧化碳,而要实现低碳生产冶炼必须用绿氢(可再生能源发电制取的氢气)做还原剂。当光伏发电成本下降和低碳产品需求增加相交汇时,绿氢将取代焦炭成为冶炼工业重要的生产原料。鉴于氢气的储存和运输成本都非常高,我们可以预期金属冶炼产业将向光伏集中的西部地区迁移。

另外,产品的碳足迹成为重要的考量因素,产业链的分布也会发生改变。极低的海运成本是全球化分工的基础,但海运减碳的难度非常大。若按照现有产业链,在全球各地生产并组装,仅运输环节就会产生很大的碳排放。未来,为生产低碳和零碳产品,现有产业链将出现整合,向核心生产环节聚集,以减少甚至消除运输过程中的碳排放。

低碳经济转型的挑战与应对[*]

李克平[**]

一、能源短缺是低碳转型中面临的重要挑战

在国际理论研究和模式分析中，低碳转型风险的基本聚焦点是绿色科技创新和技术进步所带来的风险，特别是对传统高碳行业和传统能源的冲击。很少有研究分析低碳转型过程中能源整体会面临的挑战。

当前的国际形势提醒我们，2021年开始全球不同国家出现了明显的能源短缺，甚至有人担心会出现全球性的能源危机。我认为，本次能源短缺是对全球低碳转型的一次检验，检验原来低碳转型的理念、假设、模式是否正确；同时也是一次考验，考验在新旧能源转型结构中、在能源短缺冲击下和在能源生产过程中，相关体制、政策、安排能否经受得起冲击，以及能在多大程度上迅速解决能源短缺问题，把危机扼杀在摇篮中。此外，这也是一个很好的契机，全球各个国家可以认真总结和反思，以便在今后的低碳转型道路上走得更顺利。

本次能源短缺的原因很复杂，但有一点毋庸置疑，即低碳转型和本次能源短缺有很强的相关性。也就是说，低碳转型是能源短缺的重要原因之一。在此背景下，我们要关注低碳转型的相关安排和内部特性将对能源短缺产生什么样的影响。对此，有以下几点启示。

（一）全球在低碳转型过程中低估了新旧能源结构过渡、替代、衔接的风险

相关理论、模式、实践主要关注三方面内容：一是如何减排、减

---

[*] 本文作于2021年。
[**] 作者系中国金融四十人论坛（CF40）学术顾问、中国投资有限责任公司原总经理。

碳、去碳、如何实现零碳；二是如何更快推动绿色技术创新，只有创新成本降低，才能用新能源彻底替代传统能源；三是鉴于碳排放的外部成本和外部性，必须建立有效的政策、体制和机制体系，以便将碳排放的外部成本内部化。这是三项最重要的内容，需要很长时间的研究。

为什么说能源结构的衔接和转换没有引起足够重视？因为目前的制度安排暗含着一种假设，即一手做减排，一手做新技术，以创新推动新能源发展，人们认为新旧能源结构在替代过程中可以实现无缝衔接。我们不必过于担忧全球经济增长过程中的能源供应问题。但本次能源短缺告诉我们，这种暗含的假设和美好的期望是错误的，而且这种错误不可忽视，因为能源是现代经济的命脉。像中国这种大型经济体，一旦能源整体发生问题，其影响程度和解决难度都要远高于其他国家。对于传统能源占比很高的经济体，能源是需要认真思考和关注的问题，且这一问题在全球同样重要。因此，我们必须重视能源短缺问题，这是我国实现可持续、平稳转型的重要支点。

（二）现有思维方式需要调整

当需要形成社会共识，动员各方力量，号召全社会为人类的未来负责任地开展行动时，必须要做更多分析和比较，以形成共识。而一旦确定了共识和方向，人们就要更多以务实的理性方式来关注具体问题。例如，中国很多报告在分析低碳转型中的行为、政策和问题时，喜欢使用"两分法"，即认为一项措施短期内可能有负面效应，长期看有正面效应，总结时把正负面效应进行对冲，得出"总体上利大于弊"的结论。这种思维方式在动员阶段是可以的，一旦进入实际操作阶段，就必须改变。我们要切实分析问题是什么以及怎么解决或缓解问题。理论模型可以对冲正负面影响，但现实中的所有负面问题都不会因为存在未来收益和好处而被对冲掉，每家企业和个人都必须面对和解决当前的问题。

碳中和或者低碳经济转型的问题，不仅是教育问题，还需要概念认识和思维方式的彻底改变，否则我们不可能改变任何考核指标体系。不管是讨论增长方式、考核指标，还是讨论GDP或绿色GDP，考虑与不考虑碳中和二者的行为机制完全不同，两种思维方式会产生不同的价值体系。因此，碳中和是人类生产方式和生活方式的重塑。

对此，我的认识是：(1)碳中和不是单纯的环境问题，而是根本性的经济问题，是经济发展方式和目标的转变。(2)它不是一个短期的政治目标，而是我国的长期战略，是生产方式和生活方式的重大转变。(3)它不是一两个行业的调整，而是整个产业结构的巨大转型和调整。从地域上看，它是全球所有国家都必须面对的转型，只是程度有所不同。(4)它根本就不是可有可无或锦上添花的问题，而是一个可量化的、严肃真实的问题。人们要认识到上面这几点，就需要彻底转变观念和思维方式。

(三) 2021年"新能源稳定性差"的检验结果略超预期

原来电力行业的观点是，新能源在品质、质量等物理角度存在瑕疵。但现在我们发现，新能源的稳定性比预想的更差、波动性更大，这远超预期。新能源是为应对气候变化发展起来的，但在实际面对气候异常时却更脆弱，风电、光电、水电在气候异常时都显示出比传统能源更大的波动，这也是全球能源短缺的重要原因之一。动态来看，在新能源占比越来越高的情况下，如果没有重大的技术突破，那么新能源的波动性会更大，这是目前人类面临的重要挑战。要解决这一问题，人类需要发展新能源储能技术。目前来看，储能技术要取得突破，无论是理论上还是实践上都需要时间。因此，新能源缺乏自身的调节工具，必须依靠传统能源来弥补新能源波动时的缺口。

(四) 要实现全球碳中和的目标，传统能源最终要被淘汰

在长期转型过程中，我们要用理性的、务实的态度，在低碳的约束条件下保证新旧能源结构的平稳转换。传统能源不是退得越早、越快越好，它和新能源实际上是互相替代、此消彼长的。诚然，能源问题要"先立后破"。在传统能源退出前，应该先有新能源作为补充，否则会出现能源供给缺口，而这一情况在实践中更加复杂。

二、高碳经济的特征和挑战

近代经济和现代经济都是高碳经济，这是自然禀赋、技术发展路

径、社会组织方式和市场机制等综合影响的结果,其特征是追求低成本、高效率、高利润,这也是我们之前的发展动力。此外,高碳经济还有负外部性的基本特征,但是其特征在经济学上是市场机制失灵的部分。尽管碳排放和市场机制可以并行不悖,但始终没有得到校正。这些特性也带来了一些挑战。

第一,碳中和是市场机制解决不了的问题,这就形成了对市场配置资源的挑战。至少在没有其他力量干预的情况下,靠市场机制的自发作用不可能自动实现碳中和的目标,企业没必要用更贵的技术去实现碳中和来完成目标。

第二,向低碳经济转变是对人性的挑战。因为这个转变过程太久,可能需要两三代人的努力,所以我们都觉得它很遥远,而对它不够重视。在当下这种重短期功利、奉行实用主义的环境下,要去实现一个涉及人类未来的理想主义的长期目标需要做的工作太多;从形成共识到建立强有力的机制,这些都是挑战。

第三,我们面临比发达国家更艰难的碳达峰碳中和过程,这是中国所面临的特有挑战。很多文章都提到,欧洲花了70多年完成碳达峰,美国花了40多年完成碳达峰。但它们不完全是通过技术进步和减排实现碳达峰,而是通过全球化产业转移实现了本国(地区)境内的碳达峰,这种方式至少在实现过程中发挥了一半以上的作用。随着国际社会的低碳经济共识增多,中国已经做出诸多承诺。如果以高碳方式向发展中国家转移自己的资本、产能、行业,那么可能造成负面的国际影响。因此,我们只能放弃发达国家高碳产业转移的道路,转而通过高成本的技术创新来减排。此外,发达国家在进行产业转移时,把自己产业生命周期的尾部利润全部拿回本国,而我们只能舍弃尾部利润,并用更高昂的成本去进行减排,这是不可避免的。

第四,地区和行业之间存在差异。任何国家都有高碳和低碳的技术发展、地区禀赋,地区和行业之间的差异也是重新洗牌的深远因素之一。能否取得成果,取决于我们的规划节奏和手段强度。全国政协委员、上海新金融研究院理事长屠光绍曾提出是否要建立地方考评机制来促进绿色经济的发展。笔者觉得这个方向不错,但是最大的挑战在于怎么做。我们依照什么给每个省份制定碳排放标准，是人口、GDP、产业结构还是土地面积？没有一个标准是真正公平、可以让每个省份都接受的。当前我们的经济还是高碳经济，产业结构在各地区不平衡。例如，华北地区拥有大量高碳的钢铁企业，而海南高碳企业较少，如果用同样的标准去衡量二者的碳排放，是否合理？即使合理，这种决定是否可执行呢？即使可执行，大家能够自觉自愿去完成吗？可以想象其中存在诸多前所未有的问题和挑战。尽管全球在应对气候变化问题上一直有所进展，但进展并不快。

第五，我们需要考虑如何在低碳转型过程中把握节奏和平衡，统筹兼顾转型和创新、地区差异、新目标和失业等问题。我们必须面对和平衡诸多风险，除了金融风险，还有产业结构调整、失业、低增长的压力等产生的风险。低碳转型还可能提升生产成本，甚至推动成本型通货膨胀，也可能扩大地区之间的差异。这一方面给国际贸易和国际投资提供了新动力，另一方面也给国际博弈提供了新路径——国际贸易和投资尚没有统一的绿色标准。此外，对绿色创新技术的支持也会对财政造成压力，这个风险也不可忽视。

一个非常现实的问题是：一旦有了碳中和的目标，高碳行业马上面临巨大的冲击，例如，煤电相关的高碳企业会立即遭到投资者的低估和疏远。这个现实问题引人深思。当不可更改的发展趋势确定后，这种趋势可能被市场价格和估值超前兑现，即长期预期全部被短期兑现。这不可避免地带来冲击，我们怎么去判断和应对？这种冲击是持续不断的还是一次性的，抑或是不断起伏波动的过程？

笔者更倾向于后者。这种冲击至少包含两种力量：第一种力量是发展趋势对我们预期的影响，比如在确定碳中和目标后，投资者可能会看空高碳行业；第二种力量，即市场供求的力量，看空会对整个行业的供给产生巨大的影响。当碳定价发挥作用时，行业的生产成本和相关产能必然受到影响，市场表现也会更复杂。

由于这两种力量影响着市场，而短期、中期、长期的具体发展路径存在巨大差异和众多不确定性，我们不能仅根据碳中和这个趋势以及高碳低碳的差异来判断利好和利空。真正的实践者必须做深入、具体的研究,而不是仅仅根据方向和趋势就做出长期判断。毫无疑问,长期趋势是我们不可忽视的最重要的变量之一,但是它不能完全代替其他变量。在过去的几十年中,新的高科技趋势形成之后总会产生泡沫,这是因为很多人盲目投资,实际上通往最终方向的道路是坎坷曲折的。

三、传统能源退出要更多依靠市场力量

传统能源企业有以下几种退出渠道:第一种是最理想的,即通过新技术的突破降低成本。新能源通过自身的技术成本优势和低碳优势,完全将传统能源挤出局。目前来看,新技术的突破还在进行,速度时快时慢。

第二种是通过政府补贴和扶持,改变市场竞争关系,将传统能源挤出局,促进新能源对传统能源的替代。目前来看,传统能源企业退出市场和政府对新能源的支持力度之间具有相关性。

第三种是行政干预。行政干预并非简单的一纸命令,而是通过行政法规、措施、标准等方式,对传统高碳行业形成压力,抬高其成本,让企业知难而退。

第四种是通过资本市场让传统能源企业退出。目前,资本市场上已有企业和投资者改变预期,资本开始更集中地退出高碳行业,这是预期所产生的市场效应。

在新能源没有"立"住时,传统能源不能马上退出,应该怎么退出呢?市场是不存在"先立后退"的。市场投资虽有波动,但可能是传统能源企业退出的正确方向。政府干预真正能调控的空间,一是通过相关标准和约束条件,推动市场朝长期有利的方向转化,实现平稳过渡;二是政府对低碳行业进行补贴时,把握好力度和进度,帮助低碳行业替代、战胜传统行业。这也是未来我们要面临的重大挑战。

依靠市场力量解决问题的一个重要特征是,新旧能源的长期供给弹性不同。对于新能源行业,市场发生缺口时,价格上升,资本会跟进;但对于传统能源行业,价格上升时,长期投资者仍会持谨慎态度。因此,即使有市场价格信号,短期内库存清空,长期来看,资本对产业格局的反应也是不同的。这可以作为低碳转型过程中,解决能源供给缺口

问题的重要驱动力。政策制定者、投资者要把握好这些方面，对能源短缺做出充分的应对。

四、碳中和离不开政府介入

怎么解决上述问题呢？最关键的是要认识到市场机制不能自动地解决这些问题，它必须借助外力。毫无疑问，这种外力首先来自政府，这其实是自由市场经济发展过程中的一个悖论或者反转。从来没有其他任何一个外部因素像碳中和这样让政府强势介入经济活动中。准确地说，碳中和不是标准的经济活动，而是涉及整个社会的活动。没有政府的介入，仅靠市场机制没有办法完成这个目标。因此，碳中和是市场和政府的双任务，需要企业和社会全体的参与。

政府的参与涉及国家的整体规划，需要统筹设计，至少在基础设施、信息标准、低碳绿色标准、指标界定、信息披露等基础工作方面，国家要推动甚至直接参与。此外，政府必须全方位、组合式地利用各种政策工具，包括金融工具、财政补贴、公共投资、税收政策。碳定价非常重要，如果价格信号不对，所有的配置和机制就不是我们期望的目标，那么市场很难发挥作用。因此，只有把碳定价引入现有市场经济机制中，才能纳入碳排放的负外部效应。但是，这也涉及一次性、多次性、分步以及分产品、分行业、分地区的无穷多的组合和可能性，意味着我们要选出最佳实践、最佳路径和最佳平衡，这对政府部门是一个前所未有的挑战。当然，这还会涉及监管等领域，我们要从行业标准、技术标准、生产标准、产品标准等各方面去促进产业转型和碳定价的结合。

最后，据有关部门估算，中国实现碳中和目标一共需要100多万亿元投资，全球所需的投资额更为庞大。投资者经常会把这看成投资的饕餮盛宴，然而它可能更像风险投资，原因在于目前高碳技术仍然占据主导地位，而低碳转型的技术发展路径包含巨大的不确定性。在整个投资过程中，我们需要考虑长期战略投资，就必须在估值模式中加入碳中和这个目标。

有早期研究绿色债券的人士提到，资产拥有者应该有更大的力量参与绿色金融或者应对气候变化，对此笔者很赞成。市场机构投资者的主要目标是在可接受风险条件下获取最高长期收益，但绿色投资收益不高，他们如何选择呢？市场机构的目标是挣钱，如果选择做不挣钱的投资，那就是做慈善。我之前一直关注早期社会责任投资或环保行动在各种实践中的收益情况，但收益并不是特别理想。所幸过去五年已经有所好转，虽然缓慢，但是在发生变化。从深层次看，当出现这种道德立场较强的目标时，企业实现它的动力是什么？考核指标是什么？如何让考核指标和职责去推动企业行动，而不是通过个人理想起作用，这点至关重要，否则行动很难落实。这方面，欧美有诸多宝贵经验可供借鉴，而整个资产管理和投资格局也将面临新形态。

"双碳"目标下我国能源结构发展趋势

黄奇帆[*]

一、实现碳达峰碳中和目标有三方面伟大意义

"双碳"目标的实现对中国未来有三个根本性的、战略性的、革命性的伟大意义。

（一）推动我国能源结构实现根本性转变

在能源消费端，我国将实现"两个替代"，即"清洁替代"和"电能替代"。根据《中共中央 国务院关于完整准确全面贯彻新发展理念做好碳达峰碳中和工作的意见》，到2060年，我国非化石能源消费占比将由目前的16%左右提升到80%以上，清洁能源将替代传统化石能源成为我国能源消费的主力。同时，在能源消费形式上，工业、交通、建筑等领域实现电能替代，以电代煤、以电代油、以电代气，电气化比重将大幅提升。

在能源供给端，2021年我国石油进口5.13亿吨，对外依存度达72%；天然气进口1.2亿吨，对外依存度约为45%。我国能源供给基本上以外循环为主。未来在推进碳达峰碳中和的过程中，我国将大力发展光电、风电、水电、核电、氢能、页岩气等清洁能源。预计非化石能源发电量占比将由目前的34%左右提高到90%以上，建成以非化石能源为主体、安全可持续的能源供应体系，实现能源领域深度脱碳和本质安全。同时，通过大幅减少炼油、重点发展炼化，进而大幅

---

[*] 作者系中国金融四十人论坛（CF40）学术顾问、重庆市原市长。

降低能源进口依存度，形成能源自主自立、以内循环为主体的新发展格局。

(二) 促进国民经济质量效益全方位提升

2020年，我国以101.6万亿元的GDP排放了约100亿吨二氧化碳。如果到2060年我国GDP达到300万亿元，那么这300万亿元的GDP就不能按现在的比例产生300亿吨碳排放。实现"双碳"目标，将倒逼经济增长以单位排碳更高效益、更低排放的产业结构来支撑。一方面，中国工业系统的单位能耗和物耗将大幅下降，工业经济的质量效益将大幅提升。另一方面，服务业占GDP的比重也会有较大的提高。与传统工业相比较，服务业的单位GDP的碳排放量要比工业碳排放量低得多，实现碳中和背景下的经济增长需要服务业高质量发展。与此同时，随着制造业服务化和知识密集型服务业的发展，服务业将成为驱动经济发展的主力军。加上新能源技术与信息技术、人工智能技术的深度融合及其与生物、材料等多学科、多技术领域相互渗透、交叉融合、群体突破，代表先进生产力发展方向的一批颠覆性技术将引领和带动新科技产业革命逐渐走向高潮。这将带来整个国民经济运行机制的颠覆性变革和治理效益的全方位提升。

(三) 助力实现中华民族伟大复兴中国梦

目前，我国产生了全球29%的碳排放；未来，我国实现碳中和意味着全球将减少29%的碳排放。不仅如此，从目前我国清洁能源发展的全产业链优势来看，这几年我国的光伏装备、风电装备、水电装备以及储能装备、各类电动终端等，占全球市场的比重在50%以上。随着全球对气候变化问题的共识日益广泛，我国的清洁能源技术必将进一步输出到全世界，帮助全世界实现绿色发展。我国将由全球排放大国变成全球低碳发展、绿色发展的引领者，为建设人类命运共同体做出实质性贡献。这也是了不起的大事。

更为重要的是，伴随着"双碳"目标的实现，我国将有可能引领全球新一轮能源革命，进而成为世界经济强国。世界经济强国不是简单的综合国力排第一，还要引领一次工业革命。纵观世界经济史，第一次工业革命是英国引领世界，自身经济实力也独领风骚近百年。在20世纪初，美国综合国力跃居世界第一后，进一步引领了第二次和第三次工业革命，并保持至今。美国是当今世界头号经济强国。预计2060年，我国在经济总量持续保持30年全球第一的过程中，将引领全球新一轮的能源革命。我国必将发展成为全球工业强国、经济强国，实现中华民族伟大复兴的中国梦。

二、准确把握我国能源结构调整的路径和方向

在实现"双碳"目标的过程中，我们要立足中国国情，遵循经济规律，在推动能源结构调整时注意把握好以下三个方面的问题。

（一）未来清洁能源装机容量总规模

未来尽管实现了碳达峰碳中和，但随着经济增长，能源消耗的总量还会持续增长。特别是随着"两个替代"的逐步推进，我国电力需求到2060年至少增加2倍以上，从2021年的7.6万亿千瓦时增加到22万亿千瓦时，如全部来自火电，则需要50亿千瓦装机；如果实现清洁能源80%以上的替代，那么装机容量至少达120亿千瓦。火电可以一年4 500～5 000小时运转，但是清洁能源由于其不稳定性，需要2～3倍的装机容量才能够平衡。实现"两个替代"首先要把握好这个总量比例关系。

（二）不同类型的清洁能源比例结构

截至2021年底，我国非化石能源装机中，水电为3.91亿千瓦、风电3.28亿千瓦、并网光伏3.06亿千瓦、生物质0.38亿千瓦、核电0.53亿千瓦。我国已经承诺，到2030年光电和风电装机容量达到12亿千瓦，非化石能源消费占比到2030年和2060年分别达到25%和80%。要实现这个目标，我们需要注意把握好能源供给结构中不同电源的比例关系。按照2060年120亿千瓦的装机需求来测算，我们要大规模发展光伏和风电，光伏装机要达到50亿千瓦，风电装机要达到22亿千瓦，二者在总装机中的比重为60%。水电方面，我国大江大河的水电资源开发已接近饱和，预计在未来30年，装机容量尽管还可能有一

定增幅，但在全部发电装机容量中的比重将由现在的 16.5% 降到 5% 左右。核电目前占 2.2%，未来可以逐步适当提高至 10%。考虑到安全性，氢能不能占比太高，可以占 5%。最后，20% 的装机用天然气和煤电来调峰，其中 10% 用天然气、10% 用超超临界的煤电。

（三）清洁能源生产力如何优化布局

我国清洁能源生产力的区域布局，应在服务"双碳"目标的同时，立足国情，充分发挥不同区域禀赋优势，在技术可行、经济可行的前提下做到合理布局、物尽其用。我建议在沿海地区不要大规模推广分布式能源，以免给电网高效安全运行带来障碍。我们要充分利用清洁能源开发带动西部大开发，利用特高压电网进行"西电东送"。我建议在西部地区以五个"大"——大企业、大投资、大技术、大系统、大市场，来建设一批新能源大基地。假如未来光伏装机需要达到 50 亿千瓦，则可以在新疆戈壁沙漠上建 20 亿千瓦，青海、宁夏、甘肃、内蒙古各建 7 亿~8 亿千瓦，那么将会生产 7.5 万亿千瓦时电，产生 1.5 万亿元收入，按照五省（自治区）总人口 8 000 万人计算，相当于这五省（自治区）人均 GDP 增加两万元左右。水电目前基本集中在西南地区。风电应以沿海和西部地区为主，不要四面开花。而对于氢能，我建议将氢能的利用开发聚焦在清洁能源储能上，不仅规避了氢能运输的安全问题，还可有效解决风电、光电的波动消纳问题，一举多得。

三、准确把握我国产业结构调整的路径和方向

推动"双碳"目标实现的过程是倒逼产业结构深度调整进而提升国民经济效益质量的过程，是中国经济真正实现高质量发展的一次凤凰涅槃的过程。我们要重点把握好以下三个要点。

（一）加快形成清洁能源产业链集群，培育经济增长新动力源

能源结构的巨大调整会带来大量的投资。比如在供给端，按照每千瓦 5 000 元的投资，120 亿千瓦的装机将需要 60 万亿元的投资；在消费端，各种终端用电用能设施的更新改造，如电动车、智能环保建筑等至少会形成 40 万亿元的投资需求；而在传输和配送端，远距离输配电的

特高压及智能电网设施等投资至少也需要 50 万亿元。这样加起来会达到 150 万亿元之巨，在未来 40 年，平均每年至少形成 3 万亿元投资强度。对此，各地区不能一哄而上，搞低水平重复建设。国家有关部委要出台政策措施，鼓励有条件的地区发挥自身优势，通过扩链、强链、补链，加快形成空间上高度集聚、上下游紧密协同、具有全球竞争力的世界级清洁能源产业链集群。

（二）采取切实措施推动工业部门脱碳减碳，构建绿色低碳工业体系

目前，我国的工业系统在物耗、能耗、污染气体排放方面存在五个较大的问题：一是物耗大；二是能耗高；三是废物利用率低；四是工艺流程落后的小化工、小炼钢、小火电等小型重化工企业还留存不少；五是由上述问题导致的碳排放量高出全球工业单位碳排放量的 1 倍以上。基于此，在实现"双碳"目标过程中，作为耗能排放大户，传统工业部门面临如何减碳脱碳问题。建议从五个方面推进脱碳减碳：（1）源头减量。即在工业投入品的源头减少资源消耗，比如钢铁行业，要进一步优化燃料结构，降低燃料比、铁钢比，发展短流程炼钢。（2）节能减排。积极推广应用先进用能技术和智能控制技术，提升电力、冶金、化工等重点高耗能产业的用能效率。如果我国能源利用效率可以达到 2019 年世界平均水平，则可节约 15.8 亿吨标准煤，减少碳排放约 39 亿吨。（3）循环回收。比如，对工业企业生产过程中的余热和中间物料进行回收利用，对产品实行全生命周期管理，发展再制造产业等。（4）工艺流程改造。通过采用低碳技术对工艺流程进行绿色化改造，淘汰高碳高耗能技术。（5）对各种废弃物回收利用。比如冶金炉渣建材化、城市固废资源化、环境治理生态化。

（三）大力发展数字经济等战略性新兴产业，破解经济增长"鲍莫尔病"

未来 40 年，随着产业结构深度调整，服务业比重将会大幅提升，这符合经济结构演化规律，也符合"双碳"目标的基本要求。但这也可能导致经济增速持续趋缓甚至停滞，即所谓"鲍莫尔病"。对此，根本之道在于大力发展数字经济等战略性新兴产业。这是因为，产生"鲍莫尔病"的一个基本假设是服务业中多数行业是不可进行贸易的，劳动生产率会长期停滞。但以新一代信息技术、5G、大数据、云计算、区块链、人工智能为代表的数字技术正在改变这一假设。借助产业数字化、数字产业化，过去不能进行贸易的服务业正在创造新的贸易模式。尽管300年前的莫扎特四重奏要4个人演，而300年后依然要4个人，但借助互联网、AR/VR等技术，听众却可能来自全世界的任意角落。换言之，在数字技术加持下，部分服务业的生产率正在全面提高，而且是以低碳绿色方式实现的。因此，在实现"双碳"目标的过程中，要以大力发展数字经济等战略性新兴产业为重要抓手和切入点，推动产业结构调整，以数字技术赋能各行各业，加快培育颠覆性、指数级的产业新动能。

四、加快构建全球能源互联网的路径和方向

2015年9月26日，习近平主席在联合国发展峰会上提出："中国倡议探讨构建全球能源互联网，推动以清洁和绿色方式满足全球电力需求。"[①] 目前世界各国的高压输变电装备，无论是3.5万伏、11万伏还是22万伏，每1 000公里的电能损耗高达20%左右，而特高压直流输变电每1 000公里的电能损耗仅仅是1.5%。全球能源互联网，就是以特高压电网为骨干网架、全球互联的坚强智能电网，是清洁能源在全球范围内大规模开发、配置、利用的平台，其实质是"智能电网＋特高压电网＋清洁能源"。其中，智能电网是基础，特高压电网是关键，清洁能源是根本。在推动实现"双碳"目标的过程中，我们要通过推动建设全球能源互联网，促进国际绿色发展合作。

（一）深刻认识全球能源互联网的重要价值

建设全球能源互联网，对于推动全球能源生产和消费革命，促进人类命运共同体建设，实现经济、社会、环境全面协调可持续发展具有重大而深远的意义。

---

① 习近平．谋共同永续发展 做合作共赢伙伴——在联合国发展峰会上的讲话（二〇一五年九月二十六日，纽约）．人民日报，2015-09-27．

1. 是解决清洁能源消纳的必由之路

全球清洁能源资源分布很不均衡。清洁能源资源富集地区大多远离负荷中心，相距数百甚至数千公里，需要就地发电、远距离输电。而风电、太阳能等清洁能源具有发电随机性和间歇性特点，储能成本极高，因此必须构建以电为中心、具有全球配置能力的能源网络；或者利用地球自转，形成北京时间、纽约时间、伦敦时间的时差状态，实现全球清洁能源基地与能源消费基地的互联互通。

2. 是拉动全球经济增长的重大举措

通过构建全球能源互联网，全球新增电力投资规模将超过50万亿美元，将有力带动高端装备制造、新能源、新材料、电动汽车等战略性新兴产业发展，同时获得巨大的时区差、季节差、电价差效益。

3. 是缩小南北发展差距的重要途径

广大发展中国家拥有庞大的清洁能源资源尚未开发。通过构建全球能源互联网，各国能够增进南南合作、南北合作，将亚洲、非洲、南美洲等欠发达地区的资源优势转化为经济优势，解决缺电问题，消除贫困，缩小地区差异，减少国际争端，让世界成为一个能源充足、天蓝地绿、亮亮堂堂、和平和谐的"地球村"。

4. 是建设人类命运共同体的重要纽带

化石能源具有稀缺性、地域性，开发利用涉及领土主权、国家安全和政治外交问题，争夺有限且不可再生的化石能源是导致地区局势紧张、引发战乱冲突的重要原因。建设全球能源互联网，使清洁能源开发国（地）、途经国（地）、消费国（地）成为利益共同体，各方都有积极性，还能缓解因争夺化石能源而引发的地区紧张局势，促进世界共同发展、和谐发展、可持续发展。

（二）从现实和长远看，构建全球能源互联网的条件已经具备，是完全可行的

一是清洁能源资源丰富，仅开发万分之五就能满足世界能源需求。二是特高压技术、电网智能控制、大规模储能等技术不断突破，为构建全球能源互联网提供重要支撑。三是随着清洁能源发电技术、储能技术快速进步，风电、太阳能发电的经济性将大幅增强。目前，中国的光伏发电单位成本已经低于火力发电，清洁能源综合竞争力有望在2025年前全面超过化石能源。四是大电网互联加快推进，将成为全球能源互联网的重要组成部分。五是我国电网发展的成功实践为建设全球能源互联网奠定了重要基础。我国不仅全面突破了特高压技术，构建了完善的特高压试验和研究体系，还率先建立了完整的技术标准体系，自主研制成功了全套特高压设备，实现了从中国制造到中国创造，再到中国引领的跨越发展。

（三）加强国际协调，推动互联互通共建共享

根据全球能源互联网发展合作组织发布的规划，建设全球能源互联网总体可分为洲内互联、洲际互联两个阶段。从现在到2030年，重点推动各洲大型能源基地开发和电网跨国互联；到2050年，重点开发"一极一道"能源基地和推动电网跨洲互联，基本建成全球能源互联网。未来要形成这样的格局：在全球不同时区选择清洁能源富集的地方建设超大型光伏、风电基地，通过特高压输变电技术将之与各负荷中心连接起来构成全球能源互联网；随着地球24小时自转，这些光伏、风电基地轮流为全球输出电力。这不仅省去了储能的麻烦，还充分利用了清洁能源。

这一伟大愿景需要世界各国、各国际组织、各类企业、社会公众乃至研究机构通力合作，形成合力，加快推动全球能源互联网建设，促进世界经济社会环境可持续发展。2016年3月，经国务院批准，国家电网公司发起成立了全球能源互联网发展合作组织。这是第一个由我国发起成立的能源国际组织，对于推动建立我国主导的国际能源合作机制，抢占全球能源革命制高点具有重要意义。

总之，在实现"双碳"目标的伟大进程中，随着中国能源结构、产业结构的调整以及全球能源互联网的成功建设，中国将努力实现向亚洲周边国家乃至全球输送绿电，从能源进口大国转变为清洁能源输出大国；中国的清洁能源产业也将进一步巩固领先地位，成熟高效的清洁能源装备和技术将在"一带一路"国家和地区不断推广应用，并建设绿色丝绸之路；中国的绿水青山将成为重要的碳汇资源，通过国际市场转变成金山银山。通过以上三方面的输出，中国将从目前的世界碳排放大户，变成全球新一轮能源革命的引领者，为全球低碳发展做出独特贡献。

能源短缺与碳达峰

高善文[*]

2021年九十月份煤炭价格快速上涨，伴随部分地区拉闸限电，引发了广泛关注。随后，政府部门采取了强有力的干预措施，煤炭市场压力暂时得到显著缓解。但这一事件背后反映的一些结构性问题，值得我们思考和探讨。除了安全生产法规修订和反腐政策的影响之外，还需要注意以下方面。

一是天气异常导致的水电供应不足将供电压力传导至火电，进而传导至煤炭。从供给的角度看，2021年中国的水力发电增速明显低于过去6年的平均水平，甚至低于火力发电增速，这是不太正常的。而这种现象的出现，大概是因为2021年的天气十分异常，降水相对集中于北方，南方或是降水过少，或是短期内存在蓄洪压力。这些导致水力发电量减少，不得不通过火电来弥补水电供应的缺口，因此造成煤炭的需求增加（见图1-1）。

天气因素带来的供需变化是难以简单划分为长期和短期的，我们无法预测这种异常天气是仅存在于一年，还是会在今后变成常态。不过，我们暂且假定天气模式会在未来回归正常，这一冲击可暂时视为相对短期的冲击。

二是我国的用电需求可能正在发生一些长期的结构性变化，这要求火电在未来较长时间内维持一定的增速。从需求的角度看，过去十年我国经济增速不断下行，工业增速相应下行，同时工业用电的弹性长期处于略低于1的水平，因此工业用电需求的增速出现了明显的下降。但

---

[*] 作者系中国金融四十人论坛（CF40）学术委员、安信证券首席经济学家。

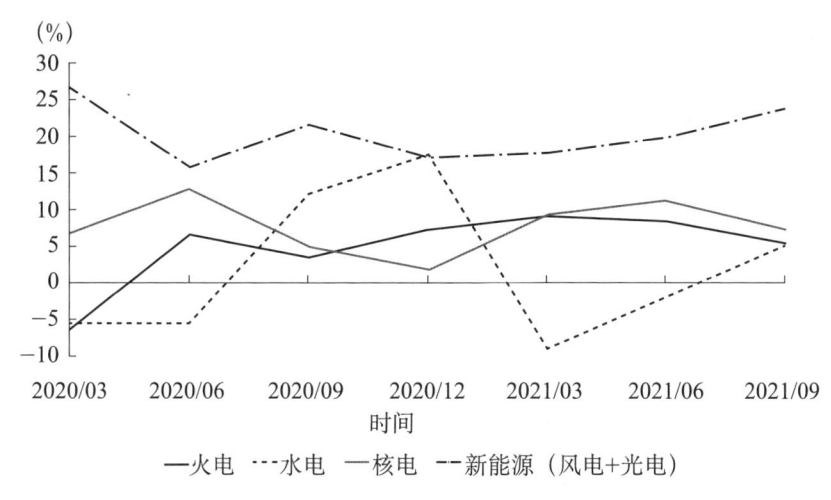

图 1-1　2020—2021 年中国发电来源分类季度增速

资料来源：Wind，安信证券.

是，这并不意味着我国全社会用电量的增速也在下降。恰恰相反，我国全社会用电量的增速在过去十年一直保持稳定上升，而这主要是第三产业和居民部门的用电需求持续增加所致。

近年来，我国第三产业和居民部门用电需求对经济增速、居民收入和消费增速的弹性均明显大于 1，特别是自 2015 年以来，弹性水平基本维持在 1.4 左右。与此同时，第三产业在经济中的占比也越来越高，其用电需求被趋势性、系统性地抬高。居民部门用电领域的情况亦是如此（见图 1-2）。

我国的工业增速已经处于长期趋势性下降的后期，目前距离 2030 年 3%～4% 的合理底部水平并没有太大差距，因此工业增速的下降空间不大。

在此背景下，如果用电的结构弹性不变，那么长期用电增速就需要维持在 5% 左右的水平。在我国现有的能源供应结构下，水电的增长潜力似乎有限。如果这些增长完全依靠风能和太阳能等替代能源补足，那么它们的长期增速就需要维持在相当高的水平，而这似乎是很不现实的。

在未来较长的时间内，我国火力发电仍然需要维持一定的增长，相

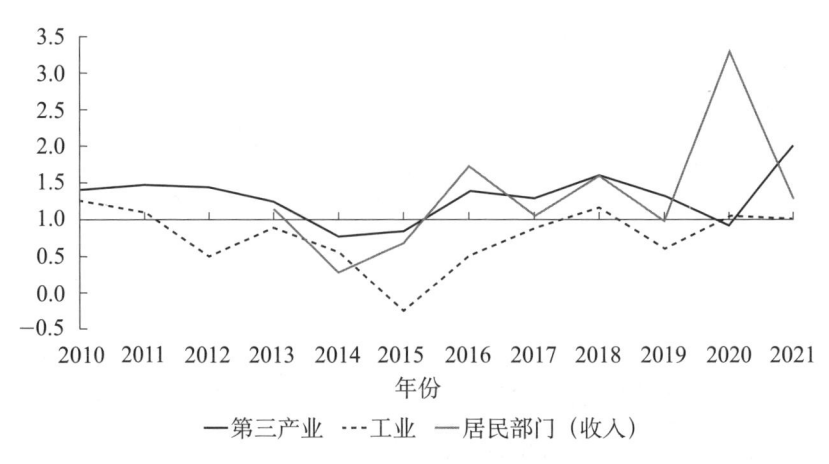

图 1-2　2010—2021 年我国工业、第三产业和居民部门用电弹性

资料来源：Wind，安信证券.

应地煤炭的消耗量也需要维持增长；同时，我们必须采取合理的措施来节约电力和能源。

三是替代能源的内在不稳定性给能源市场造成了压力。替代能源的问题表面上看是短期问题，但却有着更为长期的影响。如果仅从全国数据看，替代能源的问题似乎并不显著，但在区域数据层面，部分市场参与者认为问题是存在的。即使中国目前还没有因为这一问题而受到显著影响，欧洲的教训也是值得吸取的。具体而言：

第一，在向新能源转型的过程中，传统能源的生产能力必须要有冗余。随着能源结构"去碳化"进程的持续推进，我国的能源供给将越来越多地依赖水力、太阳能和风能等，但这些能源供应本身是不稳定的。

在这种情况下，传统的火电以及与之相配套的煤炭生产能力就必须保有足够的冗余。否则，天气变化等自然因素所带来的能源供应不稳定，就会通过电力的短缺迅速影响整个国民经济，从而导致大范围的拉闸限电。

这种冗余有两方面的含义：一是维持火电和煤炭供应的冗余会导致电力供应成本相对于新能源供电而言出现上升；二是在电力需求持续增长的情况下，若新能源电力供应的不稳定性无法通过大规模储能技术得到实质性的改变，则意味着对火电供应的绝对数额和供应能力冗余的要求自然也越来越高。换句话说，为了保证未来电力供应稳定，火电和煤炭的生产能力都必须保持足够增长。

第二，能耗双控政策需要在时间、方向上保持一定的弹性，以对冲新能源供应的不稳定性。例如，如果由于天气等原因，新能源电力供应出现巨大缺口，那么这时的电力需求就需要通过火电来补足；如果由于能耗双控，火电无法工作，那么天气的不稳定就会演化为广泛的拉闸限电，引发经济的不稳定。

因此，能耗双控政策必须在时间、方向上保持弹性，即当水电、风电等替代能源供应充足时，适当降低火电供应；而当替代能源输出能力枯竭时，则需要允许火电的供应能力在短时间内短暂地大量增长。

第三，能耗双控政策的覆盖范围应该逐步扩大，引导包括第三产业、居民户等减少对能源和电力的使用。

此外，目前的能耗双控政策在公平与效率方面的含义也是值得探讨的。

效率的损失是最先考虑的。图1-3显示了中国部分省级行政区在工业生产领域每吨碳排放所对应的工业增加值，图1-3中各省份的工业增加值乘以20%就能大致得到每吨碳排放所对应的利润。

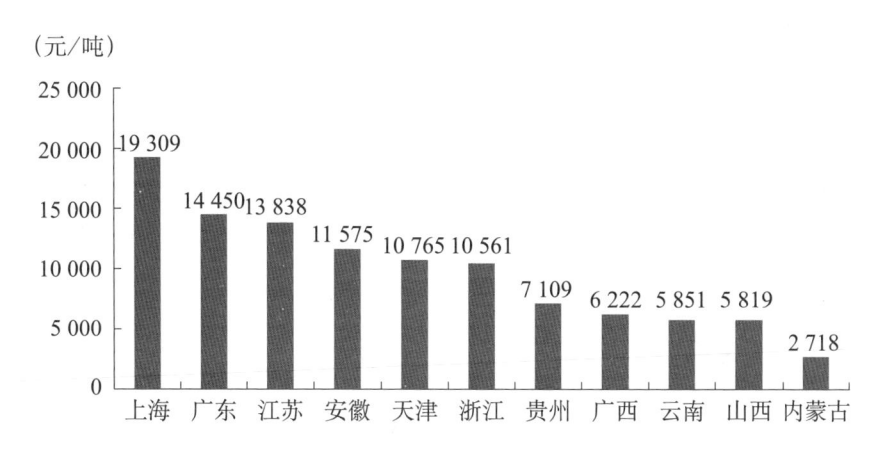

(元/吨)

上海	19 309
广东	14 450
江苏	13 838
安徽	11 575
天津	10 765
浙江	10 561
贵州	7 109
广西	6 222
云南	5 851
山西	5 819
内蒙古	2 718

图1-3 中国部分省份每吨碳排放所对应的工业增加值

资料来源：Wind，安信证券.

通过这些数字，我们可以看到，同样一吨碳排放所对应的经济产出以及所创造的利润在不同省份之间差别极大。最高的地区（上海）与最低的地区（内蒙古）之间的差距达 6 倍之多，东部地区与中西部地区也普遍存在近两倍的差距，这意味着部分省份的能耗双控政策会产生显著的效率损失。具体来说，假设内蒙古缩减碳排放的指标能够转移一吨给江苏，那么经济活动的产出就能够增加大约 11 000 元，其他省份之间也是一样的逻辑。

在我国的四大高耗能行业中，每吨碳排放所能创造的增加值约为 6 671 元，而这一数字在其余制造业为 18 570 元，在第三产业为 64 057 元。其中，第三产业对电力需求的技术细节差异比较大。但高耗能行业和其余制造业则以电力为最重要的能量输入渠道，对电力有着严重的依赖。

以每吨碳排放对应的增加值最小的中国四大高耗能行业为例，其每吨碳排放对应的经济产出约为 6 671 元，按照上述 20% 的利润率推算，其利润约在 1 200～1 300 元区间，这对应着每吨碳排放的隐含价格也在 1 200～1 300 元区间。在国际市场中，欧洲碳交易市场发育较为成熟，2021 年以来其碳价也随着碳减排压力的增加而一直上涨。尽管如此，近期欧洲市场的碳排放价格仅约合每吨 380 元人民币，仍然远低于中国高耗能行业的隐含价格（见图 1-4）。

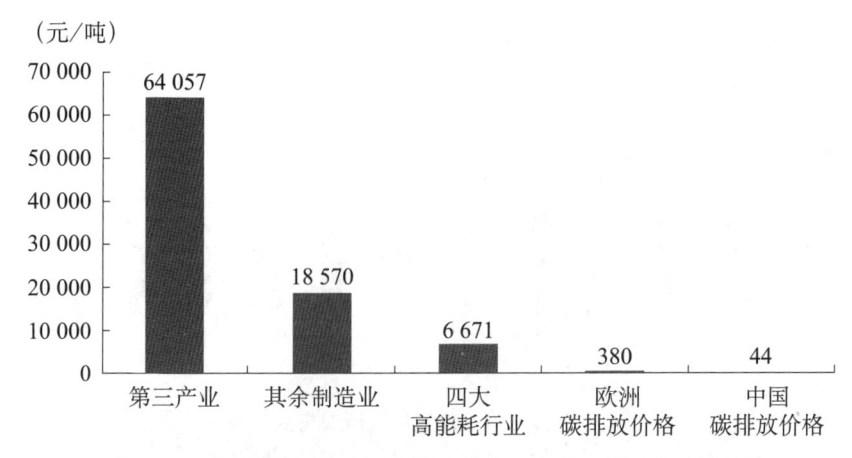

图 1-4 高耗能行业和其余制造业等每吨碳排放所对应的增加值

资料来源：Wind，安信证券.

当然，这背后有两种可能的解释。

第一，假设欧洲的碳交易市场对碳排放权的定价是有效的，那么这就意味着中国可以选择以 380 元的单价从欧洲购买碳排放权用于高耗能行业。如此一来，我们还能多赚取 800 余元的利润。换句话说，中国当前的能耗双控政策在国际上也存在效率损失的问题。

第二，假设欧洲碳交易市场的发育仍不健全，市场价格信号的可参照性就较差。这意味着中国工业领域每吨碳排放权未来的交易价格将高达千元以上，由此带来的经济调整压力无疑巨大。

具体来说，假如完全用碳交易的价格信号来实现碳减排，这将导致缩减碳排放的压力主要甚至全部集中于少数碳排放密度极高的行业，比如钢铁、水泥等。这或许在经济上是一种有效率的做法，但是这一方面对经济活动的扰动和冲击很大，另一方面这种做法是否公平也值得讨论。

此外，目前政府通过对高耗能行业限产来实现减碳，其客观结果是高耗能行业价格大幅上升，进而享受超额利润。以 2021 年上半年为例，PPI 上升有相当一部分原因是来自限产，而限产导致的高价使得高耗能行业获取了巨额利润，但是这也导致政府无法直接或全部分享与控碳相关的利益，进而无法补贴低碳行业以及低碳转型的发展。这在公平性方面也是值得思考的。

综合这些讨论来看，对于近期煤炭市场的波动，我们应该思考：

（1）在向新能源转型的同时，在大规模、低成本的储能技术得到广泛应用之前，传统能源的生产能力需要有足够的冗余。

（2）能耗双控政策需要在时间上保持调节的弹性和空间，以对冲新能源供应的潜在波动。

（3）能耗双控政策的覆盖范围和技术设计应该逐步扩大和优化。

从长期来看，我国也许应当考虑以征收碳税为基础，以碳配额交易和碳边境调节税为依托，以对负碳技术和应用的补贴为补充，通过市场机制实现更有效率的碳排放控制，并兼顾减碳成本分摊的公平性。

碳中和经济学——反推式变革的七个思考

彭文生[*]

百年不遇的疫情引发人们对人和自然关系的反思,而气候变化问题也更加受到人们的重视。

中国政府宣布在 2030 年前实现碳达峰(排放达到峰值),在 2060 年前实现碳中和(净零排放)。欧盟 27 国决定 2030 年前加大减排力度,2050 年实现碳中和。美国 2021 年宣布重返《巴黎协定》。

实现碳中和,需要政府和非政府部门之间的协作,也需要国家之间的合作和协同。实现碳中和将面临哪些困难和挑战,又会带来哪些发展新机遇,将对全球经济和社会产生什么影响?

为此,中金公司研究部和中金研究院联合撰写了《碳中和经济学:新约束下的宏观与行业分析》,为中国实现碳达峰碳中和的路径及其影响提供一个系统性的分析。

与通常的市场研究相比,碳中和研究面临两个挑战:一是涉及面广,跨经济、社会、科学等多方面;二是公共政策是关键,但又是难以借鉴过往经验的新领域。

一、目标明确下的成本有效性分析

工业革命以后,人类活动冲击了原有碳循环系统中碳源(碳排放)和碳汇(碳吸收)的平衡,化石能源的使用导致大气中二氧化碳浓度上升,引发温室效应,导致地球气候变暖。

---

[*] 作者系中国金融四十人论坛(CF40)成员、中国国际金融股份有限公司首席经济学家、中金研究院执行院长。

大多数科学家认同这个观点：过去一个世纪的气候变暖和人类的行为有关。尤其是过去 50 年，从冰川融化到海平面上升，从海洋生态的破坏到日益紧张的水供应，从极端天气（洪水、干旱、飓风）到疾病传播等，气候变化的影响越来越成为一个令人担心的现实。

按照政府间气候变化组织（IPCC）的预测，到 2100 年，全球平均温度将比工业革命之前的水平高 1.5～4.8 摄氏度。如果不采取应对措施，按照现在的趋势，气候变化对人类社会经济的冲击将日益严重。而碳减排、碳中和将给人类社会带来长远的收益。

此外，碳减排在短期需要付出成本，经济可能受损。碳排放是经济活动的结果，工业革命以来人类生活水平大幅提升，化石能源起到重要作用。

降低碳排放有两类方式：一是经济活动的电气化，比如工业、交通运输、家庭取暖等；二是发电从传统能源转化为可再生能源、核能发电，或者化石能源配上碳捕集、碳封存技术。

现在的问题是，清洁能源成本比化石能源高，同时需要建设配套的、新的基础设施，这些成本对经济增长有负面影响。

早期的应对气候变化经济研究是成本收益分析，即比较碳减排的长远收益与短期成本，并据此提出政策建议。但气候变化的长远影响带给货币价值很大的不确定性，人们容易低估控制措施的收益，导致政策力度不够。

首先，经济分析往往只捕捉到有市场交易的经济活动或者可以货币化的经济影响，而气候变化的一些冲击超越传统的经济分析或者难以货币化，比如海平面上升、海水酸化、生态失衡等。

其次，成本是当下的，收益是长远的。公共政策部门往往更注重短期的成本和经济压力，而忽视后代人的利益。

随着气候问题在全球范围内日益受到关注，应对气候变化渐成共识，讨论的重点不再是是否应该采取控制措施，而是确定目标后，如何以最小的成本有效达到目标。研究的重点从成本收益分析转向成本有效性分析，即给定政策目标，根据不同落实措施的成本，分析实现目标的有效路径和具体措施。

就中国的目标而言，一个重要问题是2030年的峰值在什么水平。如果在高峰值，那么达峰前的10年调整压力较小，达峰后的30年降到零排放的压力大；反之，如果在低峰值，那么达峰前的10年调整压力较大，达峰后的30年降到零排放的压力小。

研究文献一般是依据中国政府宣布的碳强度（单位GDP碳排放）下降目标，即2030年比2005年至少下降65%，这是结合2005年的碳排放量基数推算的峰值目标。但不同数据来源给出的基数差距较大，会带来不确定性。

好在不同数据之间的差距随着时间会缩小，到近几年已经较小了。我们依据2017年的碳排放量，根据已经实现的碳强度下降情况和下降65%的总体目标，估算2030年净排放的峰值在108亿吨。

如何理解这108亿吨的峰值呢？

从总量来看，一方面，中国的峰值显著高于欧盟和美国（它们分别为41亿吨和61亿吨），而从碳达峰到碳中和的时间比它们短，达峰后的调整压力大。

另一方面，较高的峰值似乎意味着前10年的压力没有那么大。但是，从人均碳排放来看，中国在2030年是7.4吨，美国总量峰值时人均在19.6吨，欧盟在9.9吨。这表明中国在达峰前进一步上升的空间较小，未来10年的调整压力大。

现实中，总量和人均两个视角结合起来才能提供较全面的图景。总体来看，中国在达峰前和达峰后的调整压力都很大。

二、纠正负外部性：碳价格的能与不能

到目前为止，全球应对气候变化的效果有限，或者说和理想的要求相距甚远。

为什么会这样？人口老龄化促进机器替代人的创新，为什么气候问题没有促进减排的创新呢？

一个关键因素是所谓的负外部性：碳排放的经济活动让私人受益，由此带来的气候变化和空气污染等损害却由全体社会承担。这种负外部性使自由市场形成的商品和服务价格不符合社会利益，体现为化石能源

的市场价格太低,而消费量太高。

人类经济活动有很多外部性,大部分的外部性是局部的,且在一定范围之内,比如金融风险、土壤污染等。但气候变化是全球性的,会影响所有国家和人群。

一个相似的例子就是应对新冠病毒的疫苗接种,不仅保护自己,也限制病毒的传播,而后者具有全球性的正外部性。每个国家接种率达到70%~80%就可能实现全球的群体免疫。如果只顾自己,那么即使一个国家100%的人群接种也难以保证根除疫情,因为其他国家的病毒传播可能导致病毒变异,使疫苗失效。

应对气候变化和控制疫情相比还有一个重要差异:后者的影响是当下的,效果也比较明确;而前者涉及的是几十年甚至上百年后的影响,效果的体现形式和程度也有很大的不确定性。

这种跨时空的负外部性使得在应对气候变化问题时,私人部门参与的动力特别小,自由市场调节机制的作用很有限。因此,纠正负外部性是实现碳中和的关键。

那么,怎么纠正负外部性?我们需要公共政策的干预。

一个关键的概念是碳价格,其衡量的是碳排放的社会成本,作用机制是通过付费把碳排放的社会成本转为使用者成本,促使经济主体降低能耗,同时从化石能源向清洁和可再生能源转换。相关的政策讨论和执行涉及两个问题:碳价格的水平和具体落实形式。两者虽然相互联系,但不是一回事。

理论上讲,碳价格水平的确定应该基于碳的社会成本,需要把碳排放的长远损害折现成当下的成本。未来几十年气候变化产生的影响有很大的不确定性,而贴现率这个概念反映的就是当代人与后代人利益之间的选择,容易产生争议。

美国奥巴马政府倾向使用的贴现率是3%,这意味着为了避免50年后气候变化带来的1美元的损失,今天他们愿意付出0.22美元,而为了避免100年后1美元的损失,今天他们愿意付出不足5美分。

曾任世界银行首席经济学家的伦敦经济学院教授斯特恩(Stern)在2006年主持撰写了气候变化问题评估报告,这份报告后来成为国际社会关注的经典之作。报告中使用的贴现率比 2018 年诺贝尔经济学奖获得者威廉·D. 诺德豪斯（William D. Nordhaus）教授使用的贴现率低，这意味着赋予后代人利益更大的权重。

按照斯特恩主张的贴现率，碳价格约在每吨 266 美元，而威廉的估算是每吨 37 美元。奥巴马政府的估算是每吨 42 美元，而特朗普政府的估算是每吨低于 10 美元。这些都显示了估算的不确定性和主观性。

碳价格在执行层面有两种形式：碳税和碳交易形成的价格，前者是政府通过税收直接设定的一个碳价格，以弥补碳的市场价格的缺失；而后者是创造一个交易市场，在政策设定的排放总量限制下由交易双方形成价格（cap and trade）。

两者有各自的优劣势。碳税的优势是透明、价格可预期，有利于经济主体的长期规划，但缺点是与减排目标的关系不直接、不稳定，也就是减排量的可预期性差。碳税可以使用现有的征收机制，征收成本较低，但引进新税种需要考虑社会接受度。

碳交易涉及碳排放量的许可设定和建立新的交易机制，量的可预期性比碳税情形高，但价格的可预期性低。

碳的交易价格受多重因素的影响，包括经济周期和技术进步等。在经济衰退时，碳排放需求下降，碳价格下降；在经济繁荣时，碳排放需求上升导致价格上升。碳交易的问题是供给缺少弹性，需求端的所有冲击的影响都落在价格上，价格波动容易过大，这对经济主体（企业）的经营规划会产生较大冲击。

碳税和碳交易作为纠正负外部性的工具，都有价值，两者之间也不是相互排斥的。如果设计得当，那么两者都可以发挥有效作用。

难点是确定碳税的水平和排放配额，太松难以起到约束和激励作用，太紧对经济活动的冲击太大。根本的问题还是如前所述，赋予每吨排放的碳以货币价格有很大的不确定性。

在碳中和目标确定的情况下，关键问题已经从评估气候变化的长远损害变成如何有效且成本低地实现目标。

在成本有效性分析框架下，碳价格如何确定呢？

经济主体的决策取决于化石能源与清洁能源使用成本的比较。

使清洁能源和化石能源成本相等的碳价格，被称为转换价格或者平价，国际能源机构（IEA）就是使用转换价格而不是传统的碳价格概念来描述碳中和的路径。比尔·盖茨（Bill Gates）在《气候经济与人类未来》（*How to Avoid a Climate Disaster*）一书中提出绿色溢价（green premium）的指标，绿色溢价实际上就是转换价格的概念。

三、绿色溢价：更具操作性的分析工具

具体来讲，绿色溢价是指某项经济活动的清洁（零碳排放）能源成本与化石能源成本之差，负值意味着化石能源的成本相对高，经济主体有动力向清洁能源转换，从而降低碳排放。

绿色溢价和碳价格并不相互排斥，而是相互联系。但绿色溢价作为一种分析工具，相较碳价格有三个优势。

首先，绿色溢价是比碳价格更广的概念。如果说碳税和碳交易等狭义的碳价格不足以纠正超时空的外部性，需要公共政策更广泛地实施干预，那么绿色溢价可以提供一个包含碳价格在内的综合考量。

降低绿色溢价可以以碳税和碳交易为载体，也可以通过其他方式来实现，比如公共部门在促进技术进步和创新方面增加投入，制定行业和产品的绿色标准，建设降低清洁能源使用成本的基础设施等。

其次，绿色溢价衡量的是现状，而估算碳价格是对长远不确定因素的评估。

估算碳价格是由远及近的方法，把碳排放导致的气候变化的长远损害折现为当下的成本；而绿色溢价是由近及远，估算当下的成本差异，以此为基础分析未来可能的演变路径。在长远的目标（碳达峰碳中和）已经确定的情形下，绿色溢价作为分析工具的可操作性更强。

最后，碳价格是一个统一的概念，绿色溢价具有鲜明的结构性特征。

由于技术条件、商业模式、公共政策的差异，各行业的绿色溢价不同，甚至有很大差异，对不同行业绿色溢价的估算有助于评估政策措施在不同领域的可行性。依据对新技术、新模式以及规模效应门槛值的假设，绿色溢价可以帮助我们判断实施路径上的一些关键时间点与指标。

我们把绿色溢价的概念应用到中国。通过估算不同板块的绿色溢价，我们有了分析碳减排路径的抓手，并以此为纽带和参照体系，把自上到下的宏观分析和从下到上的微观分析结合起来，提供一种系统性研究。

我们的行业研究团队估算了8个碳排放量较大行业的绿色溢价，当前场景下非乘用车行业和建材行业（水泥、玻璃等）的绿色溢价分别是141%和138%，即清洁和可再生能源的使用成本比化石能源高1~2倍。技术相对成熟的造纸、有色金属、钢铁、乘用车和电力行业也有3%~17%的绿色溢价。

这说明仅依靠市场价格提供的利益驱动机制，绿色转型的动力欠缺，而这8个行业占我国碳排放总量的88%。

我们用这8个行业的碳排放占比作为权重，估算当前加权平均的绿色溢价在35%左右，其平价（即绿色溢价为零）隐含的碳价格在每吨（碳）377元。

这个水平在国际研究文献的估算范围（37~266美元/吨）之内，但如上所述，两者在概念上有差异。基于可获得的数据，我们也估算了2015年以来的8个行业加权平均的绿色溢价，由此形成的中金绿色溢价指数显示，清洁能源转换价格在近几年明显下降（但不同行业的差异大）。

降低绿色溢价有两个载体：降低清洁能源的使用成本和提高化石能源的成本。

如果降低绿色溢价完全靠提高化石能源成本，那么可能给经济带来很大的冲击。理想的办法是降低清洁能源成本，或者减少单位GDP的能耗，这就要求技术进步和社会治理方面的创新，这对经济是一种正面的供给冲击，将给发展带来新机遇。

值得一提的是，绿色溢价不是一个静态的概念。

随着清洁能源价格下跌，绿色溢价下降，经济主体对化石能源需求减少，其价格下降，反过来又会提升绿色溢价。

由此，清洁能源价格从现在的水平下降到化石能源价格当前水平之下，并不一定符合碳中和的要求，我们需要动态地看待绿色溢价的变化及其含义。

公共政策需要通过直接或间接干预为化石能源价格再到碳价格设立一个下限。作为分析和政策操作工具，衡量碳排放社会成本的碳价格和衡量私人部门利益驱动的绿色溢价两者应该并行不悖、互为补充。

四、技术进步与社会治理

2018年诺贝尔经济学奖由威廉和罗默两位教授分享，前者为气候变化的经济研究做出了贡献，后者为技术进步研究做出了贡献。

诺贝尔奖同一年颁给这两个领域似乎有偶然性，但应对气候变化的技术进步确是关键，而技术进步也有外部性。研发投入和失败的风险由个体承担，成果可能使整个社会受益。这导致私人部门的研发投入低于社会福利要求的水平。

碳排放和技术进步都有外部性。前者是负外部性，后者是正外部性，都需要公共政策的干预和扶持。

中国的绿色溢价在过去几年显著下降，最大的贡献者来自电力行业。但有些行业的绿色溢价仍在高位，而且现有的技术条件难以在可预见的未来显著降低其使用成本，需要重大的创新和技术突破。例如，制造业的非电力排放中有一部分包括水泥、化工，在现有技术条件下只能通过高成本碳捕集来减排。

电力行业从发电环节看，绿色溢价已经为负值。清洁能源的应用有制造业属性，包括风能、太阳能、电动汽车，随着使用人数或产量的增加，单位成本下降，项目的可行性增强。这些都是制造业的规模效应。

中国早期对光伏产业的补贴扶持，促进了其起步发展。随着规模的扩大，技术进步和规模效应相辅相成，商业可行性导致不再需要政策补贴。这是公共投入促进技术进步的成功例子。

创新不仅涉及自然科学和技术，还涉及社会治理方面。

由于人们的生活习惯、风俗和路径依赖等因素，绿色溢价和碳减排的关系不一定是线性的。

碳价格在促进能源转换的门槛值方面可能比较高，短期内对经济的影响大，而技术进步有较大的不确定性。公共政策的行政性干预以及社会治理方面的改革有助于需求端的节能减排。这也包括更健康的生活方式，比如减少食物浪费可以腾出部分土地修复、增加碳汇或者生产生物能源。

在一些领域，新技术和新产品的推广需要一个学习过程，规模效应需要时间，存在较大的不确定性，这就使规则和监管能比货币化价格引导更有效地发挥作用。例如，制定行业和产品标准、改进城市规划、改善土地管理、建设新基础设施（包括充电桩和更便利的公共交通设施）等。

数字经济发展也能起到重要作用。大数据应用扩大了清洁能源技术的应用收益和成本下降空间，比如提升风电和光伏发电的可预期性，提高需求侧管理效率以促进电力供需更好地匹配。

五、绿色金融的是与非

金融如何促进碳减排和碳中和呢？

这涉及金融和实体经济的关系，可以从两个层面理解。

第一，金融是实体经济运行的结果。在信息充分的情况下，金融体系有效地把储蓄转化为投资，这是金融跟随实体经济发展。

第二，在实体经济不能实现资源有效配置的情况下，金融在一些方面可以起到纠正市场失灵的作用，比如发展普惠金融，这是金融引领实体经济发展。

绿色金融在以上两方面都可能有体现。第一方面是绿色溢价已经降到零以下，实体主体有经济动力使用绿色能源，而金融为相关绿色项目提供融资。第二方面是金融本身助力降低绿色溢价。对绿色项目融资数据的统计往往涵盖这两方面，但从公共政策的视角看，金融引领实体经济发展可能更重要。

具体来讲，金融可以在三个方面发挥作用：降低融资成本、增强融资的可获得性、创造新的交易市场。

一种直接干预的方式是提供优惠融资，比如贷款利率补贴、指定贷款领域等。开发性金融机构在项目早期融资中可以发挥重要作用。金融机构通过金融工具平衡投资者对绿色项目和棕色项目的风险认知，通过创新市场交易增强绿色项目的融资可获得性。

现阶段，为有效降低碳排放，绿色金融应该重点支持哪些领域？用什么工具呢？

我们的估算显示：碳排放占比超过40%的电力行业的绿色溢价只有17%。这还是考虑到相关资产在整个生命周期中的固定成本的分摊，按可变成本计算的绿色溢价已经是负值，也就是清洁能源的可变成本比化石能源低。

鉴于经济的可行性强和碳排放占比高，现阶段重点支持的一个领域应该是电力行业以及其他行业的电气化转型。

基于这些项目的回报和风险可预期性较强，信贷和债券等固定收益工具应该是主要的支持方式。在一定程度上，这属于前述的绿色金融在第一方面的体现。

但有些低碳技术的应用要求较高的初始投入，这就是第二方面提到的通过降低初始投入的资金成本或者增强资金的可获得性来降低绿色溢价，促进私人部门经济主体的参与。

绿色能源实际上是制造业的重要基础。中国作为制造业大国，其规模效应和外溢效应尤其突出，而绿色金融能促进中国经济的整体发展。

绿色溢价高的行业，比如航空、建材，以及一些化工领域等，主要是受限于当前的技术条件，比如需要碳捕集来抵消碳排放。对这些行业来讲，通过技术创新突破瓶颈是关键，这需要相对长的时间，更需要资金投入。

从资金支持看，基础性研究的公共投入包括财政和开发性金融。另外，有效的资本市场尤其是股权融资促进高回报、高风险的创新，也有助于加速资源再配置使用。

对照现实，从近几年的发展来看，绿色信贷、债券融资量快速增长，环境、社会和公司治理（ESG）投资也成为热门话题。全球有超过40万亿美元的投资是按照ESG进行的。

一些研究显示，ESG投资回报平均来讲并不比传统的不受限制的投资回报低，绿色信贷、债券的利率并不比普通的产品低，这说明对于投资者而言做好事和获取利益两者之间并不矛盾。这和一般的直观感觉似乎不同。以下有三种可能的解释，代表不同的政策含义。

第一，金融反映实体经济运行的结果，因为碳排放外部性在实体经济层面已经得到纠正，所以回报率没有差别。这样的解释有一定的合理性，但起码不是完整的。

第二，绿色标准不清晰，绿色金融支持的并不都是绿色产业。

评估一个企业的非财务表现不只是门技术，也是一个社会伦理问题，需要选择一组用于衡量企业环境和社会表现的指标，并设立一套基准情形的参照标准。

目前，这是推进绿色金融发展的重要短板。比如，构成ESG的是什么，我们在多大程度上能相信企业发布的ESG数据，这些并没有广泛认同的标准。由此，当务之急是改进绿色标准的认定和衡量体系，这是绿色金融的基础设施。

第三，金融机构和投资者对绿色项目未来发展的正面认知，降低了对风险溢价补偿的要求。金融工具一般是用于建立新资产的投资，是做加法，但这不代表存量资产不重要，金融也有路径依赖。在经济转型过程中，与传统能源相联系的资产可能受到侵蚀，其对应的负债是金融机构的资产。

如何平衡金融体系的增量资产和存量资产，不仅涉及对绿色经济的支持，也关乎金融稳定，从根本上讲是一个公共政策问题。

一方面，央行和监管机构应该要求金融机构及时且充分地披露棕色项目资产的风险，对相关的资产要求更严格的资本和流动性覆盖，从而鼓励金融机构减少对高碳排放相关投资的支持，促进绿色项目投资。另一方面，我们要建立有关棕色资产的风险暴露和处置机制，有利于在绿色转型过程中维护金融稳定。

六、国际合作与竞争新格局

气候问题具有全球外部性，需要各国协同应对，如何平衡效率和公平是关键。

理论上讲，在全球范围内实行统一的碳价格，不管什么地方，成本低的领域先减排，这样总体的减排效率是最高的。发展中国家的减排力度较大，因为收入较低的消费者负担碳消费的能力较低，由此导致的经济损失可以通过发达国家向发展中国家转移支付来弥补。

但现实中，效率和公平很难平衡。对低收入国家来讲，碳减排对消费的边际影响大，而国家之间的财政转移难以实现，短期降低贫困率比缓解气候问题更重要。

工业革命以来，大部分碳排放来自发达国家。对发展中国家来讲，能源贫困是经济贫困和发展不平衡的一个重要体现。如果低收入国家重复发达国家过去的发展路径，那么对资源尤其是能源的需求从全球范围来讲是不可持续的。

如何看待应对气候变化的国际合作和竞争？两个方面的价格差异有重要含义。

第一，收入水平差异使发展中国家碳减排的价格弹性系数较大，即同一水平的碳价格带来的减排量较高，这意味发展中国家的碳价格应该比发达国家低。但碳价格的差别也容易导致高排放的行业从发达国家转移到发展中国家，带来碳泄漏问题。

作为应对，一些发达国家商讨对进口商品征收边境调节税，但多高水平是合理的存在较大的不确定性，这也容易变成贸易保护主义的工具。

第二，发展中国家的利率比发达国家高。较高的贴现率意味着改善未来气候的正面影响的折现值较低。对新兴市场来讲，资金使用在其他领域有较高的回报率，需要在碳减排和其他投资之间平衡。同时，较高的利率意味着金融发挥作用的空间更大，需要资金从高收入国家流向低收入国家。

这是国际层面的绿色金融问题。纠正市场失灵需要双边和多边合作，其中开发性金融机构的参与可以降低有关投资项目的风险，并促进私人部门的投资。

应对气候变化问题中的国际合作与竞争必将对全球治理体系产生重

大影响。如何建立一个比《巴黎协定》约束力强的机制是一个挑战。第二次世界大战后形成的国际贸易和金融体系，包括世界贸易组织、国际货币基金组织与世界银行，需要在新形势下改进治理机制。

中国作为一个大型经济体，其本身实现碳中和是全球应对气候问题的重要一环，也需要在新的国际治理体系形成中发挥重要作用，包括与"一带一路"沿线国家和地区的合作。

由于自然条件所限，中国在化石能源上处于劣势。但作为制造业大国、数字经济大国，中国在清洁能源方面有潜在竞争优势。国际上的同伴压力（peer pressure）将逐渐使每个国家应对气候变化的战略趋同，碳减排是大势所趋。这对中国来讲不仅是挑战，还意味着先行优势。

七、滞胀还是发展新机遇：反思现实市场经济

应对气候变化，实现碳中和，从根本上讲是发展模式变化、经济结构转型，其背后是相对价格变化的驱动。

无论是碳税、碳交易形成碳价格，还是行政性监管和绿色金融等措施，其促进碳减排的传导载体都是提升化石能源的价格和降低清洁能源的价格。

在新模式下，清洁能源将成为人类社会健康生活、可持续发展的一个基础。但在从旧均衡到新均衡的转型过程中，相对价格变化作用于经济是有摩擦的，对经济是一个供给冲击。

具体来讲，碳价格在供给端体现为生产成本上升，而在需求端体现为实际收入下降，这有点类似石油供给减少的影响，在宏观经济上有滞胀的特征。

滞胀的压力有多大呢？

我们的CGE模型估算显示，在没有技术进步的情形下，中国在2060年难以实现碳中和。技术进步不是天上掉下来的，碳价格上升是一种利益驱动力量，对GDP增长有负面影响，同时会带来价格上升。我们的行业研究显示，如果在现阶段把绿色溢价降到零，那么对建材、化工等制造业将产生很大的成本上升压力。

就结构影响来讲，一些经济活动、技术甚至行业将被新模式替代，

传统能源尤其煤炭行业受到的冲击较大，相关的基础设施、制造和服务部门的就业将减少，而清洁/再生能源及相关部门的就业增加。

化石能源的分布基本是自然禀赋。对中国这样的大型经济体来讲，转型必然带有区域特征，化石能源生产大省和地区受到的冲击较大，而这些区域一般又是经济相对欠发达地区。传统能源价格在一段时间上升，对低收入人群的影响比对中高收入人群的影响大。应对这些结构调整和收入分配问题，需要公共政策特别是财政发挥作用。

从深层次来讲，碳中和对经济活动各个层面施加了影响，但自由市场难以定价的单一数量限制是市场经济和公共政策面临的新问题。

在这种硬约束下，如何在纠正市场机制缺失的同时避免政府过度干预，如何平衡短期与长期、局部和整体的利益？这些没有先例可循。这个过程对经济社会的影响将如何呈现，存在很大的不确定性，但根本在于对社会主流思维的冲击。

展望未来，我们可以想象三种情形：

（1）碳中和的努力没有取得成功或者成功来得太迟，全球气候变化将对人类社会造成重大损害。

（2）碳中和的努力取得成功，但主要靠增加能源使用成本来实现，全球经济在长时间内面临滞胀的压力。

（3）公共政策包括国际合作促进技术和社会治理创新，碳中和带来新发展格局，人类享受更高水平、更健康的生活。

这三种情形都意味着对过去 40 年占主导地位的新古典经济学的挑战。

对于气候问题这种超越时空的问题的外溢影响来讲，用外部性来弥补新古典的完整信息、确定性、充分竞争的基础性假设，是不是足够？怎样解释碳排放这样单一且其数量指标成为全球经济社会发展的一个统一衡量标杆的约束因素呢？在实现碳中和过程中，公共政策、社会治理机制与市场机制之间的互动将怎样演变？

只有时间能给出这些问题的答案。碳中和的过程将促使人们更深刻地认识现实市场经济和新古典的理想市场经济的差距。

我们需要反思新古典经济学的偏差，向古典经济学回归。古典经济学家亚当·斯密和大卫·李嘉图认识到人类活动在自然的限制中发生，他们也强调社会伦理与人文等政治经济学。

应对气候变化提示我们，经济研究需要重新审视自然的角色。在劳动力和生产性资本之外，我们还要考虑自然资本（水、空气、森林、生物多样性和海洋等），而自然资本没有自由市场形成的价格，需要公共政策和社会治理发挥作用。在效率与公平的平衡中，人们将更加重视公平。

第二章

"双碳"：战略与路径

"双碳"目标下的中国绿色低碳转型：战略与路径*

王一鸣**

一、气候变化是人类面临的重大而紧迫的全球性挑战

（一）人类活动已造成气候系统发生前所未有的变化

过去几十年，随着温室气体（GHG）浓度的不断上升，气候变化和日益频发的极端气候事件越来越威胁到人类的生存和发展。2015年气候变化巴黎大会通过的《巴黎协定》，为2020年以后全球合作应对气候变化构建了制度框架。《巴黎协定》确立了全球应对气候变化的长期目标：到21世纪末将全球气温升幅控制在工业化前水平基础上不超过2℃，努力控制在1.5℃以内，尽快实现全球温室气体排放达峰，在21世纪下半叶实现温室气体净零排放，确立通过了国家自主贡献（NDC），"自下而上"地提出各自减排目标和行动计划的新机制。《巴黎协定》要求各缔约方于2020年通报并强化各自2030年的NDC目标和行动，并提交各自到21世纪中叶的温室气体排放发展战略。全球已有135个国家和地区承诺到21世纪中叶实现碳中和，这些国家和地区碳排放量占世界碳排放总量的75%左右，人口占世界总人口的60%左右，经济总量占75%左右。

联合国政府间气候变化专门委员会（IPCC）2021年8月发布的第六次评估报告第一工作组报告《2021年气候变化：自然科学基础》，向世界发出新的警告：人类活动已造成气候系统发生前所未有的变化。

---

* 本文发表于《全球化》，2021年6月。
** 作者系中国金融四十人论坛（CF40）学术顾问、中国国际经济交流中心副理事长、国务院发展研究中心原副主任。

1970年以来的50年是过去2 000年来最暖的50年。2019年全球二氧化碳浓度达到410ppm（ppm为浓度单位，即每百万个干空气气体分子中所含该种气体分子数）。这个数值高于200万年以来的任何时候。2011—2020年全球地表温度比工业革命时期上升了1.09℃，其中约1.07℃的升温是人类活动造成的。未来在低排放情景中，要实现将温升控制在2℃以内的目标，需在2050年之后实现净零排放；而实现将温升控制在1.5℃以内的目标，则需要在2050年左右实现净零排放，并在之后采取更强有力的负排放措施。

（二）中国积极参与应对全球气候变化的国际行动

中国为《巴黎协定》的达成、签署、生效和实施做出了历史性贡献。中国倡议二十国集团（G20）发表首份气候变化问题主席声明，率先签署《巴黎协定》，并在《巴黎协定》下提出NDC目标和行动计划。2020年9月22日，习近平主席在第七十五届联合国大会一般性辩论上正式宣布，中国将提高国家自主贡献力度，采取更加有力的政策和措施，力争2030年前二氧化碳排放达到峰值，努力争取2060年前实现碳中和。2020年12月，在联合国和有关国家共同举办的"气候雄心峰会"上，习近平主席进一步提出，到2030年，中国单位国内生产总值（GDP）二氧化碳排放将比2005年下降65％以上，非化石能源占一次能源消费比重将达到25％左右，森林蓄积量将比2005年增加60亿立方米，风电、太阳能发电总装机容量将达到12亿千瓦以上。中国在全球应对气候变化最紧要的关头提出碳达峰碳中和目标，特别是2060年要实现碳中和的目标，这极大地提振了全球应对气候变化的信心。

习近平主席指出，降低二氧化碳排放、应对气候变化不是别人要我们做，而是我们自己要做，是中国可持续发展的内在要求。实现碳达峰碳中和，是中国向世界做出的庄严承诺，也是一场广泛而深刻的经济社会系统性变革。中国提出碳达峰碳中和目标，与中国开启全面建设社会主义现代化国家新征程的时间节点高度重合，这不仅表明中国要实现的现代化是人与自然和谐共生的现代化，还表明中国要把实现碳达峰碳中和目标纳入中国经济社会发展战略之中。实现碳达峰碳中和，涉及经济、产业、科技进步和体制机制等各方面，需要长期艰苦不懈的努力。我们必须以经济社会发展全面绿色转型为引领，以能源绿色低碳发展为关键，加快形成绿色低碳的产业结构、生产方式、生活方式和空间格局，坚定不移走生态优先、绿色低碳的高质量发展之路。

二、实现碳达峰碳中和目标对中国绿色低碳转型提出紧迫要求

（一）实现碳达峰碳中和目标对绿色低碳转型的刚性要求

碳达峰与碳中和既有区别又有联系。碳达峰可以在无减碳压力下自然达到，碳中和则是刚性约束下的实质性减碳直至实现碳中和。实现碳中和目标的难度与碳达峰峰值有直接联系。2030年前碳达峰峰值越低，意味着2060年碳中和的难度就越小；2030年前碳达峰峰值越高，则后期碳中和的压力就越大。因此，从现在起政府就要加快推进经济社会发展的全面绿色转型，尽可能提前实现碳达峰并降低峰值，确保2060年前实现碳中和目标。

目前，中国是全球碳排放量最大的国家。英国石油公司（BP）发布的《世界能源统计年鉴2021》的数据显示：2010—2020年，中国碳排放量由81.5亿吨上升到99.0亿吨。2020年中国碳排放量同比增加0.6%，中国是全球少数几个增加的国家之一。中国、美国和欧盟碳排放总量分别为99.0亿吨、44.6亿吨和21.5亿吨，占全球的比重分别为30.7%、13.8%和7.9%。2010—2020年，美国和欧盟碳排放总量有所下降，中国碳排放增幅虽有所减小但总量仍在上升（见图2-1）。碳排放强度方面，2019年中国为2.9吨/万美元，高于美国的2.3吨/万美元和英国的2.5吨/万美元。从碳排放来源看，根据国际碳行动伙伴组织统计数据，2020年中国来自能源领域的碳排放占全国碳排放总量的77%，工业过程碳排放量占14%，农业领域占7%，废弃物碳排放量占2%。由此可见，化石能源的净零排放是实现碳达峰碳中和目标的关键。

2020年，中国能源消费总量为49.8亿吨标煤。随着工业化、城市化继续推进，能源消费总量还将增加，到2030年有可能达到60亿吨标煤。2030年后，随着中国工业化、城市化进程基本完成，能源效率不断提高，最终能源消费将进入下降通道，预计2060年能源消费总量大

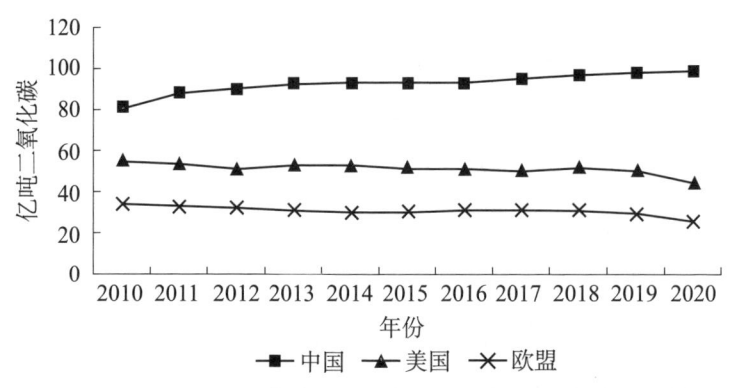

图 2-1 2010—2020 年中国、美国、欧盟碳排放总量变化趋势

约降至 55 亿吨标煤。化石能源将按煤炭、石油和天然气顺序分别在 2025 年、2030 年和 2040 年达峰。

同样热值的能源服务中，煤炭的碳排放因子最高，每吨标煤热值的煤炭大约排放 2.6 吨二氧化碳；石油的碳排放因子相对煤炭较低，大约为每吨标煤热值的原油排放 2.1 吨二氧化碳；天然气在化石能源中碳排放因子最低，排放系数为 1.6 吨二氧化碳。预计煤炭消费将从 2020 年的 28.2 亿吨标煤降至 2030 年的 26.3 亿吨标煤，占比从 56.8% 降至 44% 左右。电力将替代化石能源直接被使用，到 2060 年电力占能源消费比重将达到 70% 以上。要构建以新能源为主体的新型电力系统，提高电网对高比例可再生能源的消纳和调控能力。光伏、风电将成为电力增量的主要来源，绿色电力或零碳电力的占比将大幅提高。要发展"新能源+储能"、源网荷储一体化和多能互补，新型储能将实现规模化应用。氢能将开启商业化应用，形成"制储输用"全链条发展。石油产品多用于机动车动力，部分用作化工原料。国际上多数国家宣布在 2035 年禁止燃油汽车上市。中国若在 2040 年停止燃油汽车上市，考虑到燃油汽车的使用寿命大约为 15 年，则 2055 年汽车将全部被零碳的电能替代。航空用油可被氢能或电能等替代，从而逐步实现航空燃油的大致清零。石油加工制成的各种化纤、塑料制品，也将逐步被金属、木材和植物纤维替代。这样，石油排放的二氧化碳在 2060 年前可基本清零。在煤炭、石油全面退出后，天然气大体在 2060 年前退出。

（二）实现碳达峰碳中和目标要求加快绿色低碳转型

实现碳达峰碳中和目标，不仅对绿色低碳转型提出了更加紧迫的要求，还要以绿色低碳转型为重要前提。不加快绿色低碳转型，碳达峰碳中和目标就难以实现。

改革开放40多年来，中国经济高速增长，1979—2020年GDP年均增长9.2%。但受粗放式发展影响，经济增长在相当程度上是以大量消耗能源资源和牺牲环境为代价的。中国单位GDP能耗高，有三个影响因素：（1）国际分工的因素。在参与经济全球化进程中，高耗能、资源型产品向中国大量转移，使中国产业结构中高耗能产业比重过大。（2）经济发展阶段和总体技术水平等方面的因素。中国主要耗能工业产品的能源单耗比世界先进水平高15%～30%。（3）中国的能源结构因素。中国能源结构中煤炭占比过大，高达56.8%，是世界平均水平的两倍以上。

实现碳达峰碳中和目标，将对绿色低碳转型形成强大的倒逼机制。这就要求：（1）加快产业结构优化升级，发展战略性新兴产业和现代服务业，抑制高耗能、高排放项目发展，推动传统产业绿色低碳转型。（2）加快构建清洁低碳安全高效的能源体系，严格控制化石能源消费特别是煤炭消费增长，加快发展风能、太阳能、生物质能、海洋能、地热能等非化石能源。（3）大幅提升能源效率，加强重点领域节能，构建以绿色低碳为特征的工业、建筑、交通体系和消费模式，大幅降低能源消耗和二氧化碳排放强度，合理控制能源消费总量和二氧化碳排放总量，将碳达峰碳中和的压力转化为产业升级、技术进步和绿色低碳转型的动力。

（三）碳达峰碳中和目标下绿色低碳转型的主要路径

实现碳达峰碳中和目标与绿色低碳转型目标是一致的，也是相辅相成的。控制二氧化碳排放，最重要的途径是结构调整、技术进步和发展可再生能源。根据有关研究测算，今后一段时期，这三个方面占总减排潜力的85%左右，特别是结构调整对实现目标的贡献度超过50%。

结构调整包括三次产业结构调整、行业结构调整和产品结构调整。在三大产业中：第一产业二氧化碳排放强度较低，但从未来发展方向看，它在经济总量中所占比重将趋于下降；第二产业排放强度最高，二氧化碳排放总量也明显高于第一和第三产业，是未来结构调整的重点；第三产业二氧化碳排放强度高于第一产业，但低于第二产业，是未来鼓励发展的方向。从对控制二氧化碳排放的要求看，三次产业结构调整的关键是要提高第三产业的比重，降低第二产业的比重。这就要求政府加快发展现代服务业，促进制造服务化和服务知识化；加快发展战略性新兴产业，培育新的经济增长点；加快传统产业绿色低碳改造，淘汰高耗能、高排放、低附加值的生产方式，推动传统产业技术进步、管理创新、产业重组和优化布局。行业结构调整的关键是在进一步严格控制高耗能、高排放行业增速的同时，提升低耗能、低排放行业的比重。产品结构调整的关键是要提升产品的附加值，从而降低单位增加值的碳排放强度。

技术减排主要是通过技术手段降低高耗能、高排放行业，特别是电力、钢铁、有色金属、石化化工、建材、交通、建筑等行业的化石燃料消费和二氧化碳排放。这就要加大在提高能效、可再生能源、碳捕集利用与封存等方面的低碳、零碳、负碳技术的研发和产业化投入，加快建设绿色低碳的工业、建筑和交通体系，推动形成绿色低碳生产方式和生活方式。

发展可再生能源要对未来的煤、电、油、气、新能源和可再生能源进行科学合理的战略部署，加快发展非化石能源，不断提高风能、太阳能、生物质能、海洋能、地热能等非化石能源的消费比重，提高风电、光伏、生物质发电等发电装机和发电量的比重，构建以新能源为主体的新型电力系统，同时保持水电利用规模的合理增长，积极、安全、有序地发展核电。

三、中国实现碳达峰碳中和目标的机遇和挑战

（一）实现碳达峰碳中和目标面临的重大机遇

1. 中国特色社会主义制度优势和全社会的广泛共识，为实现碳达峰碳中和目标提供保障

碳达峰碳中和是一场广泛而深刻的经济社会系统性变革，仅仅依靠市场机制的自发作用难以实现目标，必须更好地发挥政府作用。党的十

八大以来，中国把生态文明建设纳入"五位一体"总体布局之中，确立绿色发展的新发展理念，推进建设资源节约、环境友好的绿色发展体系，并将应对气候变化全面融入国家经济社会发展战略，制定了明确目标，采取了有力度的政策举措和行动。政府较强的执行力和全社会对绿色发展的高度共识，在推动绿色低碳转型上将形成强大合力。2020年，中国GDP比2005年（国家自主贡献目标基准年）增长超4倍，同时，单位GDP二氧化碳排放比2005年下降48.4%，超额完成了2009年承诺的45%的高线目标，这相当于减少二氧化碳排放约58亿吨。中国初步实现了经济发展与碳排放脱钩，走上了一条符合国情的绿色低碳转型之路。

2. 新科技革命和绿色低碳技术变革，为实现碳达峰碳中和目标提供技术支撑

当前，以大数据、物联网、云计算、人工智能为核心的新科技革命迅猛发展，正在重塑全球产业生态。信息网络技术与能源技术融合，推动化石能源清洁化、清洁能源规模化和能源服务智能化，推动能源技术朝绿色低碳和智能化方向转型。太阳能、风能、生物质能、地热能、水能、海洋能等可再生能源开发、储存和传输技术的进步，氢能、天然水合物和聚变能等新一代能源技术的发展，促进了能源结构从高碳向低碳转变。有研究表明，数字技术可以将全球温室气体排放量减少20%以上。得益于改革开放40多年的快速发展，中国科技创新能力大幅提升，特别是数字智能技术和绿色低碳技术已走在世界前列。近年来，中国促进数字智能技术与能源清洁高效开发利用技术的融合创新，大力发展智慧能源技术。这些成为构建清洁低碳安全高效的现代能源体系以及推动绿色低碳转型的重要力量。

3. 中国具有绿色低碳转型的后发优势，为实现碳达峰碳中和目标提供更大空间

中国传统产业规模庞大，通过技术改造加快传统产业绿色低碳转型，淘汰高耗能高排放的落后产能，发展高技术含量的战略性新兴产业，实现产业体系的数字化、智能化和绿色化转型。中国具有巨大的减排潜力。中国能源结构中化石能源比重偏高，煤炭消费占比仍高达56.8%。推动化石能源有序退出，加快去煤化进程，促进光伏、太阳能

等新能源成为主体能源,积极开发绿色氢能产业,提高终端用能的电气化水平,最终将形成巨大的节能降碳空间。2020年,中国非化石能源发电装机总规模达到9.8亿千瓦,占总装机的比重达到44.7%,其中,风电、光伏发电分别达到2.8亿千瓦和2.5亿千瓦,装机规模均已超过美国和欧洲,位列全球第一(见图2-2、图2-3)。同时,由于中国工业化、城市化尚未完成,在继续推进工业化、城市化进程中,新增的工业产能和城市基础设施需求可以通过发展绿色低碳产能及绿色基础设施来实现,避免了传统工业化、城市化模式带来的"锁定效应"。

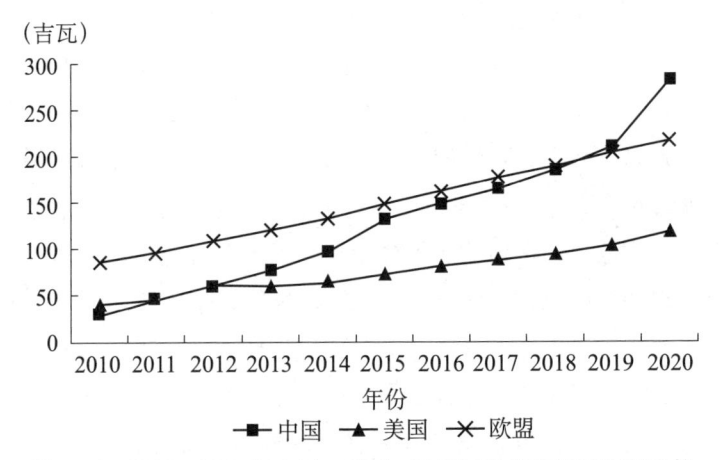

图2-2 2010—2020年中国、美国、欧盟风电装机容量变化趋势

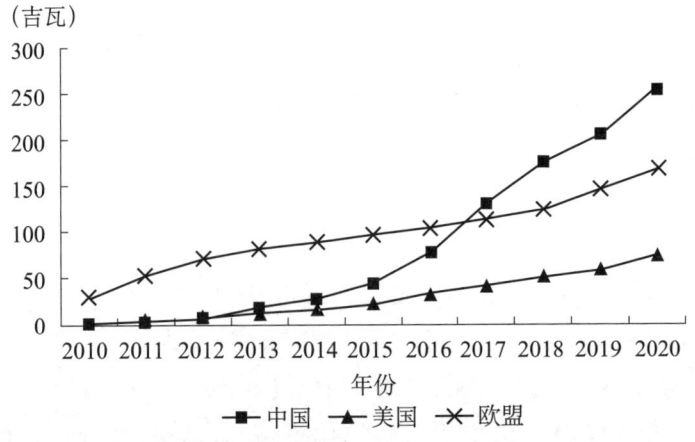

图2-3 2010—2020年中国、美国、欧盟光伏发电装机容量变化趋势

4. 超大规模经济体优势，为实现碳达峰碳中和目标创造有利条件

中国 GDP 已连续数年超过 100 万亿元，稳居全球第二。中国经济体量大，可以分摊绿色低碳技术研发的初始成本，而初创企业还可以依托国内市场进行孵化；此外，中国拥有规模庞大的产业制造体系，既有处在全球前沿的产业和技术，也有处在追赶阶段的产业和技术，为形成较为完整的绿色产业链，以及发挥不同领域的产业和技术优势创造了条件。例如，近年来中国发挥了超大规模经济体优势，以光伏、风电的规模化开发利用促进光伏、风电制造产业发展。2005 年以来，中国风力驱动涡轮机容量每年均成倍增长，已具备最大单机容量达 10 兆瓦的全系列风电机组制造能力；同时，中国还是全球最大的太阳能光伏电池板制造国，不断刷新着光伏电池转换效率的世界纪录。光伏产业创新能力和国际竞争力不断提升，产业服务体系逐步完善。

（二）实现碳达峰碳中和目标面临的严峻挑战

1. 碳中和时限偏紧，绿色低碳的发展方式转型的任务十分艰巨

发达国家碳达峰是在基本无减排压力下，通过结构升级和技术进步自然实现的。英、法等欧洲国家大致在 20 世纪七八十年代实现碳达峰，然后在经历漫长的平台期后，碳排放总量缓慢下降。在此基础上，欧美承诺的碳中和与碳达峰之间的时间有 50～70 年。中国目前人均 GDP 刚刚迈过 1 万美元的门槛，2035 年人均 GDP 要达到中等发达国家水平，经济仍需保持较快增长，而在现有技术水平下，碳排放仍将继续上升。中国提出 2030 年前实现碳达峰，之后碳排放与经济增长逐步脱钩，并在 2060 年前实现碳中和，中间仅有 30 年时间，这意味着从碳达峰到碳中和的过渡期大幅缩短，转换过程将极为陡峭。作为全球最大的能源消费大国和碳排放大国，要在推进现代化进程中实现碳中和目标，必须以前所未有的力度加快发展方式向绿色低碳转型。

2. 产业结构偏重，产业转型升级的任务十分艰巨

中国第二产业占 GDP 比重长期稳定在 40% 以上，近年来虽有所下降，但 2020 年仍高达 37.8%。第二产业的万元产值能耗是第一和第三产业的 4 倍以上。从第二产业内部结构看，钢铁、有色金属、建材、石

化、化工等高耗能产业比重偏高，占制造业总能耗的85%，增大了节能降碳的压力。2020年，中国生产了全球超过50%的粗钢（10.65亿吨）、煤炭（39.02亿吨）和水泥（23.9亿吨），以及近1/3的汽车（2 532.5万辆）。近年来，中国制造业价值链提升步伐加快，正在由低端产品出口为主向中高端产品出口为主转变。但相对于发达国家控制价值链两端的研发设计和品牌、供应链管理等环节而言，中国在国际分工中主要承担能源资源消耗强度较大的加工制造环节，因此单位生产总值的碳排放量明显高于发达国家。每年由中国出口到发达国家的大量制成品在生产组装过程中需要排放大量二氧化碳，中国的净碳转移排放量约占本土排放量的10%。由于国际分工格局短期内难以改变，这种由国际贸易引起的隐性碳排放转移，也使中国控制碳排放面临更严峻的挑战。

3. 能源结构偏煤，能源结构优化的任务十分艰巨

中国是世界上少数几个以煤为主的国家之一。2020年，中国一次能源消费量为49.8亿吨标煤。在一次能源消费中，煤炭所占比重高达56.8%，石油、天然气分别占18.9%和8.4%，水电、核电、风能、太阳能等非化石能源仅占15.9%。从国际对比看，中国的煤炭占比分别是美国和欧盟的5倍以上（见图2-4）。通常情况下，煤炭单位碳排放要比石油和天然气分别高36%和61%，由此导致单位能源二氧化碳排放强度比世界平均水平高约30%。2020年中国能源领域的碳排放占全国碳排放总量的比重约为77%，化石能源燃烧碳排放占全球的比重约为28.8%，这与中国以煤炭为主的能源消费结构是分不开的。中国能源资源禀赋特征使得以煤炭为主体的能源结构短期内难以改变，这也意味着中国能源结构低碳化转型任务十分艰巨。

4. 能源效率偏低，提高能源效率的任务十分艰巨

中国能源利用效率不高，能耗强度和碳排放强度明显高于工业化国家平均水平。虽然过去一个时期，中国是世界上能源利用效率提升最快的国家（1965—2019年中国能源消费强度年均下降2.22%，远高于世界0.78%的年均下降水平，降速是后者的2.8倍），但能源利用效率与世界先进水平的差距仍然较大。2019年，中国能耗强度约为世界平均水平的近1.8倍，是发达国家的2～3倍。同样，虽然中国的碳排放强

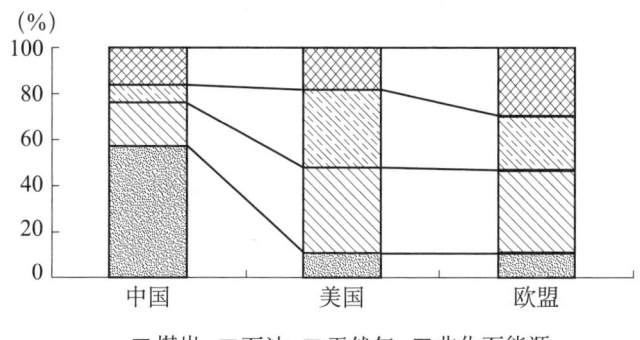

图 2-4　2020 年中国、美国、欧盟一次能源结构

度也呈现较快下降态势（1970—2019 年，中国的碳排放强度年均下降 3.17%，为世界年均降幅 1.23% 的 2 倍以上），但由于能源结构偏煤和能源效率偏低，碳排放强度仍明显高于世界平均水平，2019 年是世界平均水平的 2.2 倍，是欧盟平均水平的 5.0 倍。因此，中国必须加快优化能源结构，建设清洁低碳安全高效的能源体系。

四、碳达峰碳中和目标下绿色低碳转型的战略和愿景

（一）把碳达峰碳中和纳入经济社会发展总体战略

力争 2030 年前实现碳达峰，2060 年前实现碳中和，与中国特色社会主义现代化建设"两步走"战略不仅具有时间上的同步性，还具有战略方向和目标的一致性。因此，2030 年前碳达峰被纳入中国特色社会主义现代化建设第一阶段的发展目标中，为到 2035 年"广泛形成绿色生产生活方式，碳达峰后稳中有降，生态环境根本好转，美丽中国目标基本实现"创造条件。2060 年前实现碳中和是中国特色社会主义现代化建设第二阶段的重要任务，争取 2050 年实现近零排放，为实现美丽中国提供保障。

碳达峰碳中和目标下实现绿色低碳转型，要坚定不移贯彻新发展理念，坚持系统观念，处理好发展和减排、整体和局部、中央与地方、政府与市场、短期和中长期、中国与世界的关系。强化顶层设计，明确碳达峰碳中和的宏观战略目标、阶段任务、实现途径、政策体系、保障措

施。发挥制度优势，坚持政府和市场两手发力，发挥政府引导作用，完善有利于应对气候变化的财税、投融资、价格等经济政策，发挥市场机制作用，形成有效激励机制。坚持全国统筹，强化各级政府碳达峰碳中和目标考核责任制。根据各地实际分类施策，鼓励主动作为，率先实现碳达峰碳中和。加强国际合作，统筹国内国际能源资源，处理好节能降碳和能源安全、产业链供应链安全的关系，推动建设国际气候治理体系，为建设人类命运共同体做出更大贡献。

（二）2030 年前碳达峰目标下的绿色低碳转型

2030 年前碳达峰将覆盖两个五年规划期。"十四五"时期，产业结构和能源结构调整优化取得明显进展，重点行业能源利用效率大幅提升。"十五五"时期，清洁低碳安全高效的能源体系初步建立，重点领域低碳发展模式基本形成。

在产业结构方面，随着城市化和居民收入水平提高，推动消费结构升级，服务需求增长将明显加快，对外贸易中服务贸易比重将继续提高。在这些因素作用下，第三产业比重持续上升，第二产业和第一产业比重继续下降。预计第三产业比重将由 2020 年的 54.5% 提升至 2025 年的 60% 左右和 2030 年的 65% 左右，第二产业比重将由 2020 年的 37.8% 下降至 2025 年的 35% 左右和 2030 年的 31% 左右，第一产业比重将由 2020 年的 7.7% 下降至 2025 年的 5% 左右和 2030 年的 4% 左右。与此同时，重化工业大规模扩张接近尾声，传统产业陆续达峰并将进入平台期；互联网支撑的水平分工和跨产业链融合继续深化，要素精细化配置和产业智能化改造将明显加快；高端制造业和现代服务业对经济的贡献将进一步提升。

从能源低碳转型来看，"十四五"时期，煤炭消费增长将得到控制，到 2025 年占一次能源消费比重降至 50% 左右，非化石能源消费占比达到或超过 20%。由于火电调峰更为灵活，火电装机绝对量在 2025 年前仍将增长，但边际增量逐步减小，并在 2025 年达峰。火电的缺口将由零碳的可再生能源和储能补足。到 2025 年，单位 GDP 能耗比 2020 年下降 13.5%，单位 GDP 二氧化碳排放比 2020 年下降 18%。碳排放增长将进入平台期。部分东部发达省份、西南可再生能源禀赋较好的省份，以及电力、钢铁、水泥等高耗能高排放行业将率先实现达峰。"十五五"时期，煤炭消费逐步减少，火电装机逐步退出，太阳能、风能等非化石能源成为满足能源增量需求的主体，光伏、风电进入快速扩张期。光伏、风电发电不稳定形成巨大的储能调峰需求，将推动新能源发电侧配储容量规模迅速扩大。到 2030 年，非化石能源消费占比将达到 25% 以上，风电、太阳能发电总装机容量将达到 12 亿千瓦以上，单位 GDP 二氧化碳排放比 2005 年下降 65% 以上。

（三）2060 年前碳中和目标下的绿色低碳转型

2060 年前实现碳中和，绿色低碳循环发展的经济体系和清洁低碳安全高效的能源体系全面建立，能源利用效率达到国际先进水平，非化石能源消费比重达到 80% 以上。

2060 年前实现碳中和，关键在于化石能源向清洁能源转型。考虑到中国超临界百万千瓦级别的煤电投产时间可能晚至 2025 年，投资回收期为 30 年，退出时间最晚需要在 2055 年。随着光伏、风电等可再生能源的装机增长，到 2060 年电力系统将实现脱碳，形成以新能源为主体的新型电力系统。钢铁、建材、交通等能源消费部门将进行大规模的电动化和氢能化改造。随着钢材存量大幅提升，废钢短流程电炉将占据主导地位，而依靠铁矿石的炼钢长流程所需的焦炭将被氢能取代，所需煤炭随着电炉的大量使用而退出。氢能将随着技术的发展日趋成熟，并在工业、交通运输、建筑等领域实现规模化应用。

五、碳达峰碳中和目标下推进绿色低碳转型的主要路径

（一）加快产业结构优化升级

产业结构优化升级是碳达峰碳中和的重要途径。加快传统产业节能降碳和绿色低碳转型，制定能源、钢铁、有色金属、石化化工、建材、交通、建筑等行业和领域的碳达峰实施方案，建设绿色制造体系。利用新一代信息技术和绿色制造技术对各产业进行全链条改造，促进互联网、人工智能、绿色制造技术向各产业领域渗透，加快推进产业低碳化和数字化转型。坚决遏制高耗能高排放项目发展，对于新建或扩建钢铁、水泥、平板玻璃、电解铝等高耗能高排放项目，严格落实产能等量或减量置换。加快发展新一代信息技术、生物技术、新能源、新材料、高端装备、新能源汽车、绿色环保以及航空航天、海洋装备等战略性新兴产业，提高产业链供应链现代化水平。加大太阳能、风能、氢能、生物质能等新能源技术研发和应用，提高能源产业中的新能源生产比重。加快汽车电动化、智能化、网联化进程，推动氢燃料电池汽车产业化，大力发展新能源汽车产业。推动煤炭清洁高效利用，发展节能和环境治理新技术，扩大资源循环利用，壮大节能环保低碳产业。

（二）构建清洁低碳安全高效的能源体系

能源是减碳去碳的重点领域。政府要合理控制化石能源消费，加快煤炭减量步伐。"十四五"时期严控煤炭消费增长，"十五五"时期逐步减少煤炭消费。做好产业结构调整与能耗双控的衔接，既要坚决遏制高耗能高排放项目盲目发展，也要避免因能源消费总量和能耗强度"双控"指标缺口，对即将投产或在建的产业项目采取"一刀切"停工停产。着力提高能源利用效率，建设绿色低碳的工业、建筑和交通体系。实施工业能效提升行动，推进电力、钢铁、建材、有色金属、化工等行业节能。强化建筑节能降耗，实施新建建筑节能标准，加大既有建筑节能改造力度。鼓励发展公共交通，加快发展轨道交通等低碳交通方式，提高交通运输能效。实施可再生能源替代行动，扩大并网风电规模，加快"三北"地区和沿海地区的风电基地建设，发展内陆中小型风电和海上风电；推进太阳能多元化利用，建设大型光伏电站，鼓励发展分布式太阳能光伏发电，支持开展微网系统项目示范。因地制宜发展生物质能源，鼓励发展沼气发电及城市垃圾焚烧和填埋气发电。加快地热、海洋能等其他可再生能源资源勘查，提高开发利用水平。构建以新能源为主体的新型电力系统，提高电网对高比例可再生能源的消纳和调控能力。

（三）推动绿色低碳技术实现重大突破

科技创新是实现碳达峰碳中和目标的关键举措。制定碳达峰碳中和的科技发展战略与规划，抓紧部署绿色低碳前沿技术研究，组织重大科技研发与示范项目，加快推广应用节能降碳技术，建立完善绿色低碳技术评估、交易体系和科技创新服务体系。加强对节能与提高能效、氢燃料电池、大规模储能、智能电网、碳捕集与封存等技术研发和产业化投入，实施低碳和零碳技术示范项目，加强低碳和零碳技术的推广应用。推动互联网、大数据、人工智能、第五代移动通信（5G）等新一代信息技术与绿色低碳产业深度融合，释放数字化、智能化、绿色化叠加倍增效应。强化市场机制作用，引导企业以市场需求为导向，推动绿色制造技术突破和迭代升级，大力培育绿色制造新产品、新模式、新业态，为制造业绿色低碳转型注入新动力。

（四）完善促进绿色低碳发展的政策体系

一是完善财税政策，推动各级政府加大对绿色低碳产业发展、技术研发的支持力度，研究制定低碳产品减免企业所得税和低碳设备抵扣企业所得税等政策，促进低碳产业发展。加快研究适合中国国情的碳税制度。建立健全的政府绿色采购标准，加大绿色低碳产品采购力度。二是积极发展绿色金融，完善绿色金融标准体系，增加绿色金融产品和服务供给。设立碳减排货币政策工具，支持清洁能源、节能环保、碳减排技术等领域发展。扩大绿色债券发行规模，支持符合要求的企业上市融资，用于绿色低碳项目的建设运营。鼓励社会资本设立绿色低碳产业投资基金，形成政府和企业推动绿色低碳转型的合力。三是完善投资政策，严控煤电、钢铁、电解铝、水泥、石化等高碳项目投资，加大对绿色环保、新能源、新能源汽车、碳捕集与封存等项目的支持力度。完善支持社会资本参与政策，激发市场主体投资绿色低碳项目的活力和内生动力。四是健全有利于节能降碳的价格形成机制，完善差别化电价、分时电价和居民阶梯电价政策，严禁对高耗能高排放行业的电价实施优惠政策，利用价格手段促进可再生能源规模化发展。

（五）发挥市场机制对碳减排的积极作用

完善碳排放权交易市场，提升碳排放配额分配的透明度，完善碳交易市场信息披露制度。加快形成具有约束力的碳价机制，促进碳交易市场发展。探索如何逐步与国际碳排放交易市场接轨。开展交易产品和交易方式多样化的试点，研究制定相应的监管规则。探索建立与碳资产和碳交易相关的会计准则。选择碳排放量大的典型产品，建立低碳产品标准、标识和认证制度，以及低碳认证、技术规范、认证模式、认证程序和认证监管方式。

（六）倡导绿色低碳的生活方式

倡导简约适度、绿色低碳的生活方式，鼓励使用节能减排的绿色产品。加快建立绿色产品的专门流通渠道，建立绿色批发市场、绿色商场、节能超市、节水超市等绿色流通主体，推动市场、商场、超市、旅游商品专卖店等流通企业在显著位置开设绿色产品销售专区。利用"互联网＋"促进绿色消费，推动电子商务企业直销或与实体企业合作经营绿色产品和服务，鼓励企业利用网络销售绿色产品，推动二手产品在线交易的开展，满足不同主体多样化的绿色消费需求。加快城市轨道交通、公交专用道、快速公交系统建设，加强自行车专用道和行人步道等城市的慢行系统建设，推广网约车、共享单车、汽车租赁等共享交通模式，增强绿色出行激励的有效性。

（七）健全绿色低碳发展的统计、监测和监管体系

建立二氧化碳和温室气体排放基础统计指标，并纳入政府统计指标体系。建立健全二氧化碳和温室气体排放数据库及信息系统。制定二氧化碳和温室气体排放清单指南，规范清单编制方法和数据来源。制定重点行业及重点企业二氧化碳和温室气体排放核算指南，加强重点行业及重点企业核算工作。建立健全温室气体排放监测体系，加强对各类责任主体的考核。深化绿色低碳发展监管体制改革，完善监管法律法规，优化监管组织结构，提高专业性和监管能力，增强监管有效性。完善绿色低碳转型治理体制，加快形成以政府为主导、企业为主体、社会组织和公众共同参与的绿色低碳治理体系。

（八）加强应对气候变化的国际合作

坚持在多边框架下开展气候变化国际合作，积极参与国际规则和标准制定，有效应对可能出现的不合理单边行为，推动建立公平合理、合作共赢的全球气候治理体系。积极参与应对气候变化国际谈判，推动落

实《巴黎协定》，坚持共同但有区别的责任原则，维护我国的发展权益。加强中欧、中美在绿色复苏、气候变化、生物多样性保护等领域的对话与合作。推进绿色"一带一路"建设，限制高碳项目投资，支持共建"一带一路"国家及地区开展清洁能源开发利用。帮助发展中国家提高应对气候变化的能力，支持发展中国家能源绿色低碳发展，不再新建境外煤电项目。加强绿色低碳技术、绿色金融等领域的国际合作，推动绿色低碳技术的合作研发和技术转移，推进全球绿色金融市场发展。

实现碳中和的重要前提：
构建清晰化的碳排放总量目标

周小川[*]

一、"30·60"碳目标体现了我国在碳排放领域的重大转变

早在浙江工作期间，习近平同志就提出"绿水青山就是金山银山"[①]的科学论断；担任总书记和国家主席后，他又多次强调并践行这一科学理念，扭转了过去我国在全球气候变化方面的立场。大家都知道，在这之前，我国对气候变化的态度是相对消极的，主要强调不能抑制经济增长，作为发展中国家不能承诺约束性硬指标。2020年9月，习近平主席在联合国大会上提出了中国"30·60"碳目标，在国际上做出了中国的承诺。这是一种值得深刻理解和落实的重要转变，这种转变并不是表述上的微调或者政策上的延续式更新，而是理念上、认识上、立场上的转变，是需要我们深刻学习领会，并在未来相当长的时间内付诸实践的。目前，我们在行动落实上还有不小的差距，例如，这两年国内煤电项目还呈现较强的扩张势头，国际上与"一带一路"相关的一些煤电项目的融资仍有中国的参与。这都表明，要深刻认识并践行"30·60"碳目标并不是一个容易完成的转变过程。

另外，中国气候变化的各项工作，包括绿色金融体系的建设和推行，面临着一系列重大挑战。首要挑战是需要有实现碳目标的更加清晰化、透明化的总量指标体系，这是非常重要的，这可以让各方对碳目标

---

[*] 作者系中国金融学会会长、中国人民银行原行长。
[①] 弘扬人民友谊 共同建设"丝绸之路经济带". 人民日报，2013-09-08.

有清醒的认知，同时也能为诸多相关工作提供可度量、可计算、可考核的任务。当然，这也是不容易做到的，还需要各有关部门积极工作，真正实现理念、认识和行动上的转变，并通过公开、透明的方式，对碳排放的数据和目标做出可靠的计量，从而推动碳目标的实现。

二、实现碳目标需要以碳排放总量目标清晰化为前提

在2020年12月12日召开的气候雄心峰会上，习近平主席在"30·60"碳目标的基础上，进一步提出了我国应对气候变化的几项总量指标：到2030年，中国单位国内生产总值二氧化碳排放将比2005年下降65%以上，非化石能源占一次能源消费比重将达到25%左右，森林蓄积量将比2005年增加60亿立方米，风电、太阳能发电总装机容量将达到12亿千瓦以上。这些分别对应着碳排放强度、碳汇和新能源发展。

以上总量目标非常重要。应对气候变化的具体工作需要很多微观的量化指标和数据基础，但确定微观量化指标的前提就是要有总量目标。有了总量目标，才能清晰地分解出微观目标。总量目标还关系着"30·60"碳目标的工作进程安排，工作进程需要均衡，既不能过于前松后紧，也不能过于前紧后松。此外，碳目标实现需要依靠激励机制，并不是下达了目标任务就一定能落实并有成果，而激励机制也要在总量目标清晰的基础上才能被计算、设置和完善。一些国家在碳排放的总量控制规划上已经给出清晰的数量目标，中国也需要在总量目标上做出更透明、可读的计量，才能有助于社会各方理解并落实行动。

削减碳排放的方式主要有两种，分别作用于促进供求平衡的两端。一种是限制现有的碳排放，类似于过去粮食供给不足时，居民靠的是粮票配额，也就是压需求。另一种是投资于供给方，形成低碳或零碳新能源供给，来达到平衡。笔者认为，今后几十年，实现碳排放目标会主要依靠这种投资，通过大量投资促进新能源供给和加大节能、低碳产品或服务的使用。

既然需要投资，就需要计算未来的回报。公共投资可以在一定程度上不要求回报，但公共财政资金通常比较紧张，因而要大力促进民间投资，就必须明确计算投资的未来回报，这就需要未来每年碳排放的总量

数据更加清晰，毕竟很多微观数据指标的计算就取决于总量目标。此外，在实现碳目标方面，我们未来的投资规模需要有多大，还应该对应每年的GDP，即每年的GDP中需要多大比例投资在应对气候变化上。

对投资的激励可以有两个来源。一个是通过配额交易或者碳税来获取并体现回报，也就是说，碳排放多的主体应该交出一部分资金支持减排投资；另一个是通过一般性的动员把投资引到这个方向，不用额外的政策补偿。我个人认为，未来大部分投资激励应该来自第一种方式。因此，我们究竟能在多大程度上使碳排放过多的行业或企业，特别是重点行业或企业，通过碳配额交易或碳税来承担责任，并支持大规模的减排投资，这是非常重要的问题。这一均衡价格只能在总量目标之下平衡出来。目前，我国碳交易市场还不够统一，存在分割，各市场碳价格不一致，也给定价带来很多问题。因此，要实现碳价格一致，既需要总量目标清晰，也需要各个碳市场实现联通和统一。

在推进碳排放配额交易和碳税的过程中会出现成本转嫁现象，但这是不可避免的，多消耗排碳能源就必须多承担代价。通过这种转嫁来实现资源配置的转变，才会有更多的新资金投资于减排和绿色金融领域。不过，转嫁过多也可能增加通货膨胀的压力，国内居民可能会有意见。成本转嫁问题的关键在于转嫁多少合适，这涉及总量碳目标、通胀目标等多目标之间的权衡，但不允许转嫁是不对的，不能把这种转嫁当成缺点。

未来的减排任务有一部分要依靠公共投资，而公共投资的结构是一种资源配置。这部分公共投资如果不是用于碳减排，那么可以用于提供包括医疗、社保等在内的公共产品和福利。既然涉及资源配置，就需要在数量上明确公共投资多目标与预期要实现的目标之间有无缺口、有多大缺口，从而校正财政和其他公共政策，并规划公共投资与民间投资的比例关系。

前面提到，习近平主席在国际上做出的碳减排承诺体现了我国的一个重要转变，而要实现这个转变很不容易。事实上，在若干年前，国内对于碳排放的主流观点是强调不能因碳减排而影响发展，与其相关的定量方面的论点主要强调以下三方面：

第一，只说强度，强调碳排放强度应该与 GDP 增速相关联，这意味着，如果中国的 GDP 增长快，那么排放就可以多一些。

第二，强调均值，也就是人均排放的概念。中国人口众多，人均排放量与西方国家相比还不是很多，也就有更大的排放余地。

第三，强调累计，也就是历史累计碳排放量。西方国家工业化进程开启得很早，历史上已排放了很多。从这个角度来看，中国也还有较大的排放空间。

这些说法实际上都倾向于抵制减排。温和一点讲，实际上它们与 2060 年碳中和的目标存在矛盾。到 2060 年要实现碳中和，无论经济增长快还是慢，人口数量多还是少，累计排放规模大还是小，都要求达到净零排放。因此，在实际操作中，迫切需要将碳排放总量的目标更加清晰化，这就要求各有关部门认真体会、实现转变和紧跟步伐，为实现碳目标打下坚实的基础，做好数量型行动规划。

三、碳排放总量目标的核算要点

习近平主席在气候雄心峰会上提出了我国在碳排放强度、碳汇和新能源方面的目标，特别是第一项关于碳排放强度的指标，即到 2030 年，中国单位国内生产总值二氧化碳排放将比 2005 年下降 65% 以上，非化石能源占一次能源消费比重将达到 25% 左右。这涉及如何选用现存统计数字和如何定量规划未来的问题。但由于核算基础不实，包括缺少官方权威统计数据和重要参数，现在这几个指标的度量还不可能清晰。

首先，我国 2005 年当年及其后至今的年度碳排放总量有若干种口径，均来自学术机构和国际合作项目，但似乎找不到官方权威数据。在核算上，如果要实现 2030 年碳排放强度比 2005 年降低 65%，要先得知 2005 年的碳排放是多少。在这一数据上，我们发现各方数字不尽一致，而且涉及究竟谁应是权威提供方。有部分研究引用了 2005 年中国碳排放约 78 亿吨，考虑到森林碳汇吸收了大约 10 亿吨碳排放，因而 2005 年总的碳排放在 67 亿~68 亿吨的水平。如果此数据准确，那么结合当年的 GDP 来看，2030 年要达到的目标排放量上限就大体可以计算出来了。但这个碳排放总量数据并不权威，只是一家之言。多数文献引用的

2005年中国碳排放规模是55亿吨上下，也有说53.8亿吨、56亿吨，基本上围绕55亿吨这个数量。

其次，要考虑GDP的可比性。如果要测算2030年的碳排放强度，当年的GDP要具备与2005年的可比性。2005年的GDP大约是19万亿元，但这是当时的数据，并非与2020年及2030年可比的GDP，为此需要用GDP平减指数换算成可比年度的GDP。了解2020年的排放总量也是重要的，以便认识过去15年我们实现了多少，未来10年的步伐需要加快多少。我看到一个比较好记的说法是，中国2020年的GDP大约是100万亿元，二氧化碳排放量约100亿吨。如果以2020年作为基年（以此为基年在计算上相对容易），那么推算2005年的可比GDP大约是30万亿元，用这一排放强度乘以65%，就得出2030年碳排放强度上限。总之，要在可比GDP口径下使此蓝图清晰化。

再次，在2030年总量目标（碳达峰）的核算上，既然对外提供的仍是排放强度指标，则2030年碳达峰时的排放规模还取决于今后十年GDP增长的假定。GDP增速的快慢不同，会使2030年碳排放总量的计算得出一个区间。还是以2020年作为可比基年，假设未来十年年平均GDP增长率为5%，2005年可比GDP约为30万亿元，则2030年二氧化碳排放总量大约是101亿吨，就比现在多1亿吨左右；如果以年平均GDP增长率为6%计算，2030年碳达峰时的碳排放总量则是111亿吨，也就意味着再往后30年的减排任务会更加艰巨。有一些经济学家测算，到2030年碳达峰时碳排放达到105亿~106亿吨的水平，那么他们对年平均GDP增长率的假设是5.5%左右。在2030年碳达峰之前，碳排放的逐年总量控制规模和如何安排规划任务及测算碳价格，实际上并不清晰，有待进一步核实。

最后，总量核算还依赖于碳汇和风电、太阳能发电的核算问题。关于森林等绿色植被的碳吸收规模，有人测算2005年是10亿吨左右，相对于当年的碳排放而言，碳吸收还是相对较少的。如果未来我国大面积植树造林，到2030年，即便碳吸收规模达到15亿~20亿吨，相比碳排放而言也是相对比较少的。我们目前对碳汇的计量仍不够清晰，比如什么样的、多大面积的森林能吸收多少二氧化碳，参数不齐。此外，到

2060年，我们可能还不会实现对化石能源的完全替换，有些残留领域（比如电力调峰等）还可能继续使用化石能源。根据清华大学能源环境与经济研究所的测算，到2060年化石能源占总能源的比重为13%，换算成碳排放绝对数值还是很大的。而使用这些能源造成的碳排放，要通过碳汇或者碳沉降来吸收才能实现碳中和，同时还需要依靠新的碳吸收技术的发展，也包括发展碳捕集碳存储（CCS）等来抵消。这些都需要基于大量基础数据、权威参数去测算，以便对碳排放总量的减项做到心中有数。至于风能与太阳能发电，这类装置年发电小时数较少，且需与储能或调峰能力相适配，故还要把装机容量转估算为电能供应占总发电电能的比重，才能有效测算电力行业的减排进程。

总之，想做好绿色金融和碳市场，就需要进一步使总量目标清晰化，并建立一套有关碳金融和绿色金融的参数、指标体系及计量、测算的框架，这样才能切实做好各项任务规划和投资引导。

四、带配额的市场经济及其一般均衡

有人质疑并担心，设置较多配额是否会动摇中国特色社会主义市场经济的基本框架，特别是排放配额量大面广，大范围影响由市场供求决定的价格，既影响市场对资源配置起决定性作用，也给行政性设置及分配配额打开方便之门。这种质疑不无道理，可以使用带配额的可计算一般均衡模型来研究这种经济系统。其结论大致是：在配额总量的约束下，如果让市场供求关系来决定配额价格并实现市场分配，那么仍会实现有配额的一般均衡，即价格体系会有所移动，但仍是由市场体系决定的，市场经济基本框架依旧运行。言外之意是，如果配额价格及分配不由市场决定，包括总量约束不清晰，那么会对市场经济基本框架产生若干未知的影响。

从资源配置上讲，碳市场和整个资源配置的关系实质上体现为有配额的一般均衡。为什么要注重有配额的一般均衡呢？一方面，有配额就要有分配，就有价格或隐含着某种价格。如果做出正确的政策选择，那么它并不影响对整体市场的一般均衡模型的理解和其可计算性。另一方面，从历史实践看，我国过去在这方面也有一些经验。20世纪八九十

年代，我国的外贸很大程度上依靠的是纺织品出口，而当时在国际纺织品贸易中存在出口配额制度，也就是在关贸总协定主持的"多种纤维协定"（MFA）之下，主要由发达国家设置若干类纺织品配额。中国如何分配纺织品出口配额呢？那时在机制上允许采用市场交易方式拍卖配额。这种配额拍卖就与现在所说的碳市场中的碳配额交易是可类比的。回顾我们过去的一些工作和当时做的研究，也有助于我们理解当前碳市场和整体市场经济资源配置之间的相互作用。

需要强调的是，这种有碳配额的新均衡，还是要依靠市场供求关系的力量来实现，而且要着重考虑跨期的一般均衡。前面提到减排主要依靠投资，而投资只有跨期才能取得效果。但跨期投资决策要依靠对未来数据的预测，要依靠未来的价格数据来指导当前的投资，所以未来清晰的总量指标和各类参数都是非常重要的。

应尽快制定碳达峰碳中和整体规划

孙明春[*]

一、要充分认识碳达峰碳中和任务的艰巨性

首先，我们都要认识到碳达峰和碳中和是非常艰巨的任务，挑战性非常大，不容易实现。

中国经济还处在中高速增长中，GDP增加意味着碳排放增加。接下来，中国经济增速还将处在这一区间。这就意味着，我们需要在总体经济活动上升的同时降低碳排放。因此，要实现碳达峰和碳中和，其实是非常具有挑战性的。这要求我们在碳相关技术、能源结构、能耗等方面采取更多措施，尤其是要进行大量投资。

其次，我们也要认识到，如果没有统筹规划并落实到位，那么无论是要实现碳达峰还是碳中和，都是很难的。我们要先有一定程度的规划，再有一定程度的强制性手段，同时利用好市场手段和行政手段。

尽管短时间内不太可能把全国性规划都做得清清楚楚，但我们希望看到各界对于实现碳达峰碳中和这一任务艰巨性的认同。同时，我们需要提出一个规划，并对有关指标进行分解，分行业、地区去落实，形成碳达峰碳中和的时间表或者路线图。

有了规划以后，大家才有可能落实到位，认真推动碳达峰碳中和进程。

---

[*] 作者系中国金融四十人论坛（CF40）成员、香港中国金融协会副主席。

二、实现碳达峰碳中和的总体节奏应是前松后紧

实现碳达峰碳中和与经济增长中的某些要求是鱼与熊掌不能兼得。

我们一方面需要经济增长,希望改善人民群众生活条件、增加收入等;另一方面,气候变化对于人类社会也存在实实在在的威胁,而且这个威胁正越来越近。

我们不能只顾眼前利益,还要看得长远。在这种情况下,有些牺牲不得不做。而与此同时,也希望尽可能减少转型带来的痛苦。因此,在制定路线图的过程中,我们需要考虑现实情况。

实际上,我们提出2030年实现碳达峰、2060年实现碳中和,从宏观战略上讲,这是一个很务实的思路。也就是说,我们不可能马上让碳排放下降。未来十年,碳排放还将上升。经过十年的准备和结构调整,碳排放才有可能在2030年以后逐渐下降。从现在到碳达峰,再到碳中和,都需要过程。

我们也不可能立刻对各个行业实施严厉的控制措施,实体经济承受不了。换句话说,当前阶段更多的是采取一些准备措施,碳排放还会继续上升。这意味着从直接可见的指标表现看,几年内不会有太明显的变化。具体而言:

一是做好基础性工作,尤其是不要做让后期减排更难的事情。例如,我们在上马煤电或高碳项目时,要慎之又慎。同时,一些基础性问题需要解决,加大低碳减碳、碳采集、碳储藏等方面的科技投入。今后几年,政府、投资机构、学术机构、科研机构等都可以在这些领域加强投入。这种前期投资可能两三年不见效果,一旦研究出来,就可能在后期有助于加速实现碳中和。

二是要开始为能源结构转型做准备,主要是在初级能源消费方面要有大的转变。

三是要加强全民教育,尤其是针对普通民众,要加强关于应对气候变化风险的教育,让每个公民都能节能减排,减少浪费,减少垃圾。

在联合国提出的可持续发展目标里,有一项就叫"负责任消费",也就是说,碳排放碳中和是全民的事情。大家要认识到,不只是企业,

实际上每个个体都是碳排放的根源，很多消费活动都会造成碳排放。我们要减少一些消费活动，特别是浪费性的消费，比如粮食浪费，就能减少很多碳排放。一旦形成共识，到后期再推动碳中和，很多措施就容易推动了。

总体节奏应该是前松后紧。前面要松一点，以"奖"为主，做好基础性工作，更多的是主动采取一些建设性措施，比如鼓励发展新技术。在能源结构转型方面，增加新能源投资。到了中期，要加大"罚"的力度，比如2025年以后，在碳排放控制方面，要有更为严厉的指标和惩罚措施。到那时，我们在技术上已经更有能力去适应经济向绿色低碳的转型。换句话说，我们至少要给企业5年的适应和转型过渡期。实际上，碳达峰的目标就是给整个中国经济10年的转型过渡期。

三、未来一两年的首要工作是摸底碳排放量

现在要制定具体目标可能还有一定的难度。我认为，未来一两年的首要工作是测算，要能够比较准确地测算出各个企业、行业和地区的排放量。

虽然一些行业内也有各种测算方法，但还是需要进行全社会的测算。先摸底，摸清我们的碳排放量到底有多少。现在根据不同口径计算出的碳排放量，有的认为是100亿吨，有的认为是130亿吨，差异不小。此外，地方将碳达峰变为攀高峰，我觉得这个做法其实是不聪明的，这说明很多人没有真正理解碳减排要求，并不是现在拼命把排放量提上去，将来减起来就容易。真正的减排要求不是你排的多，对你的容忍度就会更高。同样的行业，标准是一样的，并不是现在的存量排放量比较多，将来就会有更大的额度。在同样的行业，额度是给定的。现在多排，将来就要多减。我们还是要加强教育，加强认知和培训。

四、金融机构可深度参与碳交易市场

金融应该如何支持实现碳达峰碳中和？我觉得有以下两点：
第一，金融机构应该率先实现碳达峰碳中和目标，起到表率作用。
一方面，金融机构本身碳排放量不高。据我们测算，我国金融机构

碳排放量可能仅为全国碳排放总量的3‰或更低。另一方面，金融机构财务实力比较强。我们也做过测算，金融机构碳减排的成本应该不会超过收入的1‰，是完全可承受的。

实际上，国外很多金融机构都已经实现了碳中和。全球财富500强里有130多家金融机构，其中四五十家外资金融机构实现了碳中和，还有很多机构提出要在2030年或2035年实现碳中和。目前来看，已经实现碳中和的世界500强里还没有一家中资金融机构。其他国家的金融机构已经实现了碳中和，中国的金融机构完全也有能力实现。

这样做是有意义的。金融机构实现碳中和虽然只是减少了全国碳排放的3‰，看起来直接意义不大，但是有很重要的间接意义。经济体中有很多服务类行业机构，它们和金融机构一样碳排放量也不高，财务上也有实力，比如信息行业机构或很多高科技企业，对它们来讲，要实现碳中和并不难。如果金融机构带头，其他企业都跟上，那么实现碳减排的量就不只是千分之几或百分之几了，可能会更高。

第二，金融机构可以深度参与碳交易市场，通过碳市场价格机制的变化，推动全社会的碳中和行动。

金融机构要实现碳中和，不可能完全不排放，最终有一些排放可能需要通过碳抵消或购买碳信用来实现，这就会增加碳交易市场的需求。

在全国性碳交易市场成立之前，国内有8个地方性碳交易市场，但是交易量都很少，而且价格差异很大，与欧洲和美国相比，整体价格也比较低，其主要原因是没有足够的需求。如果金融机构能主动去购买，可以带来更多需求，把市场搞活，推高碳交易价格。

实际上，碳价上升是给减碳企业、绿色企业的市场性补贴，有助于鼓励企业减排，增加绿色产出；同时，高碳企业的成本也将增加，这会促使它们减少排放。

碳交易市场本身也可以是一个金融市场。除了作为买方进入碳交易市场外，金融机构其实也可以逐渐参与进来提供衍生品，比如碳期货、碳期权等，还可以做碳基金，向机构投资者甚至零售投资者发行。当然，这些要等整个碳交易市场活跃到一定程度以后才能做。

我个人认为，碳交易市场未来将是一个很大的市场，需求会很多，价格也会涨。碳信用将是一种好的投资产品。

除此以外，市场中还有绿色债券、绿色贷款、ESG（环境、社会和公司治理）投资等，这些已经在做的事情都是金融机构支持碳达峰碳中和的途径。金融机构在气候相关投融资方面可以做很多，这个趋势在全球已经很明显了。

五、研究底层资产，避免绿色泡沫

在走向碳达峰碳中和过程中，如何应对潜在的经济增长压力和金融风险？从金融机构角度来讲，主要面临的是气候变化带来的间接风险，比如海平面上升、恶劣气候变化等，这可能造成很多相关公司、行业的资产减值。

碳中和目标提出后，未来市场对煤炭等化石能源相关行业的需求可能会大幅减少，这些行业可能面临破产倒闭的风险。由于行业本身有风险，为它们提供融资的金融机构也会面临相当大的风险。对此，要做的是密切关注，未雨绸缪。

从碳达峰到碳中和，这期间有 10 年到 30 年的时间跨度，是为了给相关企业和金融机构，包括劳动者以足够的时间转型、消化。

过去一年，无论中国还是美国，和新能源、环保绿色相关的很多上市公司的股价确实上涨了很多倍——3 倍、5 倍、8 倍，甚至 10 倍。我觉得这是基于投资者对未来绿色转型的期待，反映了市场投资者对趋势的认同，并希望提前布局。当然，在这个过程中，投资者要认真区分哪些是泡沫，哪些确实是有前景的，不能一概而论。

什么样的技术是绿色技术？是不是所有的太阳能公司未来都很有前景？我觉得不一定。为了实现碳达峰碳中和目标，我们必然需要在技术上有巨大进步和突破。在这个过程中，现有的一些绿色技术有可能会被淘汰。太阳能在过去的十几年里经历了多次技术更迭，老一代的技术虽然也贴着太阳能或新能源的标签，但实际上并不一定可持续，有可能只是一种阶段性的技术。如果这些上市公司价格过高，那么未来不一定能够兑现，关键还是取决于这些公司在技术方面能不能跟得上。我们还是要做好功课，通过对底层资产的认真分析做投资决策。

"双碳"战略推进与投资布局

陈文辉[*]

一、实施"双碳"战略要与先进发展理念推广和现有重点工作推进有机结合

(一)"双碳"与生态文明建设

习近平总书记把生态文明建设作为中国特色社会主义"五位一体"总体布局和"四个全面"战略布局的重要内容,这既是重大经济问题,也是重大社会和政治问题。

一方面,"双碳"是生态文明在经济建设中落地的重要抓手,推动绿色发展和产业结构调整。中国经济经过 30 多年快速发展积累下来的环境问题已进入高强度频发阶段,必须坚持新发展理念,将生态文明建设融入经济建设中,走出一条新的发展道路。生态文明建设的成果,最终要看经济结构和经济发展方式。"双碳"则为绿色低碳发展和产业结构调整提供了政策环境和市场预期,是产业升级和经济转型最直接的推动力。

另一方面,推进"双碳"战略切忌简单粗暴地"一刀切"。严防追求生态文明建设政绩,而不顾实际地加码"双碳"力度。例如,有些地方为了实现更高的减排目标采取拉闸限电,这严重影响了企业生产和居民生活。我们要实事求是地立足我国国情、发展阶段和实际能力,坚持系统观念,处理好发展和减排、整体和局部、短期和中长期的关系,平稳有序推进经济结构调整和发展模式转型。

---

[*] 作者系中国金融四十人论坛(CF40)学术顾问、全国社会保障基金理事会原副理事长。

此外，我们还要注意做好"双碳"和生态文明建设的政策协调。关于生态环境保护已出台若干政策，如今在推进"双碳"目标过程中经常遇到环保政策限制。例如，2020年，内蒙古将全区50.46%的国土划入生态保护红线，明确草原、森林等重要生态功能区不再新上风电和光伏项目。建设特高压电网，实现光伏、风电的跨区域调度，是可再生能源大规模开发消纳并广泛使用的关键，对于实现"双碳"目标至关重要。但建设横跨中国的特高压电网，需要经过数十个自然保护区，而根据目前的政策很难在红线内施工。为实现"双碳"目标实施的工程，本质上也是生态文明建设的一部分，应与其他活动区别对待，环保政策要为"双碳"工作开绿灯。

"双碳"工作的有序开展将持续改善环境质量，提升生态文明建设水平，赢得更广泛的民心。中国特色社会主义进入新时代，我国社会的主要矛盾已经转化为人民日益增长的美好生活需要和不平衡不充分的发展之间的矛盾。人民群众对干净的水、清新的空气、安全的食品、优美的环境的要求越来越高，生态环境在群众生活幸福指数中的地位不断凸显，人民群众对优美生态环境的需要已经成为我国社会主要矛盾的重要方面。此前粗放式的发展模式造成一些地区出现严重的环境污染，已成为民生之患、民心之痛，若得不到有效解决，老百姓的幸福感会大打折扣，甚至会出现强烈的不满情绪，发展成为重大政治问题。

做好"双碳"工作，就能解决大多数环境问题。发展可再生能源、减少化石燃料燃烧、减少二氧化碳的同时，其他大气污染物也减少了。为减少生产过程中的碳排放，企业发展循环经济，提高生产效率和资源利用率，大大减少工业废料的排放。随着"双碳"战略的有序推进，天更蓝了，水更清了，环境更美丽了，生态文明建设取得显著成效，人民群众生活的幸福感和满意度不断提升，党的执政根基也更加稳固。

(二)"双碳"与ESG理念推广

近年来，环境、社会和公司治理（ESG）理念得到越来越多的关注，具体工作的推进却较为缓慢，一个重要的原因是ESG缺乏一套统一的评判体系。"双碳"工作的推进有可能成为中国 ESG 发展的突破点，并以点带面地全面优化和提升中国企业治理结构和社会责任。

"双碳"将企业的环境责任法律化，形成全国范围内统一和强制执行的标准。根据欧洲经验，政府会通过立法明确企业的减碳责任，以推进"双碳"目标的实现。我国不久后也将出台减碳政策和法律，原本自愿的减排行为变成了法律义务，具有了普适性和强制性。碳排放量在很大程度上代表了企业在绿色投入、资源和能源的集约使用与循环利用、有毒有害物质的处理以及生物多样性的保护方面的水平，是企业承担环境责任的重要表现。

目前，碳排放已有成熟的计量体系和相对统一的标准，一些第三方机构也开始提供碳排放计算和信息披露服务。早在 2016 年，中国证监会就出台政策，要求重点碳排放行业的上市公司必须在年报中披露碳排放情况。随着各部委"双碳"政策和有关法律的陆续出台，越来越多的中国企业将披露碳排放信息，并履行减排义务。这将有力推动我国 ESG 工作。碳排放表可能将与企业三大财务报表并列，成为企业必备的第四张报表，政府、企业管理者、投资者以及其他利益相关者都能看到企业所承担的环境责任。这将倒逼企业加大在环境保护方面的投入，加快绿色发展转型。

环境责任是 ESG 中最高级的责任，承担环境责任将带动企业更加主动地承担社会责任和公司治理责任。ESG 中的三个责任是有层次的：G 位于底层，体现了公司对股东的责任。股东是企业的老板，是直接利益方。S 位于中间层，反映了企业对公司员工、所在社区等利益相关方的责任。E 位于顶层，代表企业对环境的责任，其实就是对全人类、地球的责任，是最高级的责任。

一般情况下，三层责任从下往上是层层减弱的，正如人与人之间，根据亲疏远近关系，责任也不尽相同。生活中，我们经常遇到这样的例子：一个顽皮的孩子去当兵，回来后对邻里更加热心了，对父母也更加孝顺了。一个人在国家的要求下，承担起保卫国家的责任，久而久之，对身边人、对亲人的责任感也会提升。这一道理可能同样适用于企业。"双碳"以国家强制力要求所有企业承担最高级的环境责任，E 的大幅增强有利于带动 S 和 G 的同步提升，并全面促进我国企业 ESG 的发展。

统一标准的碳排放指标增强了 ESG 的可比性，有助于构建统一的 ESG 评价体系。因为缺乏统一的标准，我国企业的 ESG 信息披露主要还是以定性描述为主，辅以定量数据的展示，因此可获得的 ESG 数据还存在非结构化的特征，不具有可比性。投资者依据不同的评价体系，得出的 ESG 分数千差万别，只要调整部分指标或者改变一些指标的权重，ESG 分数也会发生很大的变化。有人对中国股票市场上 ESG 主题的基金持仓情况做了统计，发现第一重仓股居然是贵州茅台。没有统一的评价体系，即使有再多 ESG 主题基金，ESG 投资也是舍本逐末，很难发挥资本引导企业加强社会责任的作用。

"双碳"为构建统一的 ESG 评价体系创造了一个契机，几乎所有的 ESG 评价体系都会纳入企业的碳排放指标，这是一项可比指标，代表了企业承担环境责任的水平。环境责任是企业最高级责任，环境责任分数高，ESG 分数大概率不会低。不同的评价方法以碳排放数据为基础，不断修正其他指标的评分和权重，推动 ESG 分数收敛，最终形成统一的评价体系。

（三）"双碳"与数字经济发展

数字经济作为"十四五"重点支持发展的产业，承担着带动我国经济转型和产业升级的重任。"双碳"作为推动经济结构调整的另一个抓手，与数字经济有着相同的目标。二者彼此促进，共同发展，将开启一个新时代。

数字经济和"双碳"互为基础，相互促进，相得益彰。我国经济在保持快速发展势头的同时，碳排放强度也在持续下降。宏观层面，第三产业占比不断提高，二氧化碳排放强度随之下降；微观层面，随着技术进步和管理水平的提高，企业生产效率越来越高，单位产出能耗不断下降。与此同时，环保政策越来越严，二氧化碳和其他污染物的排放要求不断提高，倒逼企业升级环保设施。2020 年，我国碳排放强度比 2004 年下降 48.4%，比 2015 年下降 18.8%，这扭转了二氧化碳排放快速增长的局面。

但我们也要清醒地认识到，从增速放缓到实现"双碳"目标，还有很长的路要走，数字经济将在此过程中发挥重要作用。

数字经济的本质是对复杂的资源配置信息进行数字化建模，并用计算机快速做出最优方案，指导实际的资源分配和使用，避免因信息不对称和决策人员的局限性造成的浪费和低效。

移动互联网时代，数字经济深度改造了消费领域，减碳效果显著。例如，电子地图对实时交通做出预测，引导车辆分流，减少拥堵和碳排放。网约车使用软件平台调度，与传统出租车相比，大幅减少空驶里程，单位载客里程的碳排放也显著降低。共享单车的大面积推广使用，为人们绿色出行提供了极大的便利，增加了人们乘坐公共交通的频次，为城市交通碳排放强度下降做出了重要贡献。

据测算，每辆共享单车骑行 1 千米，大约减少 50 克二氧化碳排放。2019 年，我国共享单车日均订单数达到 4 700 万，按照平均每单骑行 2 千米计算，每天可减碳 4 700 吨，全年可减少 170 万吨二氧化碳排放。

目前，数字经济正在向工业领域渗透，工业数字化改造是实现"双碳"目标的必经之路。近年来，工业互联网发展迅速，人工智能、大数据技术在工业领域多行业推广应用，大幅提升了资源利用率，有效降低了能耗水平。例如，矿山生产是高耗能行业，开采出来的矿石先用磨矿机研磨成粉末状，再利用物理与化学方法提炼出矿物质。磨矿需要消耗大量能源，我国矿山品位普遍较低，铅锌矿平均品位 3.7%，铜矿只有 0.87%，大量的能源消耗其实做的是无用功。一些矿山正在推广智能选矿技术，运用 X 射线与人工智能技术，从开采的矿石中选出不含矿物质的废石，极大提升了磨矿效率。目前，废石抛弃率可达 90% 以上，这意味着新技术消耗 10% 的能源即可实现同此前一样的产出，大幅降低了碳排放强度。

此外，工业企业实现全流程数字化后，生产各环节的碳排放量以及产品全生命周期的碳足迹都可以以低成本准确计量，这是开展企业碳信息披露、大范围推广碳交易、适时推出碳税等工作的基础。

从另一个视角来看，"双碳"也将有力推动数字经济发展，加快我国工业数字化进程。工业领域数字化改造进展较慢，主要原因是投入太高，回收周期较长。"双碳"的顺利推进，有望将数字化产生的环境收益变现，从而缩短企业的投资回报周期，加快企业数字化转型。工业机器人是数字化生产的基础，用工业机器人代替工人，回报周期在两年左右。但很多中小企业只敢对回报周期在一年以内的项目做出决策，只有当劳动力成本再上涨一倍或机器人售价再降低一半时，工业机器人才能在从事制造业的中小企业中得以推广，这可能还需要几年时间。但在碳交易范围不断扩大、碳税预期不断增强的大背景下，企业面临环境成本内生化的压力越来越大。工业机器人不仅能替代人工产生经济效益，还能实现无人工厂，减少二氧化碳排放（工人通勤、餐饮，工厂的照明、空调使用都会产生大量二氧化碳），节约企业的碳排放成本。回报周期缩短和投资收益率的上升，将坚定中小企业数字化转型的决心，加快提升数字经济在工业领域的渗透率。

数字经济和"双碳"交互叠加，创造新业态，开启新时代。交通行业已发生深刻变革，绿色智慧出行新时代已开启。最初发展新能源汽车主要是出于环保和碳减排的考虑，但随着新能源汽车的发展，电动化的汽车自然与数字化耦合在一起，彻底改变了人们的交通出行方式。新能源汽车利用数字技术，不断提升智能水平，智慧座舱、自动驾驶等功能日趋成熟，汽车正在从交通工具逐步转变为出行的智能助手，可以提供更安全的驾驶服务、更舒适的乘坐体验和更丰富的娱乐享受。

此外，可再生能源的大规模发展需要与之匹配的能量储存和传递系统，这就要解决弃风、弃电问题。新能源汽车可以发挥重要作用。夜晚和节假日是用电低谷，刚好是新能源汽车的充电时间。随着新能源汽车保有量增加，可缓解用电低谷期可再生能源电力过剩的问题。展望未来，随着电池能量密度和使用寿命增加，新能源汽车还有可能成为能源的传输工具。下班后的用电低谷期，新能源汽车充满便宜的绿电；上班时再将车接入公司电网，以较高的价格向公司售电。新能源汽车变成了生产工具，熨平了可再生能源的波动性，是实现能源转型的关键环节。

一方面，定制化生产正在重塑制造业，绿色低碳发展新时代已开启。现代工业为降低成本追求大规模生产，然而随着人们的个性化需求越来越丰富，大量规模化生产的产品销售不出去。发达国家几乎所有消费品行业都出现了供过于求的情况，市场需求平均准确率在20世纪70年代以前保持在90%以上，到20世纪90年代下降至40%～60%，如今可能不足30%，这造成了增大的资源浪费。传统制造业正面临成本上升和环境压力增大的双重困境。

另一方面，制造业数字化程度的提升使小批量生产成为可能。阿里巴巴的犀牛工厂已实现100件以内的小订单快速生产，且与大规模生产的成本几乎相当。通过数字化销售渠道，企业可以对消费者需求进行精准描述，并据此设计产品，再通过数字化工厂，实现低成本定制化生产。目前，服装行业已有企业跑通定制化生产模式，比如服装企业韩都衣舍能达到95%的产品售罄率，基本实现了按需生产，极大节约了资源。随着数字经济深化发展，越来越多的制造业会像服装行业一样向定制化生产转型。资源得以充分利用，碳排放的强度更低，产品的碳足迹更小，更符合未来人们对低碳生活的需求。

（四）"双碳"与金融风险防控

金融机构目前仍持有大量高碳行业资产，处置不当可能引发金融风险。在《巴黎协定》的气候行动框架下，假定全球化石能源需求预计将以每年2%的速度递减，预计未来50年里，全球化石燃料资产的贬值幅度将超过2/3。我国现在有300万亿元信贷总量，但是绿色信贷余额只有12万亿元，大约只占4%。据清华绿色金融团队测算，2030年我国煤电企业的贷款违约率可能会从现在的3%左右上升到22%左右。金融机构持有大量高碳行业资产，面临的信用风险、市场风险和流动性风险越来越大，如处置不当会影响整个金融体系的稳定。因此，监管部门和金融机构应尽早着手应对"双碳"可能引发的金融风险，大力发展绿色金融，在不影响国民经济稳定发展的前提下，循序渐进地从高碳行业退出，实现资产结构的优化和绿色发展的转型。

"双碳"推进，有助于我国摆脱美元霸权体系，维护金融安全。受全球能源转型影响，石油等化石能源的"舞台"可能将越来越小。20

世纪70年代，美元通过与石油挂钩，巩固了其世界货币的地位，并建立了美元霸权体系。如今，中美关系紧张，美国多次利用美元霸权体系制裁中国企业，并威胁要将中国剔除出美元货币结算体系。中国作为全球最大的石油消费国和进口国，随着"双碳"战略的推进会逐步降低对石油的需求，也会对市场预期产生重大影响。石油价格进入下行通道会大大削弱美元的影响力，这是推动人民币国际化的难得机遇。

二、"双碳"与投资布局

（一）"双碳"是一个确定性强、时间跨度长、覆盖领域广的投资赛道

"双碳"已达成政治共识，具有很强的确定性。中国作为最大的碳排放国，宣布"双碳"目标，言必信，行必果，对全球推动"双碳"目标的实现具有重要的引领作用。美国拜登政府上台后，重返《巴黎协定》，大力发展绿色低碳产业，希望重新成为全球应对气候变化的领导者。四年后，如果共和党政府再次当政，在气候问题上开倒车，就是破坏全球共识，置人类安危于不顾，道义上站不住脚，经济上也将承受巨大损失。时至今日，"双碳"已成为确定性非常强的趋势。投资者应坚定信心，加大在"双碳"领域的投资布局。

"双碳"投资至少持续到21世纪中叶，资本可实现长期、稳定、持续的增长。西方发达国家普遍计划在2050年完成碳中和，中国计划在2060年前实现碳中和目标，距今有30～40年的时间。这三四十年内将发生一场席卷全球的能源革命和产业变革。资本顺着绿色低碳发展的方向积极布局，就能与新经济、新产业一起成长壮大，并持续分享低碳转型带来的红利，获取长期稳定的收益。

大量相关产业仍处于萌芽期。随着"双碳"工作推进，会有越来越多的新产业破土而出，互相迭代，覆盖更广阔的领域。如今的"双碳"犹如十几年前的数字经济（当时提出人工智能、大数据概念，但根本没有应用场景）。我们看到的新能源汽车、光伏风电等，只是"双碳"产业的冰山一角。

光伏发电将能源的资源属性转变为制造业属性。制造业的特点是随着规模扩大成本会持续下降，未来光伏发电成本会降到极低水平，大量

廉价的电可以衍生出许多新兴产业。例如，以极低的成本大规模开展海水淡化，解决水资源短缺问题。

"双碳"产业发展到一定程度时，也会出现数字经济中"矛盾"互相迭代的现象，而不断衍生出新的产业。数字经济不断向各行业渗透，在提升效率的同时也带来信息安全问题，信息安全产业也会随之兴起。更高级别的数字经济形态，面临的威胁更复杂，犹如更加锋利的长矛，而负责信息安全的盾也要不断升级，从通信安全、个人隐私保护，到工业互联网、自动驾驶安全，为产业发展保驾护航。

在"双碳"产业中，矛是对环境的威胁，盾是保护。新能源汽车的发展降低了交通领域的二氧化碳排放，但新能源汽车要使用电池，电池达到使用寿命上限后，处理不当会造成严重的环境污染。因此，现在很多公司在布局新能源电池回收再利用和无害处理技术。我们可以合理推测，在电池无害处理过程中，又可能产生新的环境污染问题，需要新的产业解决这一问题。如此往复，"双碳"产业的每个分支，都会向外迭代扩散，最终互相交织，覆盖更多的领域和行业。因此，对投资者而言，沿着"双碳"这条确定性很强的主线，可以在未来相当长的时间内，持续找到大量优质的投资机会。

（二）"双碳"目标的实现也需要资本的引导和支持

建造绿色基础设施要消耗大量资本。"双碳"的关键是能源转型，用可持续能源替代化石能源，既要新建大量的光伏、风电、核能电站，又要建设特高压输电网，并将传统电网改造升级为适合可再生能源电力的智能电网。根据国际能源署预测，2025年之前，中国平均每年需投资3 500亿美元推动可再生能源建设。这是一笔非常巨大的投资，需要资本的大力支持。

资本可以推动企业加速绿色低碳发展转型，并带动清洁技术领先发展。一方面，推动绿色低碳转型依靠国家强制力。国家要出台更严格的环保政策，强制要求企业采用新的清洁技术。但政策具有普适性，只有已经被行业大多数企业接纳的技术才会被强制推广，而一些领先的新技术在初期很难找到应用市场。另一方面，资本也是推动企业绿色低碳转型的重要力量。ESG 投资理念得到越来越多的资本认可。公司加大减碳投资力度，积极推进自身的碳中和，会受到资本的认可，可以有效对冲因环保成本上升而造成的利润下降对股价的影响。

例如，顺丰采用传统的一次性包装箱，成本最低。目前有一种新的包装箱可循环使用，减少碳排放，但成本比较高，采购会降低公司的利润。顺丰在利润降幅可控的范围内，使用部分可循环包装箱替代一次性包装箱，会增加公司的 ESG 指数，更多投资人愿意持有顺丰的股票，股价甚至会上涨。顺丰的采购带动了新技术产能的扩张，成本下降，可以向更多客户推广，有利于加快清洁技术的领先推广应用。

此外，资本还可以践行积极股东主义，给企业管理层提出绿色发展目标，加速推进企业及产业链上下游的低碳转型。

（三）"双碳"投资可重点关注的几个领域

可再生能源产业链和绿色基础设施具有确定的增长预期，是投资布局的优质资产。绿色能源取代化石能源是未来 40 年确定性最强的事情，根据可再生能源在 2060 年能源结构中的占比，很容易推算出每年可再生能源的装机数量，中国企业在产业链上又占据绝对优势，投资龙头企业并长期持有，有望实现较高的投资收益。可再生能源电站具有一定的资源属性，新能源央企、国企这两年大量跑马圈地，储备了大量优质资源，可择优参与投资。考虑到电站的基础设施属性，此类投资很难有很高的投资收益率，但能保证长期稳定的回报。

中国清洁技术市场处于真空阶段，初创企业仍有不少机会，可开展早期投资。十多年前，西方发达国家出现了一轮清洁技术投资热潮，结果几乎全军覆没。西方国家"双碳"进程是一个自然的过程，21 世纪初，绿色发展已在当时社会上形成了较大范围的共识，能源产业、工业企业及其供应商开始着手储备清洁技术，并尝试推动企业低碳转型。初创企业与能源和工业巨头相比，资金和人员都不占优势，研发的产品自然很难找到市场。因此，投资清洁技术初创企业的资本都铩羽而归。当前，中国"双碳"是在政策强力推动下提前启动的，对清洁技术的需求将出现井喷式增长，而国内市场几乎没有成熟的供应商，无论能源企业还是大型工业企业，都没有在清洁技术特别是减碳技术方面做系统性布局。初创企业凭借灵活的机制和高效率，大概会从这片"蓝海"中脱颖而出。这对早期投资者来说是个很好的投资机会。

重点关注"双碳"与数字经济结合的领域，可以寻找下一个万亿元级行业的投资机会。"双碳"与数字经济不是简单的"物理结合"，而是会产生剧烈的"化学反应"，并诞生出全新的万亿元级赛道。发生"化学反应"的前提条件是"双碳"的核心与数字化的核心相碰撞，并彻底颠覆现有行业。"双碳"的核心是可持续发展，数字化的核心是智能化，在新能源汽车行业，二者完美结合，并重新定义了汽车行业。按照这个标准耐心寻找，随着"双碳"和数字经济的发展，一定会找到第二个、第三个万亿元级的行业投资机会。

提前研究碳交易及其衍生出的碳资产，也许将成为下一个重要的资产种类。中国的全国性碳交易市场虽然刚刚启动，但已成为全球最大的碳交易市场。随着碳交易的日趋成熟，会不断衍生出新的资产，比如碳汇、碳期权、碳期货等。碳交易市场的繁荣是运用市场化手段，推动"双碳"目标实现的关键一步，预期与之相关的碳资产将具有越来越强的金融资产属性。从欧洲的经验来看，碳资产价格总体呈波动上升趋势，而中国市场刚刚建立，投资机构应加强研究，积极参与碳交易市场，丰富资产配置，为推动"双碳"目标的实现做出贡献。

（四）把握"双碳"投资中的几个规律

研究"双碳"产业的周期性规律，踩准投资节奏。随着"双碳"政策陆续出台，市场预期将产生重大影响，很可能放大相关产业的周期性波动。比如，光伏产业原本就具有较强的政策周期性，"双碳"目标提出后，市场普遍预期该产业将迎来高速增长，但产业链部分环节扩产需要一年以上，短期会成为产能瓶颈，价格也会出现大幅上涨。随着大量资本涌入光伏产业链，特别是当前的产能瓶颈环节，未来一定会出现产能过剩。投资者要认真总结历史经验，认清周期规律，在合适的周期低点进入，并在高点时适度减少持仓，使投资收益最大化。

加强对清洁技术商业化进程的研究分析，寻找合适的投资时机。清洁技术商业化落地有两种驱动力：一种是政府的政策推动，但这种力量一般比较滞后；另一种是下游企业自发加快绿色低碳转型而产生的需求，这要结合企业 ESG 实践情况以及背后资本的推动力量。一家清洁技术公司，如果其下游客户是在香港上市的公司，国际资本更关注企业的 ESG 表现，那么即使这种技术仍处于商业化早期阶段，企业也有动力采购并积极使用，投资者也可以考虑投资。但若其下游客户是传统行业的企业，转型意识较弱，股东中也没有关注 ESG 的机构，或者可以等到国家出台相应强制性政策后，再考虑投资。

坚持用系统性方法进行分析决策，跳出"双碳"看"双碳"。中国政府以"双碳"目标倒逼改革，在发展方式、能源结构、社会观念等方面进行全方位深层次的系统性变革。投资者要从全局视角观察系统性变革的情况，包括能源改革进展的情况、产业结构调整的深度、社会观念变化的速度等，这些因素对"双碳"投资非常重要。

以新能源汽车为例，仅仅从"双碳"角度考虑，应投资生产 A0 级（小型车）的新能源汽车企业，因为这类车型价格便宜，销量增长快，推进减排作用最显著。

事实上，生产 A0 车型的初创企业大多都失败了，用系统化的思路分析就能发现其中的逻辑错误。中国目前的能源结构仍以化石燃料为绝对主导，电动车充电绝大多数源自化石燃料发电而非绿电，短期内电动车数量快速增加对减排贡献有限。中国大多数民众也还未形成低碳生活的理念，购买电动车并不是为了环保，而是因为综合成本比燃油车更便宜。前两年动力电池仍处在上量阶段，成本很高，要控制整车成本，只能牺牲续航里程和其他一些功能，这也导致电动车的舒适性和体验性很差。

因此，为数不多的走低端电动车路线的成功企业是五菱荣光，它卖的是生产工具，而不是消费品。以特斯拉、蔚来为代表的造车新势力定位于高端车型，在电动化基础上大力发展智能化，提升用户体验，成功吸引了高端客户。随着生产规模的扩大和电池成本的下降，电动车将逐步降价进入下沉市场。

未来5~10年，人们将普遍形成低碳生活的习惯，电动车将彻底取代燃油车；而造车新势力依靠先发优势建立的品牌，将占有主要的市场份额，成为汽车行业转型过程中最大的赢家。投资者只有站得够高，看得够远，才能理清"双碳"领域互相交织的复杂情况，对投资机会做出全面系统的分析，投出真正的好项目。

碳中和路径及其经济金融含义

彭文生[*]

来自《自然》的一篇文章表明，与工业革命前相比，目前地球平均气温上升了将近1摄氏度。如不采取有效措施，21世纪末地球平均气温可能比工业革命前高出2摄氏度，也有研究认为可能会高出4~5摄氏度。这将对整个地球的生存环境造成冲击，比如海平面加速上升、极端天气频发、疾病传播风险增加等，同时也会给社会和经济造成损害。不过，社会各界对于这种损害到底有多严重，还存在一些分歧，进而对是否应该为碳中和付出短期的经济代价存在争议，甚至持怀疑态度。

虽然现在难以准确知晓50年后、100年后气候变化的影响程度，但是碳排放影响的存续期超长，可能长达数百年。如果气温上升给人类造成的灾难性影响在50年后才显现，那么到时再进行减排可能已经来不及了。因此，今天推进碳中和，实际上是为后代人"买"一份巨灾保险，保费就是当前经济可能会受到的一些拖累。不过，碳排放并非通常意义上的巨灾，它具有超时空的外部性，仅靠市场自发力量难以完成这样一个"投保"过程，需要通过公共政策干预来实现。

一、碳排放的超时空外部性

市场机制之所以无法自发纠正过度的碳排放行为，是因为外部性的存在。外部性是指经济活动的收益由个体享有，而产生的危害则由社会承担。例如，钢铁厂、化工厂的生产活动为自身带来盈利，但造成的空

---

[*] 作者系中国金融四十人论坛（CF40）成员、中国国际金融股份有限公司首席经济学家、中金研究院执行院长。

气污染、土壤污染、水污染由整个社会承担；金融机构过度扩张带来的收益由单个企业享受，但政府不得不干预金融危机，这意味着金融机构过度扩张的成本由社会承担。与之类似的是，碳排放的收益也归个人所有，但由此产生的全球气候变暖问题却是全社会共同面临的风险。这种外部性导致企业没有动力自我约束排放行为，有必要通过公共政策进行干预。

不过，与金融危机、空气污染这类问题的外部性不同，碳排放的外部性具有超时空属性。从空间维度看，一个国家碳排放不仅影响本国，也会影响全世界，全球气候变暖的影响是全局性的。从时间维度看，化工厂当期排放的污染物，其危害一般当期就能体现出来，停止排放后通常空气质量也会随之改善，但二氧化碳在大气中的存续具有很长的时间跨度，当期排放对气候的影响、对经济的冲击后果可能在几十年甚至几百年后才能充分显现。

这样一种超时空的外部性，意味着即便通过公共政策来干预过度的碳排放，难度也很大。从空间上的全局性特点看，中美等大国只有合作协同，才能有效应对全球气候变暖问题。然而，在目前的形势下，国际协调存在困难。从时间上的超长跨度看，人类作为一个共同体，如何平衡好当代和后代的利益存在巨大争议。碳的社会成本估算分歧，突出地体现了超时空外部性给政策干预带来的困难。

传统的气候经济分析非常重视估算碳的社会成本，即将碳排放对社会造成的未来各期伤害折现到当下来确定碳价。为气候经济学做出贡献而荣获2018年诺贝尔经济学奖的耶鲁大学教授诺德豪斯（Nordhaus），估算碳的社会成本是37美元/吨。曾担任世界银行首席经济学家的伦敦政治经济学院教授斯特恩（Stern），2006年受英国财政部的委托，作过一篇应对气候的评估报告，这份报告已经成为气候经济学研究的经典之作。按照他倾向的贴现率，碳的价格大约是266美元/吨。不只是两位教授对碳价格的估算差别很大，美国奥巴马政府时期的估算是42美元/吨，特朗普政府时期的估算是7美元/吨。因此，特朗普上台后退出《巴黎协定》并不让人意外，因为他认为碳排放对美国社会的伤害有限。

利率选择的差异也是碳的社会成本估算存在巨大差距的重要原因。

在折现过程中，利率选择越高则估算的现值越低，利率选择越低则估算出来的碳价格就越高。利率的选择反映的是当代人在多大程度上关心后代人的利益。与此同时，发达国家利率低，发展中国家利率高，这是利率高低差别的一个最显著的特征。原因在于：富有且生活水平较高的人群有耐心等待未来，他们借钱给其他人要求的回报并不是很高；但很多发展中国家仍面临温饱问题，对于出借资金的耐心比较低，因此利率较高。利率高意味着碳的价格应该低，利率低意味着碳的价格应该高，这就造成了发达国家和发展中国家碳价是否应该一致的争议，也造成了国际气候治理协同的困难。

总之，过去几十年应对气候问题面临的难题，不只是因为碳排放存在外部性，更重要的是因为它的外部性是超时空的。这也导致虽然人类几十年前就发现了全球气候变暖问题，但直到现在治理效果仍不显著。

二、降低绿色溢价的综合治理方式

目前，中国、美国、欧盟等高排放的大型经济体已经明确碳中和目标。就达峰到中和的时间跨度而言，我国只给自己预留了 30 年，欧盟是 70 年，美国也有 40 余年。相比之下，我国面临的挑战尤其巨大，需要审慎思考发展的路径问题。

过去的路径分析框架是基于碳的社会成本估算的成本收益分析，现在是成本有效性分析，即在给定目标下，如何以最低的社会成本有效实现目标。"绿色溢价"一词由比尔·盖茨在《气候经济与人类未来》一书中提出。这本书并非讨论碳危害的大小，而是关注如何促进人类经济活动从化石能源转换为清洁能源。目前，清洁能源的成本高于化石能源，经济主体由化石能源转向清洁能源的动力不足。因此，要推动碳中和，就要降低绿色溢价，主要有以下三个路径：（1）通过碳交易、碳税形成碳价格，以提高化石能源成本。（2）加快技术进步，降低清洁能源成本。（3）加强社会治理，实现生活理念转变。

三、通过碳交易、碳税形成碳价格，提高化石能源成本

碳的社会成本估算不同。在绿色溢价框架下，通过碳税、碳交易确

定碳的价格，目的是在操作层面让化石能源的成本高于清洁能源。绿色溢价还可以同排放占比结合起来分析，有助于更好地思考行业层面的碳定价机制选择问题。综合来看，碳税和碳交易各有优劣，不可偏废。

例如，对于高排放、低溢价的电力、钢铁行业而言，从经济层面看，它们的碳中和生产技术已经相对成熟，更多需要采用碳市场机制来实现量的确定减排。对于低排放、高溢价的建材、交运、化工行业，它们的排放仅占总和的20%，但较高的绿色溢价意味着它们的碳中和技术还不够成熟，迫切需要推动技术创新，因此，这三个行业更适合采取碳税的定价机制。至于有色金属、石化、造纸这三个低溢价、低排放的行业，从降低碳中和的交易成本角度来看，似乎也应更多地考虑采取碳税的定价方式。

四、加快技术进步，降低清洁能源成本

清洁能源有两个特点，一个特点是储量大。中国的石油储量86亿吉焦，风能储量2 919亿吉焦，太阳能796 800亿吉焦。更直观地看，全人类一年所用的能量总和，相当于太阳照射地球两分钟的能量。因此，太阳能具有巨大的潜力，而关键在于是否具备低成本使用太阳能的技术手段。

清洁能源的另一个重要特点在于制造业属性。化石能源是一种自然禀赋型能源，中国缺油富煤的情况难以改变。清洁能源的制造业属性赋予了其规模效应。随着光伏、风电装机容量的增加，中国光伏、风电技术进步加快，造价大幅下降，这是作为世界上最大的制造业经济体的中国的显著优势。预计10年甚至20年后，中国可能变为世界能源出口国，只不过出口的不是石油、煤炭，而是利用太阳能、风能的清洁发电设备。

此外，技术进步的重要性还可以通过绿色溢价进行量化展示。中国的绿色溢价从2015年到现在快速下降，主要是受到光伏、电动汽车等技术进步的影响。绿色溢价对行业技术成熟度的刻画，有助于更有针对性地制定碳中和政策。电力行业的排放占比最高，未来10年碳减排潜力最大，与此同时，电力行业绿色溢价相对较低，因此实现碳中和的主

要技术路径是"清洁电＋电气化"。水泥、航空燃油等行业无法完全实现电气化，则需依靠碳汇、碳捕集等其他技术手段实现碳中和。

五、加强社会治理，实现生活理念的转变

实现碳中和是一项社会综合治理工程，如果仅靠短期的行政干预，会给经济带来很大的滞胀冲击。钢材等原材料价格的快速上升，在一定程度上体现了这种经济冲击。虽然碳中和意味着经济难免面临成本上升的压力，但这并不需要将所有的转型压力集中在短期消化，而应更多地考虑中长期的长效机制。

由于多数时候是生活习惯、文化理念、社会价值观决定了我们的消费行为，并影响我们的经济活动，所以碳中和中长期长效机制的一个重要方面即是从社会治理的角度入手，从倡导节能节约的个人生活习惯到城市的规划、基础设施的设计，再到绿色标准的制定等。

六、绿色金融空间巨大，关键在于加速发展绿色资本市场

根据中金行业研究团队的分析，清洁电气化、节能减排以及氢能、碳捕集是实现碳中和的主要技术路径，这将会产生三方面的投资需求，即光伏等成熟零碳技术投资、燃煤发电等高碳技术节能减排投资，以及氢能、碳捕集等尚不成熟的零碳技术研发、投资。据此测算，未来40年的绿色投资需求将达到140万亿元，年化来看约占每年GDP的2%。

其中，在2021—2030年的碳达峰阶段，绿色投资年化需求约为2.2万亿元/年；2031—2060年的碳中和阶段，绿色投资年化需求约为3.9万亿元/年。分行业看，未来40年电力的绿色投资需求最大，总需求达到67万亿元；其次为交通运输和建筑，总需求分别为37万亿元和22万亿元。需要说明的是，140万亿元可以看成未来40年绿色投资需求的下限，还有些难以明确量化的投资没有考虑在内，比如碳排放监测设备、数字碳中和以及部分小规模碳排行业的绿色投资需求等。

庞大的绿色投资规模需要绿色金融的发展与之配套。目前看，这两者之间的匹配度并不高。例如，2019年信贷在中国绿色融资中的占比高达90%，绿色债券和绿色股权仅占7%和3%。对于电力行业而言，

绿色溢价比较低，可以采取风险偏好较低的信贷作为主要的金融支持方式。但对于交通运输、建筑等行业而言，它们所依赖的氢能、碳捕集等碳中和技术尚不成熟，更适合采用风险偏好较高的股权融资方式。

结合前面的测算，预计未来40年，绿色资本市场融资增速将会远高于信贷，未来绿色金融的比重有望从当前的10%上升至40%。因此，加速绿色金融发展，除了进一步扩大规模外，更重要的是要加速绿色权益市场的发展，以增强氢能、碳捕集等不成熟技术的研发力度。

总体来看，我们对碳中和的未来抱有谨慎乐观的态度。人类社会总能找到足够的技术，改变生活方式，应对各种各样的困难与挑战。在这一过程中，中国面临重大的、前所未有的发展机遇，即绿色能源是制造业的重要基础，而中国是制造业大国，这是一项全新的、重大的长期发展规划。这可能会改变我国能源安全、经济安全形势，也可能会改变世界经济格局，绿色金融将在其中发挥举足轻重的作用。

高质量发展与碳中和背景下的投资思路

段国圣[*]

一、高质量发展的新经济模式具有三大特征

中国改革开放已经走过了 40 余年。过去传统的经济模式下，我国通过全球化、城镇化、工业化实现了经济高速增长，受益于当时的人口红利释放，并通过高出口、高储蓄、高投资完成资本积累，促进了地产、基建及传统周期行业的长足发展。现在，中国进入了高质量发展的时期，经济增长将更多依赖技术进步、效率提升和结构优化，并通过消费实现内循环。我认为这个时期可以用三个特征来描述：消费升级时代、长寿时代和科技自主时代，以消费、健康和科技为代表的新经济将实现蓬勃发展。

第一个特征即消费升级时代，大家比较熟悉。国际经验和数据显示，居民边际消费倾向会随着收入的增长先下降后上升，这个"由降转升"的拐点大概在人均 GDP 10 000 美元。中国刚好到了这样一个时期。这些年，持续增长的居民收入，日益壮大的中产阶级，高速发展的电子商务业态，个性化、差异化和多样化消费意识的崛起等，共同驱动着消费升级时代的来临。

我们看到，未来消费占经济的比重将继续提升，同时消费结构也将出现一系列变化。与美国相比，我国食品、衣着、居住、交通等基本生存型消费占比更高，医疗保健、教育文娱、住宿餐饮等占比较低（见图 2-5）。未来，消费层次由生存型消费向发展型消费转变，消费形态由

---

[*] 作者系中国金融四十人论坛（CF40）理事、泰康保险集团执行副总裁兼首席投资官。

商品型消费向服务型消费转变,消费品质由数量型消费向追求健康、体验和品质的质量型消费转变,由此将推动消费产业的蓬勃发展。

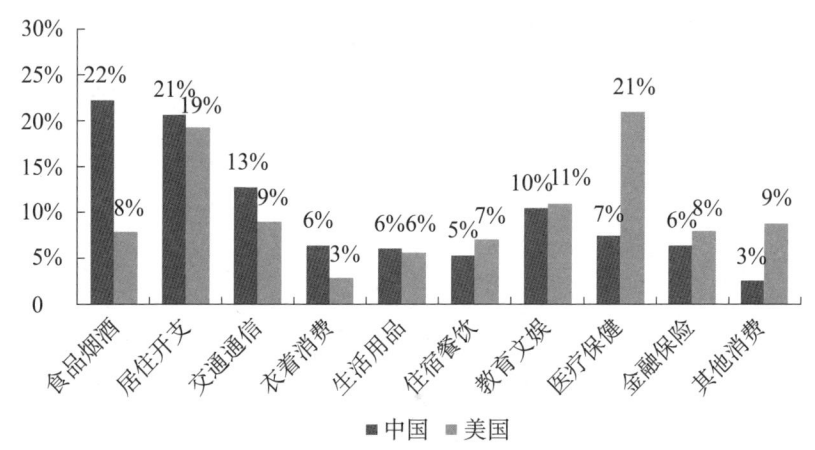

图 2-5 居民消费结构对比

美日等发达国家的经验显示,消费行为伴随收入水平的提升分为三个阶段:大众消费、品牌消费和简约消费,这是一个不断升级的过程。当前,我国即将迈入高收入国家行列,正从大众消费(主要产品普及化)向品牌消费(品质化、个性化、品牌化)过渡,这一过程也将伴随本土品牌的崛起。这几年我们看到的"国潮"流行的现象,正是本土品牌质量提升、品质提升的写照。百度数据显示,在2009—2019年的10年间,老百姓对中国品牌的关注度由38%增长到70%(见图2-6)。在国有品牌的关注者中,20~29岁的年轻人最为集中,且过去10年增长最多(见图2-7)。年轻人购买国有品牌已然成为流行现象。我们相信,未来我国将成为全球最大的单一消费市场,也一定会产生越来越多享誉全球的日常消费和高端消费品牌。

新经济模式的第二个特征是长寿时代。现在,医疗进步,人类的寿命变长,带来一个很重要的问题,就是长期带病生存。研究显示,65岁以后的医疗费用支出约占人一生的医疗费用支出的70%,65岁以上人群的医疗费用是年轻人的4倍甚至更高。未来,医疗、养老等大健康产业一定会蓬勃发展并成为支柱产业。

以日本为例,20世纪八九十年代,老龄化问题逐步显现,家庭医

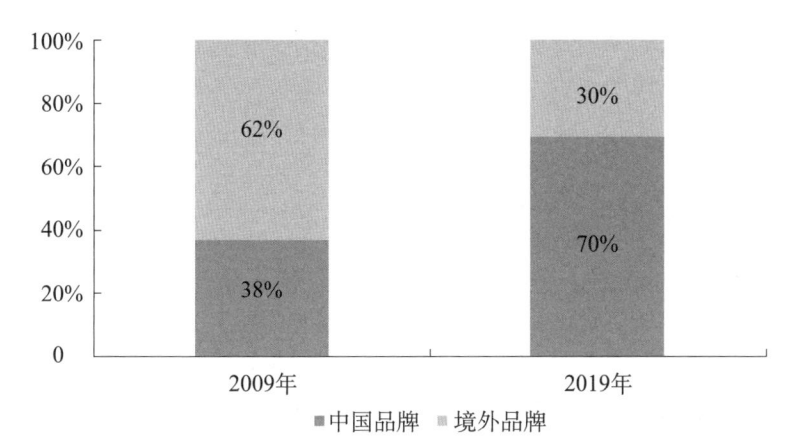

图 2-6 2009 年与 2019 年消费者对国有品牌的关注度对比

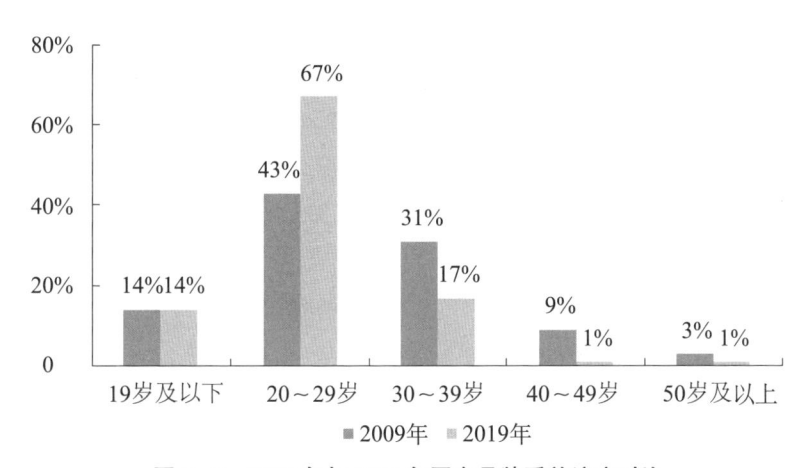

图 2-7 2009 年与 2019 年国有品牌受关注度对比

疗护理支出占 GDP 比重快速上升。从 1997 年日本进入深度老龄化社会至今，健康服务业实际年均增速 2.3%，是实际 GDP 增速的 3.2 倍。老龄化带来医疗、养老需求的大幅上升，直接促进了日本医养行业的发展，出现了诸如日医学馆、日本长寿控股等一批与医疗保健和养老相关的龙头企业。

我国医疗产业发展较发达国家还有很大差距。在医疗器械和制药领域的头部企业中，美、日占据半壁江山。2020 年，全球制药企业 50 强中，美、日分别有 15 家和 10 家，而我国仅有 4 家（云南白药、中生制药、恒瑞、上海医药）；医疗器械企业 50 强中，美、日分别有 28 家和 5

家，我国仅有1家（迈瑞）。

第三个特征是科技自主时代，这刚好与中国人口发展阶段相适应。工程师红利接棒人口红利，我国经济从要素驱动转向创新驱动。伴随人均收入的提升和要素结构的变化，产业结构转型升级，而更多地依赖创新驱动将是大势所趋。过去20年，中国累计培养了9 000万名大学生、660万名研究生，大学专科及以上学历人口已接近2亿人，超越美国，居全球之首，这与科技自主和高端发展是相适应的。另外，在中美之间的"战略竞争"背景下，科技是重中之重。美国对中国高科技行业进行抑制，加速了中国核心技术自主创新和底层技术国产替代。在这个背景下，未来很多高科技产业诸如芯片、机器人等领域，将会长期在投资上受益。

二、低碳转型方向与高质量发展方向相嵌合

在上述背景下，我们现在提出碳中和的目标，应该是未来高质量发展的一个前提或约束条件。2020年9月，习近平主席明确提出"30·60"目标。2020年12月，他进一步提出2030年单位GDP二氧化碳排放量较2005年下降65%以上，2030年非化石能源占比要达到25%等目标细则。当然，我们知道中国要实现碳达峰和碳中和的目标任务非常艰巨（见图2-8）。第一，在2060年碳中和承诺下，中国减排路径斜率明显高于欧美日。欧盟、美国、日本从碳达峰到碳中和，分别有71年、50年、37年的转型时间，而留给中国的转型时间仅有30年。第二，由于经济结构的差异，中国工业部门碳排放占比显著高于欧美日，工业与建筑部门相比交运部门电气化程度提升更加困难。第三，以煤为主的能源结构和稳增长的诉求，也对实现碳中和提出了更大的挑战。

碳中和要求的低碳转型方向正好与高质量发展的方向嵌合。首先，碳排放强度与经济结构密切相关。中国以地产和基建投资驱动的经济模式为主，注定碳排放强度大。一方面，在能源结构上，依赖国内的资源禀赋而形成了以煤炭火电为主的电力结构；另一方面，基建、地产相关的重工业（包括钢铁、建材、基础化工品和有色金属等行业）均是碳排放的大户，同样也是最难减排的行业。其次，从产业结构来看，产业高

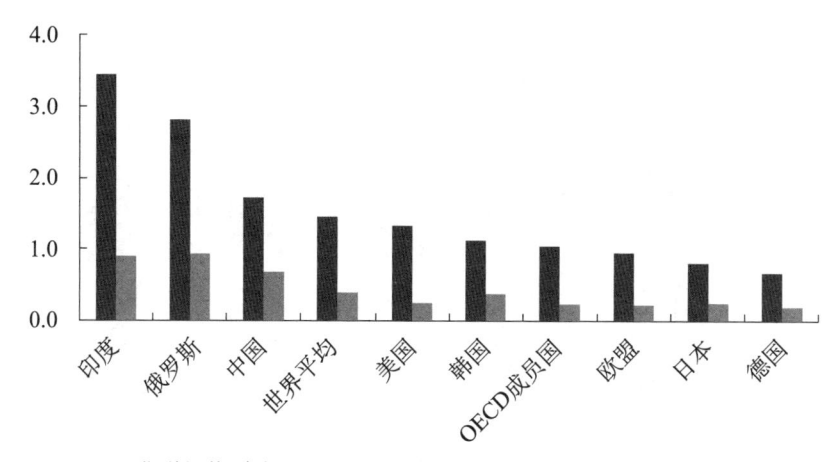

图 2-8　世界各国（地区）碳排放强度对比

■ CO_2/工业增加值（吨/千美元，现价）　■ CO_2/GDP（吨/千美元，现价）

端化、精细化转型必然带来单位产值二氧化碳排放的降低。以化工行业为例，全球化工龙头中，以出售专利为主的利安德巴塞尔和以精细化工为主的杜邦、富美实等，它们的单位利润二氧化碳排放明显低于以基础化工品生产为主的其他工业集团。国内化工龙头的高附加值单体项目的单位利润碳排放已经达到国际领先水平，但总体仍有较大的提升空间。

低碳转型与消费产业升级互相促进。以新能源汽车为例，低碳转型促进以纯电为代表的新能源汽车产业发展，对年轻的中国汽车产业而言，迎来了难得的换道超车机会。2019年中国新能源乘用车销量全球占比48%，渗透率约5%，高于世界平均水平（见图2-9）。以蔚来、理想、小鹏为代表的国内造车新势力异军突起，在智能化等领域占据先发优势；国内ICT产业头部公司，包括华为、小米、大疆等，纷纷投身新能源汽车产业链；比亚迪等国内传统的汽车公司也利用电动化、智能化等契机，进一步弥补短板，积累竞争优势；背靠新能源汽车市场规模的快速增长，宁德时代等产业链上的一批公司也凭借多年的技术积累与提前布局，获得领先的全球竞争优势。

低碳转型促进能源领域的自主可控。在化石能源时代，中国是缺少油气的国家。油气为主的能源结构下，中国能源对外依存度较高。除了

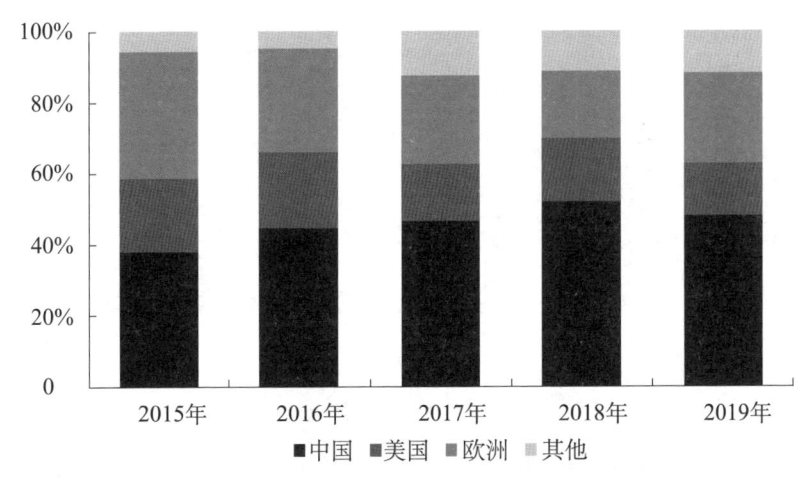

图 2-9　2015—2019 年全球新能源乘用车销量占比

芯片以外，中国进口第二多的就是油气。现在发展新能源刚好把我们的短项变成了长项，我们在新能源核心技术方面实现了自主可控。我们在气候变化规则下的很多产业发展已经占据领先优势，可再生能源投资、装机量、发电量全球第一，专利数全球第一，2018 年装机量占到了全球 50% 以上，形成了"全产业链压倒性优势"。

低碳转型促进传统产业依靠科技创新实现产业结构升级和附加值提升。以钢铁行业为例，行业的低碳转型将在很大程度上依赖新技术的发展和创新，其中既包括工艺结构改造、余热余压利用、氢冶金等行业自身的技术更新，也包括 5G 大数据管理、碳捕集封存和应用技术、清洁燃料运输等跨行业技术突破。

三、碳中和可带动百万亿元规模投资，不同行业需要针对性投资思路

我国二氧化碳排放量接近 100 亿吨，主要分布于能源、工业、交运、建筑四个主要产业，其中能源部门和工业部门合计占碳排放总量的 81%，也是实现减碳目标的重点领域。总结各类报告的观点，我们认为实现碳中和目标主要有四大途径：

一是能源零碳化和电气化。电力领域零碳化和工业、交运电气化是

实现碳中和的核心路径，仅电力领域就占全部碳排放的30%。二是技术改造和能效提高应用于碳排放较高的各个领域，主要通过技术进步降低耗能和碳排放。三是需求减量。工业领域通过废弃金属回收、混凝土回收、塑料再生等手段减少产品生产，实现碳减排。四是碳捕集。主流观点认为，实现碳中和的过程中，化石能源难以被完全替代。预计在碳中和状态下，在能源、工业领域仍有一定规模的碳排放需要碳捕集（包括农林业碳汇）予以吸收。

实现碳中和目标可带动百万亿元规模的投资。根据不同机构的测算，尽管有些曲线不一样，但大致上中国实现碳中和目标所需的总投资规模在90万亿~140万亿元区间，绿色投资年化需求相当于每年GDP的1%~2%。分行业来看，新增投资主要分布于能源、交运和建筑等碳排放占比较高的领域，分别占新增投资的49%、27%和16%。细分领域方面，能源领域主要投资于储能、电网、清洁发电、清洁制氢；钢铁领域主要投资于电炉冶炼、氢冶金；交运领域主要投资于电动汽车电池、充电桩、加氢站；化工领域主要投资于以绿氢和二氧化碳为原料的碳化工技术。

传统化石能源相关产业无近忧，但有远虑。为实现全球碳中和，我们认为传统化石能源相关产业短期问题不明显，长期需求会面临下行的趋势。根据英国石油公司的预测，全球2050年碳中和的情景下，化石燃料占比将从目前的超过80%下降至不到20%，其中煤炭和石油的用量显著下降，剩余部分主要用于工业生产，天然气用量保持相对稳定，其中过半将用于配套碳捕集技术的电力和氢能生产。能源结构剧变之下的传统化石能源的长期价格中枢将收缩。在能源结构变革中，一方面，电能增速抬升，光伏、风电不仅吃掉增量，更替换存量；另一方面，大量化石能源需求永久性终结，石油失去60%的需求，煤炭失去55%的需求，长期价格中枢会面临收缩（见图2-10）。

同时，电力系统的转型带来了长期确定性的成长空间。电力系统将转向以新能源为主体。在2060年碳中和的约束下，电力结构的变化路径更加清晰，国内火电发电量占比预计将从目前的接近70%逐渐降低到2060年的10%左右，风电、光伏将逐步成为电力系统的主体能源

艾焦（EJ）

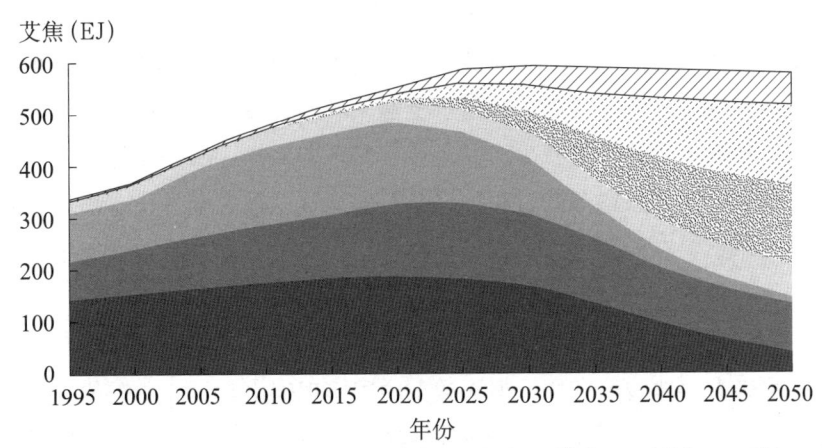

图 2-10　英国石油公司预测的 1995—2050 年全球能源结构变化

（见图 2-11）。电力系统清洁化趋势将为新能源产业带来长期巨大的市场空间，不仅包括主体的风电和光伏，更包括电网配套的储能、应用端的生物燃料、氢能、电动车等。这些行业市场空间大，在技术或政策驱动下可能会有爆发式增长的机会，长期趋势比较确定。

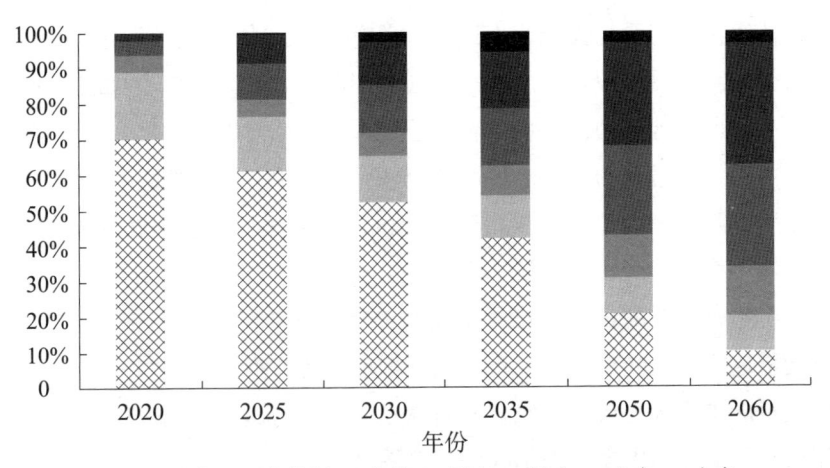

图 2-11　2020—2060 年中国电力结构预测（发电量占比）

另外，重工业部门会出现短期环保控产和长期关注技术变革的趋势。碳达峰阶段，重工业的措施主要以节能、控产为主，短期来看类似供给侧改革的逻辑,产业集中度会提升。一方面,限制新增产能和淘汰落后产能,有助于进一步提高行业集中度;另一方面,环保和能耗要求的提高需要大量的资本开支和碳排放支出,实际上只有盈利稳定的头部企业能够负担得起,而产品的碳足迹有可能给标品带来新的溢价能力(比如低碳钢铁、低碳水泥、低碳原油等)。碳中和阶段,重工业和重交通领域均需要大量的技术变革,这可能对产业格局产生较大的影响。长期来看,工业和交通部门碳中和的实现将在极大程度上依赖于创新技术的发展(包括氢能、碳捕集技术、合成燃料技术等),生产要素和生产方式的巨大变革有可能直接影响产业的空间和竞争格局。我们认为有资金、技术实力、管理优势的行业龙头企业长期利好,在全球限产背景下,国内龙头有望抢占海外市场。

根据以上分析,我们将相关的行业机会分成四类放入平面坐标,横轴是利空和利好,纵轴是生产方式的变革或者产业颠覆性的变革。每一个象限中的投资逻辑有不同的侧重点。

第一象限(利好＋产业颠覆性变革)主要是电力系统的清洁化趋势带动相关产业长期确定性的增长,包括光伏风电设备、电动车产业链、储能、氢能源产业链、可降解塑料、碳捕集封存和应用技术。我们需关注关键政策或技术变革带来的行业拐点的变化。

第二象限(利空＋产业颠覆性变革)主要涉及传统化石能源相关的一些行业,包括煤炭、火电、石油、天然气,短期内供需平衡可能更加脆弱,从长期看则需要寻找转型机会。

第三象限(利空＋生产方式或应用范围变化)主要针对工业部门,包括钢铁、水泥、化工、交通运输等,短期看具有供给侧改革逻辑,长期主要看生产方式变革和技术创新带来的突破。公司分化会进一步加剧,龙头公司投资机会更好。

第四象限(利好＋生产方式或应用范围变化)主要涉及新能源电力运营、核电、装配式建筑、电网建设、节能环保、5G应用端等受益于碳中和趋势下政策刺激的细分领域。行业的运营逻辑受到碳中和背景的强化,需要密切关注政策落地时点,把握投资机会。

此外,在高质量发展模式下,我们需要更加注重ESG投资。ESG

评分高的行业，更加代表未来高质量发展的方向。以 Wind 全 A 可持续 ESG 指数为例，消费、信息技术、医疗保险、工业等行业占比较高。其背后原因是可持续投资的方向与高质量发展方向具备一致性。例如，环境因素 E，传统重化工业、周期行业对生态环境更不友好，得分通常较低；社会因素 S，劳动密集型行业比资本和技术密集型行业更容易产生劳动纠纷等，"to C"的消费行业则更重视自己的品牌形象和社会形象；公司治理 G，公司治理完善的企业效率更高，更容易取得创新突破、引领行业发展。

第三章

构建绿色金融体系

充分发挥绿色金融对实现"双碳"目标的作用

刘桂平[*]

碳达峰碳中和目标提出后,中国人民银行认真贯彻落实党中央、国务院重大决策部署,将绿色金融确定为"十四五"时期乃至今后更长时期最重要的工作之一。我就如何发挥绿色金融在"双碳"目标实现中的作用谈一些个人认识和体会。

一、对实现碳达峰碳中和目标的几点认识

"30·60"碳达峰碳中和目标,是党中央经过深思熟虑做出的重大战略决策,是经济社会实现高质量发展的内在要求,必将为我国经济社会带来持续、广泛、深刻的系统性变革。因此,要做好碳达峰碳中和工作,必须从思想上提高认识、厘清思路,行动上措施得当、强力推进。

(一)实现"双碳"目标是国家战略,必须坚持全国一盘棋

实现"双碳"目标是党中央综合国际局势和国内经济社会发展阶段做出的重大战略决策,事关中华民族永续发展和人类命运共同体的构建,是国家重大战略,而不是地方、区域战略,更不是行业、部门战略,不应该也不允许各地、各部门随意"自由发挥"。

正因为如此,中央为此专门成立了这项工作的领导小组,组织制定并将陆续发布"1+N"政策体系。在国家统一的政策框架下坚持全国一盘棋,引导各行业、各地区梯次有序开展碳达峰行动,既不允许搞运

---

[*] 作者系中国金融四十人论坛(CF40)学术顾问、天津市副市长。

动式减碳,又坚决遏制"两高"项目盲目发展,还不能降低经济社会发展水平。

(二)实现"双碳"目标是经济高质量发展的内在要求,必须彻底转变经济增长方式

长期以来,我国经济增长与化石能源高消耗、二氧化碳高排放密切相关,形成了对传统经济增长方式较强的路径依赖,且我国是世界上最大的发展中国家,经济正处在转型发展的关键时期。这种状况决定了在我国实现"双碳"目标,绝不能以牺牲经济增长速度、国民财富积累和人民生活水平提高为代价,而是要实现碳减排约束下的全面、协调和可持续发展。为此,我们必须彻底转变经济增长方式,走经济高质量发展之路。

需要注意的是,这种转变要紧密结合我国产业结构和能源结构的实际。我国以煤为主的能源格局和以煤电为主的电力结构短期内难以实现根本改变。国民经济向绿色低碳转型是一个动态优化过程,金融既要支持经济高质量发展,又不能简单过快地退出传统能源领域,需要通过对更高标准、更高效率产能的支持,引导对传统落后产能的"减量替代",从而逐步实现能源结构转型。

在这方面,相比绿色金融,转型金融可应用于碳密集和高环境影响的行业、企业、项目和相关经济活动,其服务对象具有更强的灵活性和适应性,可以更好地支持我国大规模的能源结构转型的投资需求。基于此,金融要对达到煤炭消费减量替代等标准的领域和项目继续给予支持,要对达不到相关要求的"两高"领域和项目严格管理并有序退出,最终形成转型金融与绿色金融相辅相成、良性互动的局面。

(三)实现"双碳"目标时间紧、任务重,必须清醒地看到其艰巨性

据统计,欧美主要国家实现碳达峰碳中和目标所花时间为 40~70 年,累计产生的碳排放量远远高于我国,碳排放的高峰期已过去。相比而言,我国作为一个超大转型经济体,要用 30 年时间去做别人 40 年甚至 70 年所做的事情,任务之艰巨可想而知。目前,我国已实现全面建成小康社会的第一个百年目标，开启了建设社会主义现代化国家新征程，这对经济的发展速度和质量均提出了很高的要求。毫无疑问，这一过程的实现不会一帆风顺，但我们要有必胜的信念。我们已经有过成功的实践经验：浙江湖州16年的"绿水青山就是金山银山"的成功探索，就是实现经济增长与"双碳"目标和谐统一的典型例证。

（四）实现"双碳"目标是一个动态平衡过程，必须科学施策，灵活应对

碳达峰碳中和是一项庞大的系统工程，涵盖经济社会众多领域。实现碳达峰碳中和目标是一个动态平衡过程，存在较多不确定性，需要科学施策，灵活应对。技术是世界公认的实现碳中和的终极手段。因此，在这一过程中，我们要始终坚持创新驱动，依靠科技创新，为碳达峰碳中和提供有效解决方案。

据国际能源署发布的报告，在2050年实现净零排放的关键技术中，会有50%尚未成熟。一方面，近年来，光伏、风电、电池储能和电动汽车等新能源及其利用技术发生了日新月异的变化，部分领域成本已接近传统能源，但应对可再生能源消纳等问题的技术解决方案还有待突破；另一方面，钢铁等高碳行业尚未研发出成熟的零碳技术，目前即便是国际一流技术，也无法实现碳中和。

为此，我们既要发挥金融的作用，大力支持减碳、零碳、去碳技术创新与应用，又要加快研究制定转型金融标准，支持市场主体沿着清晰的路径向低碳、零碳和去碳过渡。

二、绿色金融在实现碳达峰碳中和进程中大有可为

碳达峰碳中和将带来生产、生活方式的巨变，这为绿色金融的发展提供了广阔空间。中国人民银行较早地认识到了发展绿色金融的重要性，从2016年开始，通过发挥金融支持绿色发展的资源配置、风险管理和市场定价"三大功能"作用，探索形成了以绿色金融标准体系、环境信息披露框架、绿色金融激励约束机制、绿色金融产品和服务体系、绿色金融国际合作为支柱的绿色金融体系；最近又研究设立了碳减排支

持工具，有效推动了绿色金融服务经济高质量发展。

下一步，中国人民银行将继续强化绿色金融"三大功能"，做实做强绿色金融体系的"五大支柱"，更好地服务碳达峰碳中和目标实现。我们深知，这方面需要做的工作很多，也很繁重。择要而言，当前的工作至少应考虑下述四点。

一是对标碳达峰碳中和目标要求，进一步深化和完善绿色金融体系。2021年《政府工作报告》提出，要"实行金融支持绿色低碳发展的专项政策"，对绿色金融体系建设提出了更高要求。中国人民银行将会同有关部门认真贯彻落实党中央、国务院部署，进一步强化绿色金融顶层设计，深化基层绿色金融改革创新实践，不断完善绿色金融体系，充分发挥金融"加速器""放大器""稳定器"的作用，持续深入推进经济绿色低碳转型发展。

二是有序开展气候风险压力测试，以前瞻性应对气候变化可能带来的金融稳定问题。气候变化相关金融风险集中体现在两个方面：（1）资产价值重估，放大金融体系风险。当高碳资产因应对气候变化的政策、制度等方面调整而成为"搁浅资产"时，可能影响相关企业的偿债能力及金融机构投资者的财务状况，甚至损害宏观经济。（2）气候变化引起的极端天气、自然灾害造成的物理损失，可能给银行、保险等金融机构带来巨大风险。也就是说，气候变化产生的物理风险和转型风险都会影响金融行业的资产质量和稳定发展。金融管理部门有责任确保气候风险不会危及金融稳定。

为增强金融系统管理气候变化相关风险的能力，中国人民银行正在组织部分银行业与金融机构，开展一些重点领域的气候风险敏感性压力测试，充分评估银行业金融机构在碳达峰碳中和目标下应对相关风险的能力。

三是不断强化碳市场功能，运用金融的力量推动碳定价机制的建立完善并高效运行。碳排放权交易是以市场化方式控碳减排的重要途径。国际实践表明，成熟的碳市场离不开金融的支持。2021年7月16日，全国统一的碳排放权交易市场正式开市，我国碳市场发展进入了新的历史时期。作为全球碳排放权最大供应国，我国碳市场发展前景广阔，但离建设一个成熟的碳市场还有很长的路要走。要充分发挥碳市场在碳减排过程中的资源配置、风险管理和价格发现的作用,加强对全国碳市场的金融支持必要且紧迫。

四是加强财政政策与货币政策的协同配合,有效形成政策合力。财政部门可在应对气候变化中发挥重要作用。近年来,我国财政部门持续加大对可再生能源及相关产业、节能环保、钢铁和煤炭等行业过剩产能化解等多个领域的支持力度,不断夯实绿色发展基础。货币政策与财政政策同为碳达峰碳中和"1+N"政策体系的重要组成部分,应该也能够在支持新能源产业发展、传统高碳行业转型、气候风险防范等方面协同配合,携手推进碳达峰碳中和目标如期实现。

发展绿色金融 助力"双碳"目标实现

肖 钢[*]

习近平总书记在 2021 年 4 月 30 日中央政治局集体学习时强调："要把实现减污降碳协同增效作为促进经济社会发展全面绿色转型的总抓手，加快推动产业结构、能源结构、交通运输结构、用地结构调整。"[①] 此次的中央政治局会议明确指出，从"十四五"规划开始，我国的生态文明建设要进入到以降碳为重点、降碳和防污协同增效的新阶段。

我们过去发展绿色金融主要是防治污染。从"十四五"规划开始，为了实现"双碳"目标，降碳将成为绿色金融的重中之重，降碳和防污要协同增效、协同推进。绿色金融是指为支持环境改善、应对气候变化和资源节约高效利用的经济活动，在绿色低碳发展领域所提供的一系列金融服务。

一、"双碳"目标任务艰巨 绿色金融对其实现具有重要作用

由于气候的变化，全球生态安全现在已经受到严重威胁。实现"双碳"目标，是全人类共同面临的挑战。数据显示：全球大概 80% 的人口还生活在人均能源消费大大低于 100 吉焦的国家和地区；2019 年全球人均能源消费大概是 75.7 吉焦，各个地区很不平衡，其中亚太地区是 61.1 吉焦，南美洲地区是 55 吉焦，非洲最低，仅 15.2 吉焦。

联合国设定的人类发展指数将人均能源消费 100 吉焦作为参考指

---

[*] 作者系中国金融四十人论坛（CF40）资深研究员、中国证监会原主席。
[①] 保持生态文明建设战略定力 努力建设人与自然和谐共生的时代. 人民日报, 2021-05-02.

标。也就是说，全球80％以上的人口现在远远没有达到人均能源消费水平，这主要是因为发达国家排放得很多。同时，全球80％以上的一次性消费能源仍然是煤炭、石油和天然气，仍然属于传统能源，而不是非化石能源。

目前，全球80％以上人口所在的国家是人均国内生产总值（GDP）低于1.1万美元的，即大部分还是发展中国家。从以上数据可以看出，全人类要实现"双碳"目标，面临的挑战十分艰巨，这不仅是一个经济问题，还是一个政治、社会问题。

2020年以来，在全球疫情蔓延的背景下，各个国家的减碳任务更加艰巨。各个国家为应对疫情出台了很多财政刺激措施。联合国环境规划署2021年4月发布的报告显示，全球50个经济体的财政刺激计划一共支出了14.6万亿美元，其中只有3 600多亿美元是符合绿色标准的。当然，这是一个比较特殊的情况——各国是为了应对疫情。

2021年，绿色和平组织也发出公开的批评，指责欧洲央行为了应对疫情，放松了对信用评级下降、碳排放较多的企业抵押品的融资规则。欧洲央行融资需要抵押品，但提供抵押品的企业很多是高碳排放的。因此，绿色和平组织2021年也发出呼吁，要求欧洲央行尽快将货币政策转到纠正气候应对失衡上来。从全球来看，要完成"双碳"目标，任务还是十分艰巨的。

绿色金融是中国"双碳"目标政策框架的重要组成部分。协同产业政策、消费政策、税收政策、碳市场的交易，绿色金融在推动实现"双碳"目标中具有重要作用。碳中和目标会给金融体系带来很多影响，会给金融业带来巨大的投资和发展机遇，也会给金融业的业务模式带来重大的变革，对金融资产的定价、估值、信息披露、风险管理均具有长期性和系统性的影响。同时，实现"双碳"目标的推进也可能会成为系统性金融风险的重要来源。现在不同机构也有一些不同的研究和测算，比如贷款不良率可能会上升，债券违约率可能会提高，上市公司的股票可能会减值等，这些都是在转型当中可能会遇到的各种风险。

"双碳"目标的实现也会给货币政策和宏观审慎政策带来新的挑战。降碳和经济增长的关系如何处理好，降碳和能源安全的关系如何处理好，降碳和可负担的关系如何处理好，这些都会给通货膨胀、利率、汇率以及货币政策的其他工具带来一些影响，也都是货币政策和宏观审慎政策研究的新问题。

二、关于我国未来如何进一步发展绿色金融的思考

近几年，我国一直高度重视绿色金融的发展，构建了绿色金融政策的框架，整个框架包括五个方面：（1）政府主导。在减碳问题上不能完全依靠市场，必须发挥政府的主导作用。金融机构也要制定好规划，要把自上而下和自下而上结合起来，更重要的是要推进金融体制机制的改革。（2）充分发挥市场主体和市场机制的作用。金融机构要把管理环境风险、气候风险和拓展金融发展机遇统筹起来。（3）加强金融创新，这需要各个方面的共同努力。（4）加强金融基础设施的建设。绿色金融涉及绿色金融产品和标准、绿色数据库、碳排放交易、绿色评级、绿色认证等，这一系列的金融基础设施都需要进一步健全。（5）绿色金融法律法规的制度非常重要，包括要强化市场主体对实现"双碳"目标的责任和义务，也包括未来要实施环境和气候信息强制披露政策。

从绿色金融的业务范围来讲，在绿色贷款方面，目前我国达到 12 万亿元，位居全球第一。绿色债券的存量也超过了 8 100 亿元，位居全球第二。未来，我们还要发展绿色股权投资。数据显示，环境、社会和公司治理（ESG）投资占全球总投资比重超过 30%，我国未来也将在此方向上继续发展。

目前，我国也在发展绿色基金、绿色理财。截至 2020 年底，我国和绿色相关的私募基金已经超过 500 只，规模达到 2 000 亿元，其中主要是股权投资。此外，未来我国还应大力发展绿色信托、绿色租赁等业务。

进一步发展绿色金融，我认为以下几个方面特别重要：一是要实行正向的激励机制。二是要开展环境风险分析和压力测试，增强金融机构防范气候变化风险的能力。正向的激励机制包括很多方面，比如财政贴息，扩大金融对"双碳"目标贷款的贴息；又如，中国人民银行设立支持低碳转型的专门工具；再如，把绿色债券作为央行放款的合格抵押

品；另外，还有建立绿色担保和项目风险的补偿基金等。

未来，我们还要培育个人投资者投资 ESG 产品的意识。中国的个人投资者数量庞大，如何普及金融知识、普及绿色金融教育，让广大个人投资者投资 ESG 产品，这是我们面临的新问题。过去投资一种金融产品，主要是分析风险和收益，这属于二维模式。未来，我们可能要转向三维模式，投资一种金融产品，不仅要看它的风险、收益，也要看它的 ESG 绩效，要进行全面衡量。现在有很多金融产品，正因为它们用于 ESG，实际上它们的收益是在增加的，两者并不矛盾，而是统一的。因此，未来如何培育广大个人投资者投资 ESG 产品是一个新的课题。

对于金融机构来说，下一步应该进一步加强环境风险分析。目前，我国已经有很多金融机构开展这项工作，这项工作具有很强的技术性，需要运用一系列的工具和方法，帮助金融机构决策者选择项目。环境风险分为物理风险和转型风险，这些风险都可能增加信贷和投资风险，金融机构必须增强识别监测环境风险的分析和预警能力。金融机构还要开展环境风险的压力测试，有了分析的工具和模型，通过这些压力测试传导到金融业务的内部决策流程上来。

要加快发展绿色金融的创新。要针对环境的权益开发新的产品，比如排污权、水权、排放权、用能权等。这些环境的权益都可以作为金融资产的底层资产来进行开发。可以探索开发出若干种创新型的金融产品来推动"双碳"目标的实现。

要加强金融机构环境信息披露工作。目前，无论是上市公司还是金融机构，都已开始自愿性披露。未来，我们要从自愿性信息披露逐步转向强制性披露，要制定规则分步实施。同时要建立公共环境和气候数据平台，特别是进一步加强对绿色金融的评级和认证，通过信息披露，使金融机构业务的透明度提升；对于投资的项目、支持的产品将来的碳排放量到底是多少，要追踪碳足迹。金融机构本身也存在碳排放的问题，不仅要披露金融机构支持企业、支持项目的碳排放量，还要披露自身碳减排的信息。

要加强绿色金融的监管。为了进一步发展绿色金融，我们还需要进一步完善相关法律法规体系，健全绿色金融的评价体系，特别要进一步统一监管的规则,实现绿色金融的发展和金融业风险防范相互协调,也要防止绿色项目杠杆率过高,特别要注意防止金融业"洗绿"的问题,即以支持"双碳"目标为名,实际上不是做"绿色"的事情。要进一步加强对绿色金融创新的监管协调,建立绿色金融分析监测预警机制,强化资金运用的监管,有效防范化解金融风险。

双措并举发展绿色金融

张晓慧[*]

一、碳达峰碳中和是一场经济社会系统性变革

"力争 2030 年前实现碳达峰，2060 年前实现碳中和"是以习近平同志为核心的党中央经过深思熟虑做出的重大战略决策，也是我国实现可持续发展、高质量发展和推动构建人类命运共同体的要求与选择。正如习近平主席指出的，我们将"以经济社会发展全面绿色转型为引领，以能源绿色低碳发展为关键，加快形成节约资源和保护环境的产业结构、生产方式、生活方式、空间格局，坚定不移走生态优先、绿色低碳的高质量发展道路"。

碳达峰碳中和是一场广泛而深刻的经济社会系统性变革，它不仅将重塑我国的能源结构和产业结构，更涉及经济社会发展的方方面面，需要能源领域、制造业、经济学界等各行各业迎难而上、协同努力，并及早地科学设置碳减排目标，部署切实可行的达标方案，出台规范、明确、可操作的绿色发展举措。金融部门更需要在引导资源配置、支持经济绿色低碳转型、主动防范气候变化带来的相关金融风险方面发挥不可或缺的作用。

绿色低碳发展是全球可持续发展的大势所趋。全球气候治理在经历了从强制减排到各国自主贡献的转变之后，应对气候变化的共识正在不断凝聚。从 1994 年对中国生效的《联合国气候变化框架公约》到 2005 年生效的《京都议定书》，再到 2015 年的《巴黎协定》以及 2021 年中

---

[*] 作者系中国金融四十人论坛（CF40）资深研究员、中国人民银行原行长助理。

国人民银行与美国财政部共同担任 G20 可持续金融工作组联合主席,我国一直深度参与全球应对气候变化行动,切实履行国际承诺,承担发展中大国的责任。

当前,我国政府向世界宣示的对于碳达峰碳中和的承诺,已经不仅仅是一个单一目标,我们已经拿出具体可行的"政策路线图",碳中和正在成为我国实现生态文明建设目标的最主要的抓手。2021 年 7 月 30 日,中共中央政治局召开会议,分析研究当前的经济形势,部署下半年经济工作。统筹有序做好碳达峰碳中和工作,尽快出台 2030 年前碳达峰行动方案,坚持全国一盘棋,纠正运动式减碳,先立后破,坚决遏制"两高"项目盲目发展,成为这次会议的重要议题之一。

2021 年底的中央经济工作会议更是重点论述了应当如何正确认识和把握碳达峰碳中和。会议强调,实现碳达峰碳中和是推动高质量发展的内在要求,要坚定不移推进,但不可能毕其功于一役。我们要坚持"全国统筹、节约优先、双轮驱动、内外畅通、防范风险"的原则。传统能源的逐步退出要建立在新能源安全可靠的替代基础上。我们要创造条件尽早实现能耗"双控"向碳排放总量和强度"双控"转变。

与发达国家相比,当前我国仍处于快速工业化、城镇化进程,经济将在较长一段时期保持中高速增长,人均能源需求尚有较大上升空间,未来碳减排压力较大。据国际组织、科研机构测算,我国碳排放峰值将超过 100 亿吨,而美国碳排放峰值为 57 亿吨,欧盟约为 44 亿吨。而且,我国从碳达峰到碳中和仅有 30 年时间,远低于欧美国家 40~70 年的时间。碳达峰碳中和不是要简单地以牺牲经济增长速度、国民财富积累和人民生活水平提高为代价,而是要实现碳减排约束下全面、协调和可持续的高质量发展,这就需要我们充分、理性、智慧地平衡好生态文明建设与经济社会发展的关系。

未来的几十年,绿色低碳转型将嵌入所有经济活动的内核,成为投资、生产、消费和流通等决策的核心逻辑。经济发展方式和人民生活方式也将从不可持续的资源高度依赖型转向持续迭代的技术创新型。因此,中国需要按自身节奏推进碳达峰碳中和,努力平衡经济发展与降碳减排,预防和化解转型风险,实现有序、公正和绿色转型。

二、绿色金融对实现碳中和目标将发挥重要作用

根据联合国测算，要实现《巴黎协定》的气温上升控制目标，全球需要总投资大约 90 万亿美元。我国实现碳中和同样需要巨量的资金投入。据多家机构初步估算，我国实现"双碳"战略所需投资在 150 万亿～300 万亿元人民币。这意味着，未来我国每年将在"双碳"领域平均投资 3.75 万亿～7.5 万亿元，大约相当于全年投资的 10%左右。

如此规模的"绿色"投资，无疑会给中国乃至世界经济增长带来新机遇，但也会带来一个问题，那就是：如此巨量的资金从哪里来？过往的经验数据显示，绿色金融对碳中和的资金支持比例将达到 90%，而政府财政支持比例仅为 10%。发展绿色金融能够有效引导社会资本进入绿色、环保领域，优化全社会生产要素配置，在提供碳中和资金上发挥着不可或缺的支柱性作用。

早在 2016 年的中央全面深化改革领导小组第二十七次会议上，习近平主席就指出："发展绿色金融，是实现绿色发展的重要措施，也是供给侧结构性改革的重要内容。要通过创新性金融制度安排，引导和激励更多社会资本投入绿色产业，同时有效抑制污染性投资。"[1]

之后，我国又出台了《关于构建绿色金融体系的指导意见》，自上而下地构建起绿色金融政策体系，推动了我国绿色金融市场的繁荣。通过公共部门和金融机构的不懈努力，绿色金融已为我国改善环境、应对气候变化和节约高效利用资源的经济活动提供了大量的资金支持，成为引导资源投向绿色产业、支持国家和地区绿色发展的重要金融手段。

目前，中央碳达峰碳中和领导小组已组织制定并陆续发布"1+N"政策体系，"1"指的是碳达峰碳中和指导意见，"N"则包括 2030 年前碳达峰的行动方案以及重点领域和行业的政策措施和行动，其中之一便是"发展绿色金融以扩大资金支持和投资"。当然，我们也要警惕非理性投资潜在的社会经济成本，国际上有关新兴产业非理性繁荣引发金融

---

[1] 习近平. 强化基础注重集成完善机制严格督察 按照时间表路线图推进改革. 人民日报，2016-08-31.

风险的例子不胜枚举。因此，在实现"双碳"目标的过程中，我们更需要理性决策、审慎而为，认真做好产能预警与风险监测，方能协力保障绿色发展行稳致远。

三、发展绿色金融需要坚持优化制度环境与激发市场内生动能双措并举

近年来，金融业服务绿色发展已经取得相当大的成效。从现有的绿色金融相关产品工具的规模来看，我国主要商业银行的绿色信贷总量已稳居世界第一，绿色债券的存量金额也排在全球第二位，而且各金融机构围绕绿色产业特点积极进行探索，推出了诸如碳中和债、可持续发展挂钩债、碳金融合约业务等一系列绿色金融创新产品。但相比发达国家，我国实现碳中和的时间少了 20～40 年，绿色发展面临的问题和困难更多，金融业服务绿色发展面临的挑战也随之增加。具体来说，我国绿色信贷总量虽居全球第一，但占比仍不高。绿色债券虽然发展较快，但基础资产仍以银行绿色信贷资产为主，绿色产业基金、绿色信托、绿色保险、碳金融等产品发展较慢，难以满足市场主体的差异化需求。更重要的是，有关绿色金融的标准不统一，相关制度法规不健全，增加了金融机构的管理难度和成本，阻滞了绿色金融产品的流通。而当下以银行为参与主体的绿色金融市场结构，又导致绿色金融产品中绿色信贷独大，绿色债券、绿色保险、绿色基金、碳金融等市场份额长期偏低。建立绿色金融体系是国家战略的重要组成部分，完善的政策体系和良好的制度环境是绿色金融快速、健康发展的重要保障。当务之急是要不断优化有利于绿色金融发展的制度环境，持续推动绿色金融体系建设，充分释放和激发金融业服务绿色发展的内生动能和潜力，强化金融支持绿色低碳发展的资源配置、风险管理和市场定价三大功能，注重绿色金融发展的系统性、整体性、协同性，为顺利实现碳达峰碳中和目标，推动经济社会高质量发展贡献金融智慧和力量。

（一）借鉴发达经济体的先进经验，加快推动绿色金融的标准体系建设

绿色金融标准既是规范绿色金融业务、确保绿色金融自身可持续发

展的必要技术基础，也是推动经济社会发展和参与全球经济金融治理的重要保障。因此，我们有必要重点关注欧盟提出的"无重大损害"原则，强化与生物多样性相关的标准制定，构建起统一的、与国际接轨的中国绿色金融标准体系。同时，我们还要结合疫情后的绿色复苏进程，持续优化和完善 ESG 投资的政策环境，广泛植入 ESG 理念，加快研究出台强制性的环境信息披露制度。金融机构要建立完善的绿色核算和账户体系，进一步强化碳数据信息管理，明晰每笔绿色融资的碳足迹，坚决贯彻绿色发展国家战略。

（二）不断健全和强化促进绿色金融发展的政策激励约束机制，充分释放金融业服务绿色发展的潜力

中央和地方政府应尽快编制出台绿色产业和重点项目投融资规划，同时持续完善担保、减税、贴息等方面的激励机制，降低绿色项目融资成本；充分发挥政府的投资引导作用，撬动社会资本参与绿色投资，提升绿色融资的可获得性；持续深化绿色金融改革创新示范区建设，进一步完善金融支持绿色低碳发展的资源配置、市场定价及风险管理，并逐步向全国推广。金融管理部门应强化信贷政策指导，不断支持各类金融机构加快发展绿色金融业务，推动绿色信贷稳步增长，引导金融机构在部门设置、资源配置、激励考核、产品创新和信息披露等方面持续推进绿色金融市场创新，更好地满足绿色低碳产业融资需求。鼓励金融机构用好碳减排支持工具，针对清洁能源、节能环保、碳减排技术三大领域开展深入研究，及时反馈探索中遇到的问题、困难和挑战，为货币当局提高政策支持工具的精准性、直达性提供参考。未来，我们还应允许将更多绿色产品纳入央行贷款中便利的、合格的抵押品范围，激励金融机构为碳减排及低碳技术发展提供资金支持，并撬动更多社会资金促进碳减排；此外，通过建立可衡量碳减排效果的金融机构碳减排项目贷款统计制度，强化绿色金融评价机制，以提升绿色金融业务绩效。

（三）树立绿色发展理念，提高金融机构服务绿色发展的战略意识和实际能力

金融机构首先必须将 ESG 及绿色发展理念全面融入发展战略和公

司治理,把环境保护作为自身履行社会责任的基本政策和评价经营绩效的重要标准。通过实行差异化考核和激励政策,鼓励业务部门增加绿色金融供给,发挥金融对社会资源的引导和调配作用。同时,金融机构也要加快绿色金融产品服务创新,满足绿色融资的差异化需求;特别要加快布局新能源、绿色建筑、低碳运输、节能环保等绿色产业,提高绿色资产比重;加大对石化化工、电力、钢铁等高碳行业绿色改造的金融支持力度,优化资产结构。

特别需要强调的是,当前数字技术的蓬勃发展为普惠金融、绿色金融注入了新的发展动能。数字服务渠道突破了时空限制,使金融机构能以较低成本下沉服务、触达大量分散的小微企业等普惠群体。而大数据的综合运用也极大地减少了银企信息不对称,使金融机构得以通过精准画像更好地识别客户,增强小微企业的金融支持可得性,降低"洗绿"风险,从而为普惠金融、绿色金融发展减少阻力。因此,在数据成为生产要素的背景下,金融机构不仅要在加快自身数字化转型的同时,积极支持数字技术与各行业深度融合,还要大力推动绿色金融、普惠金融、科创金融的融合发展,以提高各行业生产效率,降低能源消耗,推动经济绿色低碳发展。众所周知,普惠金融内涵丰富、外延较广、服务对象众多,且与其他领域有较多交叉。比如小微企业、农户等普惠金融的重点群体,一方面容易受气候与环境变化的影响,另一方面也是应对气候与环境变化的重要力量。而科创企业大多为小微企业,供应链金融通过核心企业触及的是上下游大量小微企业,这意味着金融在绿色供应链、科创供应链等领域大有可为。

(四)持续提升风险管理能力,处理好绿色发展和风险防控的关系

毋庸讳言,金融机构在向绿色资产和业务转型的过程中,不可避免地会遭遇机构风险、技术风险、市场风险、国别风险,以及环境和气候风险的冲击。积极探索完备有效的绿色金融风险防控机制和体系是不可或缺的。发展绿色金融也是防范气候相关风险,维护经济和金融稳定的需要。气候相关风险概率低,但损失大,很容易引起经济金融体系的结构性变化。目前,气候相关风险已经得到全球宏观经济部门和金融监管部门的重视。国际货币基金组织（IMF）总裁格奥尔基耶娃曾表示："气候将成为影响经济和金融稳定的基本风险。"英格兰央行前行长马克卡尼也提到："气候变化将成为影响金融稳定的主要因素。"中国人民银行行长易纲也多次表示："气候变化会影响金融稳定和货币政策，中国人民银行要研究应对气候变化对金融稳定的影响。"发展绿色金融，将气候变化因素纳入货币政策"反应函数"，将气候与环境风险的宏观压力测试纳入金融监管范围，将气候风险纳入金融机构的资产负债表管理，将气候风险监测和管控纳入企业公司治理框架，有利于从宏观到微观全面管理和应对气候风险，维护金融体系的稳定性。

总之，发展绿色金融，助力实现碳中和，需要统筹好发展与减排、短期与中长期和全局与局部这些复杂命题，不仅要有决心，更需要集举国之智慧共同思考，寻找解决之道，探求破题关键。

以碳中和为目标完善绿色金融体系[*]

马 骏[**]

2020年9月22日，国家主席习近平在联合国大会一般性辩论上，向全世界庄严宣布，中国将力争于2030年前实现碳达峰，在2060年前实现碳中和。中国的此项承诺是全球应对气候变化历程中的里程碑事件，它不但会加速中国的绿色低碳转型，也会激励其他主要国家做出碳中和的承诺，并有望成为确保《巴黎协定》在全球实质性落地的最重要推动力。中国等主要国家的碳中和承诺将大大增强《巴黎协定》目标实现的可能性，进而避免出现亿万气候难民的危机，这将成为构建人类命运共同体的最重要内容之一。

一、碳中和目标下实体经济的转型轨迹

国内外气候变化专家的研究显示，中国有条件在2030年之前实现碳达峰，在2060年之前实现碳中和。基于目前已经成熟和基本成熟的绿色低碳技术和商业化的可行性，专家们预测，如果中国及时采取有力的碳中和政策，就有望在2050年将碳排放从目前（2020年）的水平降低70%左右（见图3-1），到2060年之前实现碳中和，即实现净零碳排放。

如果要在2060年之前实现碳中和，那么必须在实体经济层面加速推动电力、交通、建筑和工业的大规模去碳化，争取大多数产业实现自身的近零排放，较低比例难以消除或降低的碳排放将由碳汇林业来吸收（固碳）。

---

[*] 本文发表于2021年3月10日的《金融时报》，收入本书时有改动。
[**] 作者系中国金融四十人论坛（CF40）成员、北京绿色金融与可持续发展研究院院长。

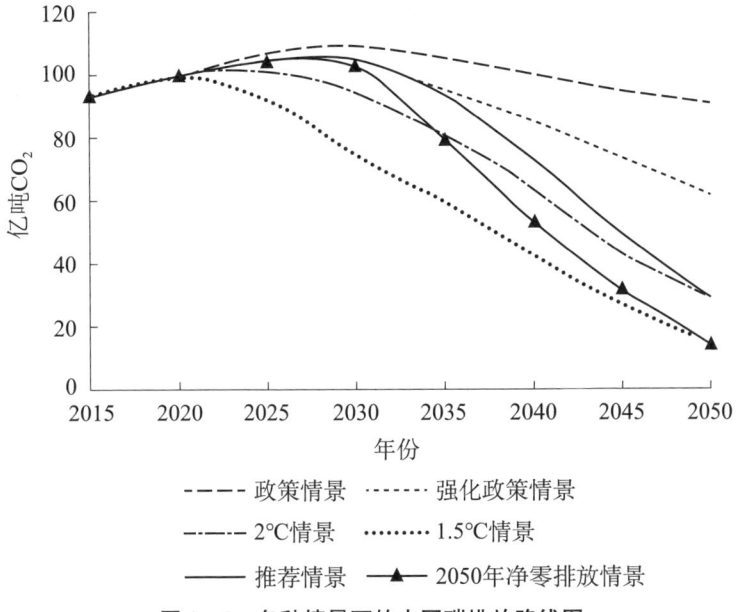

图 3-1　各种情景下的中国碳排放路线图

图例：
- – – – 政策情景
- ······ 强化政策情景
- – · – · 2℃情景
- ········ 1.5℃情景
- ——— 推荐情景
- —▲— 2050年净零排放情景

（一）电力：去煤炭，加速发展清洁能源

煤炭占我国一次能源消费的60%左右，燃煤发电是我国碳排放的最大来源，占电力行业总碳排放的一半左右。在碳中和的路径之下，电力系统需要深度脱碳，到2050年左右实现行业净零排放，而非化石能源电力将占总电量的90%以上。包括光伏、风电、核能和绿色氢能等的生产、消费和投资，将以比过去所有规划更快的速度增长。清华大学的研究显示，碳中和目标需要2050年非化石能源在我国一次能源总消费中占比达到75%左右。

国网研究院、风电协会等机构估计，"十四五"期间新增"风光"装机容量将达到年均100吉瓦（GW）左右，比"十三五"时期增加约一倍。到2050年，"风光"的总装机容量应该达到4 000GW左右，比2020年的水平（约350GW）提高10倍以上，占2050年我国发电量的65%以上。

碳中和要求煤炭相关产业的生产、消费和投资必须尽快大幅下降，传统的煤炭开采、煤电产业将难以为继，曾经是主流观点的"煤炭清洁利用"战略也将被快速淘汰,除非碳捕集技术能够在可预见的将来成为商业可行项目且成本低廉。各类煤炭的利用方式(煤发电、煤制气、煤制油和其他主要煤化工技术)由于其高强度的碳排放,都是与碳中和的目标相矛盾的。根据国际能源署等机构的研究,要实现《巴黎协定》要求的控制全球温升不超过1.5摄氏度的目标,全球必须设定碳排放总量的限额(碳预算),因此全球现存煤炭储量的80%和石油储量的70%可能将不会得到利用。中国也必须接受这个现实。

(二)交通:实现电动化

交通行业(包括公路、铁路、船运和航空)用能源(主要是燃油)不仅是空气污染的主要源头,还可导致大量碳排放。电动车不仅污染排放为零,即使在目前的电力结构下,碳排放也比燃油车低。未来在电力行业实现了高比例清洁能源、零碳排放的条件下,使用电动车、电气铁路运输即可基本解决公路和铁路的碳排放问题。因此,交通行业实现碳中和的转型路径主要应该确保在常规公路、铁路交通中实现完全电动化和电气化。中国更多的省份需要像海南省一样,争取在不久的将来(比如2030年)实现新车上市全电动化,制定燃油车淘汰时间表。全国应该争取到2035年,纯电动汽车销售占汽车销售的50%左右。

同时,超前建设汽车充电和加氢基础设施,大力推广氢燃料电池汽车,尤其是重型运输车辆,力争到2035年,使氢燃料电池汽车保有量达到100万辆。此外,我们还要鼓励船舶和航空运输业使用天然气、电能等清洁能源,加速淘汰高耗能交通运输设备和技术。城市化过程应注重绿色基础设施的建设,大力投资轨道、快速公交等公共交通设施,建设城市骑行、步行等绿色出行设施和环境,减少私人机动车出行需求,从源头减少交通中的相关碳排放,提升城市活力。

(三)建筑:大力推广零碳建筑

建筑用能占我国总能耗的20%左右,主要用于建筑物的照明、供暖制冷、家电能耗等,而这些能源大部分来自高碳的火力发电。建筑业要想实现净零排放,主要有两个路径:建筑节能和使用绿电(光伏等清洁能源)。

与电力、交通行业相比，建筑行业实现低碳甚至零碳的技术已经基本成熟，只要相关部门和地方政府组织资源，加大有关工作的推动和协调力度，将有望成为我国最早实现零碳化的行业。在欧洲，已有若干零碳示范园区，园区中所有建筑物已经实现净零排放，且不需要政府补贴。我国的一些试点项目也证明了零碳建筑在技术和经济上的可行性。

实现建筑部门总体零排放的基本要素是：提高新建建筑物节能标准，尽早制定和实施超低能耗和零碳建筑标准，大力推广零碳建筑；加大既有建筑节能改造力度；建立零碳示范园区，完善零碳建筑技术；提高建筑用能电气化率，充分使用分布式可再生能源（比如光伏），调整北方采暖地区供暖热源结构和提升热源效率；推广节能和智能化高效用能的产品（比如家电）和设施。

（四）工业：调结构、提能效，推广低碳技术

与电力、交通和建筑行业相比，工业尤其是制造业的技术复杂程度更高，完全实现零碳的难度更大。清华大学的研究表明，如果大力推动产业结构升级、能效提升、电气化改造和高碳原料的替代，那么到2050年，我国的工业碳排放水平有望比当前降低70%。

实现这个目标的路径主要有四项核心内容：（1）工业产业结构的升级。根据发达国家的经验，随着人均收入的提高，低附加值产业占工业增加值的比重会逐步下降。预计到2050年，我国高附加值行业增加值占工业产出的比重将从目前的35%上升到60%左右，工业能耗会比目前水平下降60%左右。（2）提高工业体系能源和资源利用效率。能效提升是工业降低碳排放的重要路径，各种资源（比如塑料、钢铁、铝等原材料）的循环利用也有助于降低在原料生产过程中的碳排放。通过大规模使用高能效、低排放甚至零碳技术，到2050年，我国单位工业增加值的能耗可能比目前水平下降65%左右。（3）工业部门电气化和推广低碳燃料/原料的利用。目前，我国工业行业仍然大量使用燃煤锅炉，电气化率约为26%。未来可以通过提高电气化率并使用绿电来大幅降低碳排放，比如到2050年提升到70%左右。（4）用各类新材料、新原料替代化石原料（比如使用氢能替代焦煤作为钢铁生产的还原剂）来降低生产过程中的碳排放。

二、碳中和目标下金融业面临的机遇和挑战

金融业在实体经济大规模向低碳、零碳转型的过程中也必须转型。金融业的转型一方面要满足实体经济转型带来的巨大的绿色低碳投融资需求；另一方面也要防范由于转型风险所带来的各种金融风险，包括高碳产业的违约风险和减值风险以及某些高碳地区所面临的系统性金融风险。

（一）实现碳中和需要数百万亿元绿色投资

实现碳中和需要大量的绿色、低碳投资，其中，绝大部分需要通过金融体系动员社会资本来实现。关于碳中和所需要的绿色低碳投资规模，许多专家和机构有不同的估算。例如，《中国长期低碳发展战略与转型路径研究》报告提出了四种情景构想，其中实现1.5摄氏度目标导向转型路径，需累计新增投资约138万亿元人民币，超过每年国内生产总值（GDP）的2.5%。

再如，笔者牵头的《重庆碳中和目标和绿色金融路线图》课题报告曾估算，如果重庆市（GDP规模约占全国的1/40）要在未来30年内实现碳中和，累计需要低碳投资（不包括与减排无关的环保类等绿色投资）超过8万亿元。此外，中国投资协会和落基山研究所估计，在碳中和愿景下，中国在可再生能源、能效、零碳技术和储能技术等七个领域需要投资70万亿元。基于这些估算，未来30年内，我国实现碳中和所需绿色低碳投资的规模应该在百万亿元以上，也可能达到数百万亿元，将为绿色金融带来巨大的发展机遇。

（二）碳中和为金融业带来的机遇

为实现碳中和目标所产生的如此规模的绿色投资需求，将为有准备的金融机构提供绿色金融业务快速成长的机遇。其中，几个典型的产品领域包括：

1. 银行

创新适合于清洁能源和绿色交通项目的产品和服务；推动开展绿色

建筑融资创新试点，围绕星级建筑、可再生能源规模化应用、绿色建材等领域，探索贴标融资产品创新；积极发展能效信贷、绿色债券和绿色信贷资产证券化；探索服务小微企业、消费者和农业绿色化的产品和模式；探索支持能源和工业等行业绿色和低碳转型所需的金融产品和服务，比如转型贷款。

2. 绿色债券

发行政府绿色专项债、中小企业绿色集合债、气候债券、蓝色债券以及转型债券等创新型绿债产品；改善绿色债券市场流动性，吸引境外绿色投资者购买和持有相关债券产品。

3. 绿色股票市场

简化绿色企业首次公开募股（IPO）的审核或备案程序，探索建立绿色企业的绿色通道机制。对一些经营状况和发展前景较好的绿色企业，支持优先参与转板试点。

4. 环境权益市场和融资

开展环境权益抵质押融资，探索碳金融和碳衍生产品。

5. 绿色保险

大力开发和推广气候（巨灾）保险、绿色建筑保险、可再生能源保险、新能源汽车保险等创新型绿色金融产品。

6. 绿色基金

鼓励设立绿色基金和转型基金，支持绿色低碳产业的股权投资，满足能源和工业行业的转型融资需求。

7. 私募股权投资

鼓励创投基金孵化绿色低碳科技企业，支持股权投资基金开展绿色项目或企业并购重组。引导私募股权投资基金与区域性股权市场合作，为绿色资产（企业）挂牌转让提供条件。

8. 碳市场

尽快将控排范围扩展到其他主要高耗能工业行业以及交通和建筑领域等，同时将农林行业作为自愿减排和碳汇开发的重点领域。

（三）金融业需要防范和管理气候风险

在全球主要国家纷纷宣布碳中和目标、加大落实《巴黎协定》力度的背景下，伴随应对气候变化而产生的转型风险对许多产业和有气候风险敞口的金融机构来说会越来越凸显。转型风险指的是在实体经济向绿色低碳转型的过程中，由于政策、技术和市场认知的变化，给某些企业、产业带来的风险以及由此转化而来的财务与金融风险。例如，在各国采取政策措施推动能源绿色化的过程中，煤炭、石油等化石能源产业的需求会大幅下降；为了落实《巴黎协定》，许多国家的碳市场价格将大幅上升，使得大量高碳企业必须支付更多的成本用于购买碳配额；由于技术进步，光伏、风电等清洁能源的成本快速下降，对化石能源会产生替代作用，并逼迫化石能源的价格持续下降。

在这些转型因素的推动下，煤炭、石油以及仍然使用高碳技术的石化、钢铁、水泥、铝等制造业，涉及毁林和其他破坏生物多样性的产业和项目，都有可能出现严重的成本上升、利润下降和严重亏损，乃至倒闭的问题。对金融机构和投资者来说，这些风险会体现为贷款/债券违约和投资损失。在某些高碳产业密集的地区（比如山西、陕西、内蒙古等），此类与气候转型相关的风险可能会演化为区域性、系统性的金融风险以及由于大规模企业倒闭而来的失业和其他社会风险。

在碳中和目标背景下，我国煤电企业贷款的违约率可能会在10年内上升到20%以上。其他高碳行业的贷款违约率也可能大幅上升。气候转型带来的金融风险可能成为系统性金融风险的来源。过去几年里，一些国外的央行和监管机构（比如英格兰银行、荷兰央行、法国央行、欧洲央行等）、国际组织和合作机制［比如央行与监管机构绿色金融网络（NGFS）］已开始强调金融业开展环境和气候风险分析的重要性。但是，中国多数金融机构尚未充分理解气候转型的相关风险，普遍缺乏对气候转型风险的前瞻性判断和防范机制。

三、金融业支持碳中和的国际经验

欧盟、英国等发达经济体在过去几年中较早宣布了碳中和的目标，其金融业和监管机构也在支持低碳投资方面有较多的经验，有以下几个方面值得我们借鉴。

（一）以"不损害其他可持续发展目标"为原则，制定和完善绿色金融标准

从多年前一些非官方机构推出的绿色和气候金融标准，到最近几年欧盟正在制定的官方可持续金融标准，其主导原则是支持应对气候变化，同时也覆盖了其他绿色和可持续发展目标，比如减少污染、保护生物多样性、支持资源循环利用等。但欧盟在最新发布的可持续金融标准中强调，符合其标准的经济活动不得损害其他可持续发展目标，即不能因为实现了一个目标而损害另一个目标。例如，煤炭清洁利用项目可以有效减少空气污染，但由于大幅增加碳排放，不符合可持续金融标准。

（二）对企业和金融机构要强化气候相关的财务信息披露要求

英格兰央行前行长马克·卡尼（Mark Carney）在金融稳定委员会（FSB）下发起的气候相关财务信息披露工作组（TCFD）制定了有关信息披露标准，并建议企业和金融机构按此标准披露气候相关财务信息。这项倡议已得到全球数百家大型企业和金融机构的响应，也被一些发达经济体的监管机构借鉴或采纳。例如，欧盟在2019年11月发布了金融机构和产品必须披露可持续发展相关信息的要求，并于2021年3月开始实施。2020年12月，英国宣布几乎所有公司要在2025年按照TCFD的要求开展信息披露。2020年7月，法国金融市场管理局要求机构投资者披露环境、社会和公司治理（ESG）相关信息。此外，许多欧盟和英国机构已经披露投资组合的碳足迹和机构自身运行的碳排放信息。

（三）不少发达国家的机构开展了环境和气候风险分析

由笔者担任主席的央行与监管机构绿色金融网络（NGFS）监管工作组在2020年9月发布了两份研究报告，囊括了全球30多家机构开发的环境和气候风险分析的方法和工具，包括对转型风险和物理风险的分析。这些机构中的大部分来自欧洲发达经济体。

（四）创新的绿色和气候金融产品

欧洲等发达市场在ESG金融产品和碳市场、碳金融方面处于明显的领先地位。值得我们借鉴的产品包括各类与可持续发展目标相关联的信贷、债券和交易型开放式指数基金（ETF）产品、转型债券、绿色供应链金融产品、绿色资产证券化（ABS）等。此外，欧洲的碳交易市场（ETS）覆盖了整个经济体 45% 的碳排放，相关衍生品工具也为碳市场发现价格和改善流动性提供了较好的支撑。

四、目前绿色金融体系与碳中和目标的差距

自 2015 年党中央、国务院在《生态文明体制改革总体方案》中首次提出构建绿色金融体系以来，我国在绿色金融标准、激励机制、披露要求、产品体系、地方试点和国际合作等方面取得了长足的进展，在部分领域的成就已经拥有重要的国际影响力。但是，与碳中和目标的要求相比，我国目前的绿色金融体系还在几个方面面临一些问题和挑战。

（一）目前的绿色金融标准体系与碳中和目标不完全匹配

例如，虽然中国人民银行主持修订的新版《绿色债券项目支持目录》（征求意见稿）已经剔除了清洁煤炭技术等化石能源相关的高碳项目，但其他绿色金融的界定标准（包括绿色信贷标准、绿色产业目录等）还没有做相应的调整。这些标准中的部分绿色项目不完全符合碳中和对净零碳排放的要求。

（二）环境信息披露的水平不符合碳中和的要求

企业和金融机构开展充分的环境信息披露是金融体系引导资金投向绿色产业的重要基础。被投企业和项目的碳排放信息披露则是低碳投资决策的重要基础。我国目前对大部分企业尚未强制要求披露碳排放和碳足迹信息，虽然部分金融机构已经开始披露绿色信贷/投资的信息，但多数还没有对棕色/高碳资产的信息进行披露。多数机构也缺乏采集、计算和评估碳排放和碳足迹信息的能力。金融机构如果不计算和披露其投资/贷款组合的环境风险敞口和碳足迹信息，就无法管理气候相关风险，不了解其支持实体经济减碳的贡献，也无法实现碳中和目标。

（三）绿色金融激励机制尚未充分体现对低碳发展的足够重视

金融监管部门的一些政策（包括通过再贷款支持绿色金融和通过宏观审慎评估体系 MPA 考核激励银行增加绿色信贷等）和一些地方政府对绿色项目的贴息、担保等机制在一定程度上调动了社会资本参与绿色

投资的积极性，但激励的力度和覆盖范围仍然不足，对绿色项目中的低碳、零碳投资缺乏特殊的激励。这些激励机制的设计也没有以投资或资产的碳足迹作为评价标准。

（四）对气候转型风险的认知和分析能力不足

我国的金融监管部门已经开始重视气候变化所带来的金融风险，但尚未系统地建立气候风险分析的能力，也没有出台对金融机构开展环境和气候风险分析的具体要求。除了几家在绿色金融方面领先的机构开展了环境、气候压力测试之外，我国多数金融机构尚未充分理解气候转型的相关风险及相关分析模型和方法，而多数中小金融机构还从未接触过气候风险这个概念。在对相关风险的认识和内部能力方面，我国金融机构与欧洲机构相比还有较大差距。

（五）绿色金融产品还不完全适应碳中和的需要

我国在绿色信贷、绿色债券等产品方面已经取得长足的进展，但在面向投资者提供的 ESG 产品，以及产品的多样化和流动性方面与发达市场相比还有较大的差距，许多绿色金融产品还没有与碳足迹挂钩，碳市场和碳金融产品在配置金融资源中的作用还十分有限，碳市场的对外开放度还很低。

五、政策建议

我国提出了碳中和的目标之后，如果没有实质性的、大力度的改革举措，经济的低碳转型并不会自动加速，主要行业的净零排放也不会自动实现。我们的数量分析表明，如果继续按现有的产业政策和地区发展规划来发展经济，未来 30 年内我国的碳排放将持续保持高位，不可能达到净零排放，也很难在 2030 年前实现碳达峰的国际承诺。

从我国金融业的现状来看，虽然已经构建绿色金融体系的基本框架，但绿色金融标准、信息披露水平和激励机制尚未充分反映碳中和的要求。产品体系还没有充分解决低碳投资面临的瓶颈；金融机构还没有充分意识到气候转型带来的金融风险，也没有采取充分的措施来防范和管理这些风险。

针对这些问题，笔者认为，我们应该从两个方面加速构建落实碳达峰碳中和目标的政策体系。一是要求各地方和有关部门加快制定"30·60"路线图，出台一系列强化低碳、零碳转型的政策，加强各部门、地方政府和金融机构之间的协调配合。二是从标准、披露、激励和产品四个维度系统地调整相关政策，构建符合碳中和目标要求的绿色金融体系，保证社会资本充分参与低碳、零碳建设，有效防范气候相关风险。

（一）地方和产业部门应规划碳中和路线图

第一，中央应明确要求各地方政府拿出落实碳中和目标的规划和实施路线图，并鼓励有条件的地区尽早实现碳中和。根据我们从若干地区了解的情况，许多省份（包括主要负责人）对碳中和的内涵、背景和意义的了解十分有限，绝大多数地方的产业部门也尚未理解碳中和目标意味着电力、交通、建筑和工业等部门必须实现大幅度转型。它们也没有认识到习近平总书记提出的远期愿景需要现在就开始行动，否则会由于碳峰值过高带来更大的社会和经济负担。一些地方仍然误以为煤炭是本省的资源禀赋且必须充分利用，因此，它们还在继续规划煤电和依赖传统高碳技术的项目。

虽然还有一些地方有意愿落实碳中和目标，但由于面临部分传统高碳行业的阻力，中央又没有给出明确的指引，它们不愿意率先推出碳中和路线图。我们建议，中央应该给予地方明确的指引，要求各地尽快制定落实碳中和目标的规划和实施路线图，并鼓励可再生能源资源充裕、林木覆盖率较高、服务业比较发达、制造业比重较低、科技创新能力较强的地区尽早（比如在2050年前后）实现净零或近零排放，建立净零排放示范园区和示范项目，为其他地区提供可复制、可借鉴的样板。

第二，中央应明确要求相关部委制定零碳发展规划和碳汇林业发展规划，并尽可能将具体目标纳入相关行业的"十四五"规划。碳中和目标的落实涉及所有高碳行业的转型，因此互相协调的行业规划十分重要。例如，在能源行业的"十四五"和10年规划中，必须明确提出大幅提高光伏、风电、氢能、海上风电和储能技术的投资目标。政府应该明确支持有条件的地方宣布停止燃油车销售的时间表，继续保持对新能源汽车的补贴和支持力度，大规模进行充电桩等相关基础设施的投资和部署。在绿色建筑领域，应该尽快大规模实施超低能耗建筑标准和近零排放建筑标准，为零碳建筑提供更大力度的财政和金融支持。在工业领域，政府应该大力引进国际上先进的低碳、零碳技术，对各类工业制造进行大规模的、全面的节能改造。积极开展生态系统的保护、恢复和可持续管理，加强森林可持续经营与植树造林，从而提升区域储碳量与增汇能力。

（二）以碳中和目标完善绿色金融体系

金融行业应该开始规划支持碳中和目标的绿色金融路线图。我们估计，在未来几十年内，全国实现碳中和可能需要数百万亿元的绿色低碳投资。根据绿色金融发展的经验，要满足如此大规模的投资需求，90%左右的资金必须依靠金融体系的动员和组织。因此，金融管理部门和各地方都有必要牵头研究和规划以实现碳中和为目标的绿色金融发展路线图。

这个路线图的主要内容应该包括三个方面：一是目标落实到主要产业的中长期绿色发展规划和区域布局，编制绿色产业和重点项目投融资规划，制定一系列具体的行动方案和措施，包括发展可再生能源和绿色氢能、工业低碳化、建筑零碳化、交通电动化、煤电落后产能淘汰等。二是建立绿色产业规划与绿色金融发展规划之间的协调机制。制定一系列绿色低碳产业、产品和绿色金融标准体系，建立绿色项目与绿色融资渠道的协同机制，包括服务于绿色项目和绿色资金的对接平台。三是以碳中和为目标，完善绿色金融体系，包括修改绿色金融标准，确立强制性的环境信息披露要求，强化绿色低碳投融资的激励机制，支持低碳投融资的金融产品创新。具体建议如下：

1. 以碳中和为约束条件，修订绿色金融标准，编制转型金融支持目录

未来在制定和修订绿色金融标准的过程中，应该更加明确地说明标准所追求的环境和气候目标，明确如何落实"无重大损害原则"（即所包括的项目对任何一个可持续目标无重大损害）；尽可能为绿色金融标准或目录中列出的所有经济活动列明对应的技术指标或门槛。此外，应

该开始着手编制转型金融支持目录，明确界定转型金融支持的经济活动，为引导更多的社会资本支持转型活动和防范"假转型"风险提供依据。应该鼓励有条件的地方和金融机构对蓝色金融目录、金融支持绿色农业目录、金融支持生物多样性目录的编制开展研究和落地试点。

2. 指导金融机构对高碳资产敞口和主要资产碳足迹进行计算和披露

建议金融监管部门在明确界定棕色资产的基础上，要求金融机构开展环境和气候信息披露，其中应包括金融机构持有的绿色、棕色资产信息及相关资产的碳足迹。根据国内机构的能力，分阶段逐步提高对碳足迹相关环境信息的披露要求。

3. 鼓励金融机构开展环境和气候风险分析，强化能力建设

建议金融监管部门和金融企业开展前瞻性的环境和气候风险分析，包括压力测试和情景分析。行业协会、研究机构、教育培训机构也应组织专家支持金融机构开展能力建设和相关国际交流。金融监管部门可牵头组织宏观层面相关风险分析以研判其对于金融稳定的影响，并考虑逐步要求大中型金融机构披露环境和气候风险分析的结果。

4. 围绕碳中和目标，建立更加强有力的绿色金融激励机制

在落实碳减排支持工具的过程中，建议关注以下重点工作：（1）明确贷款用途，包括符合投向的项目贷款、流动资金、贸易融资等贷款品种。（2）出台碳减排工具信息披露标准，围绕碳减排贷款，明确如何测算其带来的碳减排量，指导金融机构制定可操作和可追溯的测算方法和披露流程。（3）选择合格的第三方机构，实行名单制管理，供商业银行选择，或给出第三方机构需符合的标准。除了碳减排支持工具之外，还可以考虑将较低风险的绿色资产纳入商业银行向央行借款的合格抵押品范围，在保持银行总体资产风险权重不变的前提下，降低绿色资产风险权重，提高棕色资产风险权重。逐步扩大碳减排支持工具所覆盖的金融机构范围。

5. 鼓励主权基金开展 ESG 投资，培育绿色投资管理机构

建议外汇管理部门、主权基金和社保基金继续加大可持续投资的力度以引领社会资金参与，方式包括按可持续 ESG 投资原则建立对投资标的和基金管理人的筛选机制等。同时，积极建立环境和气候风险的分

析能力，披露 ESG 信息以带动整体行业信息透明度提升，并积极发挥股东作用，推动被投资企业提升 ESG 表现。

6. 提高金融机构在对外投资中的环境和气候风险管理水平

落实《对外投资合作绿色发展工作指引》，指导投资机构遵守《"一带一路"绿色投资原则》。监管部门应进一步明确对外投资中所应遵循的环境和气候标准。行业协会和研究机构可协助开展对外投资环境风险管理的能力建设。

7. 完善碳市场监管机制，确保碳市场有效发挥引导资源向低碳活动配置的作用

新的碳市场监管机制应该被赋予设计、筹建和统一监管碳现货市场和碳衍生品市场的责任，其监管原则应转变为：通过确定合理的碳总量控制机制，使得碳价格与碳中和目标相一致，以引导所有企业（不仅是控排企业）积极减碳，并进行低碳投资；构建有金融资源充分参与、有流动性的碳交易市场和衍生品市场；有效管理碳交易可能带来的潜在金融风险和其他风险；建立碳价稳定机制，防范在极端情况下碳价的大幅波动。

中国绿色金融标准体系的建设与发展[*]

鲁政委　钱立华　方　琦[**]

绿色金融标准是我国金融标准的重要组成部分，绿色金融标准建设工作是"十三五"时期金融业标准化的重点工程。目前，构建国内统一、与国际接轨、清晰可执行的绿色金融标准体系已经成为我国绿色金融体系的主要目标；同时，我国绿色金融标准框架和组织架构也已基本建立。在此背景下，我国绿色金融标准体系建设已取得积极进展。

一、绿色金融标准成为我国金融标准的重要组成部分

绿色金融标准成为我国金融标准的重要组成部分，绿色金融标准建设工作是"十三五"时期金融业标准化的重点工程。2017年6月，中国人民银行、银监会、国家标准化管理委员会等部门联合发布了《金融业标准化体系建设发展规划（2016—2020年）》（以下简称《规划》），将"绿色金融标准化建设"列为"十三五"时期金融业标准化的重点工程。此前，银监会、中国人民银行、发改委以及证监会等监管部门已经在绿色金融标准体系建设方面进行了一定的探索，但按照《规划》的要求，还存在一定的差距。之后，根据中国人民银行发布的《中国绿色金融发展报告2017》，全国金融标准化技术委员会陆续印发《〈金融业标准化体系建设发展规划（2016—2020年）〉任务分工》和《金融标准化工作要点（2017—2018）》，均明确开展绿色金融标准体系建设。

---

[*]　本文发表于《金融博览》，2020年第10期。收入本书时有改动。
[**]　鲁政委，中国金融四十人论坛（CF40）特邀成员、兴业银行股份有限公司首席经济学家；钱立华，兴业经济研究顾问咨询有限公司绿色金融首席分析师；方琦，兴业经济研究顾问咨询有限公司绿色金融分析师。

二、中国绿色金融标准体系的目标与框架确立

构建国内统一、与国际接轨、清晰可执行的绿色金融标准体系成为中国绿色金融体系建设的主要目标。时任央行副行长陈雨露表示,作为绿色金融领域的"通用语言",绿色金融标准既是规范绿色金融相关业务、确保绿色金融自身实现商业可持续的必要技术基础,也是推动经济社会绿色发展的重要保障。基于绿色金融标准的重要性,陈雨露还表示,构建统一的绿色金融标准体系,要求国内统一、国际接轨、清晰可执行。由此可见,构建绿色金融的标准体系一直是中国绿色金融领域的重要方面,而建立统一的绿色金融标准体系成了绿色金融下一阶段的核心任务。

绿色金融标准框架和组织架构基本建立。2018年1月,根据中国人民银行等五部委联合发布的《金融业标准化体系建设发展规划(2016—2020年)》,全国金融标准化技术委员会批复同意中国人民银行牵头成立绿色金融标准工作组。2018年9月,全国金融标准化技术委员会绿色金融标准工作组(以下简称工作组)第一次全体会议在京召开,绿色金融标准制定的组织架构建立。会议审议通过了《绿色金融标准工作组章程》,表决通过了工作组组长、副组长,绿色金融标准体系的基本框架和六个工作小组。建立的六个小组研究六大类绿色金融标准,分别是绿色金融通用基础标准、绿色金融产品服务标准、绿色信用评级评估标准、绿色金融信息披露标准、绿色金融统计与共享标准和绿色金融风险管理与保障标准,我国的绿色金融标准框架体系也基本确立。正如中国人民银行要求的,要充分发挥绿色金融标准工作组的作用,加快构建国内统一、国际接轨、清晰可执行的绿色金融标准体系,着重从制度建设、产品服务、操作流程、风险防控等角度全面系统规范绿色金融发展。

三、中国绿色金融标准体系建设取得积极进展

绿色金融通用基础标准取得重大突破。继中国人民银行发布《绿色金融术语》之后,2019年3月由国家发改委等七部委联合出台的《绿

色产业指导目录（2019年版）》（以下简称《目录》）及解释说明文件，是我国建设绿色金融标准工作中的又一重大突破，也是我国目前关于界定绿色产业和项目最全面、最详细的指引，以进一步厘清产业边界，将有限的政策和资金引导到对推动绿色发展最重要、最关键、最紧迫的产业上，有效服务于重大战略、重大工程、重大政策，为打赢污染防治攻坚战、建设美丽中国奠定坚实的产业基础。《目录》将绿色产业划分为六大类别，包括节能环保产业、清洁生产产业、清洁能源产业、生态环境产业、基础设施绿色升级以及绿色服务，在这六大一级分类下又细分出30项二级分类以及211项三级分类。《目录》属于绿色金融标准体系中"绿色金融通用基础标准"范畴。有了《目录》这一通用标准，绿色信贷标准、绿色债券标准、绿色企业标准以及地方绿色金融标准等其他标准就有了统一的基础和参考，有助于金融产品服务标准的全面制定、更新和修订。

绿色债券标准建设取得重大进展。2020年5月29日，中国人民银行、国家发展和改革委员会、中国证券监督管理委员会发布了《关于印发〈绿色债券支持项目目录（2020年版）〉的通知（征求意见稿）》。2021年4月，《中国人民银行 发展改革委 证监会关于印发〈绿色债券支持项目目录（2021年版）〉的通知》正式发布。此新版绿色债券标准的逻辑和框架及主要内容与《绿色产业指导目录（2019年版）》实现一致与协同，同时实现了我国各类绿色债券标准的统一。此次发布的新版目录对我国绿色债券标准进行了统一，适用范围包括境内所有类型的绿色债券——绿色金融债券、绿色企业债券、绿色公司债券、绿色债务融资工具和绿色资产支持证券，结束了原来不同绿色债券标准共存的情况，有利于中国绿色债券市场的进一步发展。新版绿色债券标准实现了与国际标准的接轨。化石能源纳入与否是国内外标准接轨与否的关键。本次的绿色债券标准删除了化石能源清洁利用的相关类别，实现了与国际标准的接轨，有利于吸引国际投资者对中国绿色债券市场进行投资，并有利于提升中国在绿色债券标准领域的国际话语权和影响力。

绿色金融机构评价标准和统计标准再升级。目前，我国绿色金融机构评价标准主要是在银保监会指导下、中国银行业协会发布的《中国银行业绿色银行评价方案》，以及中国人民银行 2018 年 7 月发布的《银行业存款类金融机构绿色信贷业绩评价方案（试行）》。前者更加重视银行绿色金融业务发展的过程评价，设计指标以定性指标为主，定量指标为辅；后者更加重视银行绿色金融业务发展的结果评价，设计的指标以绿色金融业务总额相关定量指标为主，定性指标为辅。2020 年 7 月，中国人民银行发布了《关于印发〈银行业存款类金融机构绿色金融业绩评价方案〉的通知（征求意见稿）》（以下简称《方案》）公开征求意见的通知，从绿色信贷升级为绿色金融。《方案》对 2018 年的评价方案进行了修订：一是扩展了考核业务的覆盖范围，统筹考虑绿色贷款和绿色债券业务的开展情况，并为进一步考核绿色股权投资、绿色信托等新业态预留了空间；二是基于扩充的考核范围修订了相应的评估指标；三是拓展了评价结果的应用场景，绿色金融业绩评价结果将纳入央行金融机构评级。在绿色金融统计标准方面，2013 年银监会发布了《绿色信贷统计制度》，2018 年中国人民银行发布了《绿色贷款专项统计制度》，规定了金融机构的绿色信贷环境信息统计标准和绿色信贷统计标准。2019 年和 2020 年，中国人民银行和银保监会相关的统计制度都实现了升级。

绿色金融信息披露标准不断完善。上市公司环境信息披露标准方面，七部委《关于构建绿色金融体系的指导意见》的分工方案已经明确，要分步建立上市公司披露环境信息的强制性制度。证监会的上市公司环境信息披露工作实施方案分为三步走：第一步为 2017 年年底修订上市公司定期报告内容和格式准则，要求进行自愿披露；第二步为 2018 年强制要求重点排污单位披露环境信息，未披露的需做出解释；第三步为 2020 年 12 月前强制要求所有上市公司进行环境信息披露。在绿色债券发行人的环境信息披露标准方面，中国人民银行、沪深交易所及交易商协会先后公布了关于绿色债券信息披露的标准，要求发行人按年度、半年度或季度披露募集资金使用、项目进展以及实现的环境效益等情况。在金融机构环境信息披露标准方面，银监会发布的《绿色信贷指引》中要求"银行业金融机构应当公开绿色信贷战略和政策，充分披露绿色信贷发展情况"。在实践中，我国国有银行和大中商业银行会在其年报和社会责任报告中披露当年绿色信贷规模等情况，有些银行还会披露其绿色信贷所实现的环境效益。中国金融学会绿色金融专业委员会牵头中英金融机构开展了环境信息披露试点工作。2021年7月22日，中国人民银行正式发布《金融机构环境信息披露指南》，对金融机构环境信息披露形式、频次、应披露的定性及定量信息等方面提出要求，并根据各金融机构实际运营特点，对商业银行、资产管理、保险、信托等金融子行业定量信息测算及依据提出指导意见。

区域绿色金融标准逐渐建立与完善。6省9地的绿色金融改革试验区在这几年大力发展绿色金融，不断出台地方绿色金融标准。目前，绿色金融改革试验区中的浙江省湖州、衢州，广东省广州市花都区，江西省赣江新区，贵州省贵安新区等在绿色金融标准制度建设上均取得了较大进展。另外，金融工具、产品和服务等方面的标准创新也在不断增加。其中，绿色企业的认证标准、绿色项目库的项目标准、绿色银行评价标准等标准的相关认定工作在各试验区积极开展，区域绿色金融标准体系日益完善。例如，湖州绿色金融改革创新试验区在2018年6月发布了《绿色融资项目评价规范》《绿色融资企业评价规范》《绿色银行评价规范》《绿色金融专营机构建设规范》这4项地方绿色金融标准。

我国积极参与可持续金融国际统一标准建设。2018年9月，国际标准化组织（ISO）正式设立可持续金融技术委员会（ISO/TC 322）。根据中国人民银行发布的《中国绿色金融发展报告（2018）》，TC 322将制定可持续金融管理的框架指南，明确有关概念、术语、原则和实践指南。TC 322由英国担任主席国和秘书处，现有包括中国在内的18个参与成员，以及14个观察成员。2019年3月，TC 322首次会议在伦敦举行，会议推举中国金融学会绿色金融专业委员会主任马骏担任TC 322副主席，并全票通过"可持续金融术语标准"项目的立项，这个项目成为TC 322的首个国际标准项目。2021年8月，ISO/TC 322发布了首项国际标准ISO/TR 32220《可持续金融 基本概念和关键倡议》（ISO/TR 32220：2021）。

绿色金融发展需兼顾机制设计与风险防范

屠光绍[*]

绿色金融是"十四五"期间金融发展最重要的主题之一。在中国如何确立绿色金融体系？我认为，绿色金融不是简单地指向具体产品，或是具体行业的问题，它实际上是一个关于体系的问题。绿色金融体系对应的是绿色发展和增长体系，这个体系由多个因素和环节构成。

金融的目的在于服务实体经济，服务经济和社会的发展。我曾提出"金融服务域态"的新概念，就是经济和社会有不同的领域。这些领域具有不同的特征，金融服务就是根据不同领域的特征去提供有针对性的金融服务方式和工具，这就形成了金融在不同领域的形态和状态，即金融服务域态。比如科技金融、绿色金融、普惠金融等，这实际上是金融资源有效利用、金融服务效率提升和金融功能深化的体现。"十四五"期间以及今后相当长的时间，有些金融服务域态越来越重要。其中，我觉得重点之一应该是绿色金融。绿色金融既包括对"纯绿色"属性的实体经济的支持，也包括对传统产业低碳转型的支持，后者也被称为转型金融。近两年来，绿色金融在中国快速发展，绿色金融规模加快增长，产品工具不断增加，政策不断聚焦，同时，绿色金融生态特别是绿色金融基础设施方面都取得了重大进步。应该说，绿色金融在促进低碳减排和绿色发展方面取得了很好的效果，这也体现了金融体系服务"双碳"目标取得了显著进展。

---

[*] 作者系中国金融四十人论坛（CF40）常务理事、上海新金融研究院（SFI）理事长。

一、绿色金融具有四大特征

在中国如何确立绿色金融体系，也就是确立绿色金融的域态？我们需要先认识绿色金融在以下四个方面的具体特征。

（一）绿色金融具有社会性

绿色金融不是纯商业性的活动，它具有非常强的社会属性，人人都离不开，社会发展也离不开。当然，社会性也需要与商业运作很好地融合，但如何融合是另外的问题。

（二）绿色金融具有外部性

绿色金融的社会性体现在外部性。和其他领域不一样，绿色金融的外部性特征非常明显。我们每个人都想为绿色金融、绿色发展甚至绿色生活贡献力量，但是它们的外部性比较强，即"我做了、付出了，也仅仅对别人有好处"。如果大家只是从自身角度出发，不考虑外部性，那么绿色金融很难实现真正的发展。因此，绿色金融的外部性也是建立在社会性之上的特征。

（三）绿色金融具有体系性

绿色金融要发展，和其他金融服务域态一样，既需要在战略层面有所部署，具体涉及政府、政策等，也需要在市场层面有所安排，具体涉及参与主体和业态等，比如马骏谈到的怎样推出各类工具和产品。体系性也是绿色金融的第三个特征。

（四）绿色金融也是全球性产品

绿色发展是全球的共同需求，绿色金融是全球大趋势，国际上已经建立了一套共同的准则和标准，也会逐步建立起全球性的评价体系。绿色金融是全球共同的课题，我们不能关起门来自己研究。即使做得再好，如果国际不认可，那也是不可取的。我认为，国际准则在国内如何更好地运用，特别是国际先进成熟的经验方法如何运用，以及中国和国际社会怎么互动，都是值得我们去思考推进的方面。同时，中国是世界第二大经济体，也是具有重要国际地位的大国。中国的绿色金融发展，无论是理论还是实践，本身就是国际绿色金融发展的重要内容和组成部分。

从这个意义上讲，如何确立绿色金融体系，以上四大特征是首先需要理解的内容。

二、完善绿色金融机制建设

绿色金融如果缺乏有效机制，很难实现可持续发展。建立绿色金融机制涉及宏观和微观的不同层面。

在宏观机制方面，核心的问题就是政府和市场的问题以及政策和市场主体的问题。机制设计不仅包括激励和约束，也包括绿色金融一整套运转的标准、评价体系等。我认为，首要的是要针对绿色增长、绿色发展建立一套绿色的核算体系。过去，我们的GDP核算体系非常完善。同样，我们也应该围绕绿色GDP，建立一套绿色核算和绿色账户体系，并在此基础上，建立健全一套绿色金融的考核与评价方法。

在市场机制层面，我们需要理顺和健全绿色金融市场的运行机制，包括碳排放交易市场机制等，其中涉及一系列问题，包括功能、定价、风险管理以及市场基础设施、法规、监管，还需要加快发展中介服务机构等，使市场在推动绿色金融发展中发挥基础作用。

在微观主体的运行机制层面，要有能与绿色金融相适应的考核和评价机制。我们的微观金融主体涉及信贷、保险、投资等机构。过去，这些微观主体在做业务或投资决策时，需要一系列财务指标来考虑风险收益。我认为，现在需要把绿色相关的非财务指标导入风险收益的评价体系和框架中，才能保证微观主体的业务、投资活动真正可持续，比如投资领域的ESG就是在做这样的工作。

三、夯实绿色金融的基础支撑

如何夯实包括绿色投资在内的绿色金融的基础支撑？我结合ESG目前的发展来谈几点内容。"E"代表了绿色、环境和生态领域，已经有一些基础。国内现在也在做ESG和绿色投资，但从目前发展的状况看，基础恐怕还需要再夯实。

第一个基础是披露标准。目前，国内缺乏一套健全的信息披露标准体系，这种信息披露标准体系既要能反映国际成熟的理念和标准，也需要反映中国自身特点。虽然国际信息披露实践反映了共同的理念和追求，具有一定的适用性，但也不能简单地拿来照搬。我们应当考虑，如何在借鉴国际经验的基础上，建立自己的信息披露标准。特别是当前，我国对外开放已经到了制度开放的新阶段，制度开放的对象包括规则、规制和标准。我们需要一套开放的，能跟国际对接的、融合的，而且能够被国际认可的信息披露标准体系。例如，从目前的 ESG 披露情况来看，4 000 多家上市公司的披露率不及 30％，而且披露质量不高。如何设计出更好的披露标准、准则和指引，未来是强制性还是引导性，都需要进行深入研究。我觉得信息披露标准是一种非常基础性的支撑。

第二个基础是评价体系。披露了标准以后，怎样进行评价？我觉得这涉及对绿色金融包括绿色投融资一整套评价服务体系的能力建设，需要建立起一套国际化、市场化的评价服务体系，而不是依赖于一两家机构，否则会导致很多道德风险。目前，我们也在开放引进国际比较成熟的评价机构，但还是要发展出自己的一套针对绿色金融和绿色投资的评价体系。没有这套评价体系，我们的金融活动，包括贷款和各类投融资等，就可能受到影响和制约。该评价体系首先需要对被投资主体进行评价，包括上市公司、其他公司和相关项目；其次需要对投资主体进行评价，特别是对投资者的评价，进而引导大家在金融资源配置方面，向绿色金融有更多的倾斜，并可以更多地支持绿色发展。

第三个基础是生态环境，即如何营造有利于绿色金融、绿色投资发展的生态环境。我特别支持政府对不同的省份采取绿色发展的考核做法。此外，政府还应该对责任投资营商环境的内容进行考核。例如，地方政府在推进责任投资过程中，具体在鼓励绿色金融和投资活动方面采取了哪些优惠政策，为推动设立评价体系营造了怎样的有利环境。只有当地形成了适合绿色金融发展的环境，金融机构和相关资源才更容易在当地聚集。我觉得一定要有这样的引导。

以上三个基础都需要夯实，才能更好地支撑绿色金融的发展。

四、防范绿色金融风险

绿色金融目前发展势头较快，但绿色金融是一个长期推进的过程，如何更好地促进绿色金融可持续发展是关键。其中，我们要注意防范绿色金融发展过程中的风险。

主要的风险来源有四个方面，包括：气候环境变化带来的风险；绿色金融活动的基础设施不足带来的风险；绿色金融市场体系机制不健全带来的金融风险；绿色转型过程中带来的金融风险，即转型风险。过去，无论是金融贷款、金融投资，还是其他的金融业务，绿色化程度（包括绿色资产、绿色业务比重）都较低；今后投入会越来越大，但转型的过程不是简单的业务变动，而是从战略方向到发展方式、管理架构、人员素质的调整，特别是在经济驱动资源和动能转换过程中，有可能造成机构的风险。所以，对于金融机构而言，在加强绿色金融业务发展的同时，必须对防范金融风险做出安排。

提升绿色金融风险防范和管理能力是一项系统工程，要坚持绿色金融与绿色经营的协调互动、完善绿色金融的基础设施、健全绿色金融体系以及提升风险防范和管理的水平。

五、金融服务"双碳"还存在四个不平衡

实现"双碳"目标是一项宏大的系统工程，也是一个需要不断推进的长期过程。在此过程中，绿色金融体系需要不断发展完善。金融要服务"双碳"目标，还存在四个方面的不平衡。

第一，从服务"双碳"目标的总体状况上看，存在"双碳"对金融的实际需求与金融资源供给的不平衡，涉及总量、结构和质量几个方面。总量方面，绿色金融的资金总量以及占整体金融的资金比例仍较低，难以满足"双碳"目标所需要的资金投入。结构方面，"双碳"涉及能源供给、能源需求以及碳利用，其中，能源供给需要更多的新能源、可再生能源替代传统化石能源，涉及新能源的生产及储输网荷等建设改造。能源需求则涉及传统行业低碳减排的转型升级，特别是重点行业要在更大程度上利用新能源，并提高能源使用的效率，这对于资金的

需求是巨大的。这也是转型金融的概念，目前绿色金融体系对转型金融的供给存在很大不足。除此之外，碳捕集、利用与封存（CCUS）技术的发展以及产业化对资金的需求，特别是对长期资金的需求很大。

至于金融供给，质量还需要保证，比如一些"漂绿"乃至"假绿"行为，也吸纳了一些金融资源，这说明部分金融资源并没有用到绿色低碳方面。金融供给需要提高效率，把金融资源用到真正有需求的地方。

第二，从绿色金融体系本身看，存在投融资功能和结构的不平衡。其中，在直接融资和间接融资的关系中，还是以间接融资为主，直接融资占比偏低。目前的绿色金融产品中绿色贷款占绝大多数，这与我国金融体系的整体结构有关。在直接融资中，又以绿色债券为主，绿色股权融资占比偏低。而在"双碳"目标的推进过程中，无论是新能源的生产或与新能源相关的基础设施建设，还是能源生产和利用的重大技术改造以及CCUS的产业化，这些领域对资金的需求量大，所需周期长，都更适合使用直接融资、股权融资方式，这就需要加大投资的供给。未来要加快提升绿色金融中的直接融资占比，直接融资中要加快股权融资的发展。

至于金融资源供给主体和业务关系，目前开发性金融、政策性金融与商业金融的协同度还不足。一些大型基础设施建设项目及重点行业的改造项目，完全依靠商业金融很难符合其资金需求特性，而完全依靠开发性金融、政策性金融也不能满足其对金融资源的利用需求。把开发性金融、政策性金融和商业金融协同起来，使各种金融资源实现更有效的配置，并产生综合效应，是很重要的任务。

此外，我国碳市场功能尚不完善。地方性碳排放市场已试点几年；2021年7月，全国碳市场开始运营，取得初步成效。但目前碳市场的定价、资产配置、风险管理三大功能还需要深化。

第三，从绿色金融生态体系看，绿色金融的业务发展与绿色金融的基础设施建设不平衡。绿色金融的基础设施包括绿色统计指标体系、绿色核算体系、绿色信息披露体系和绿色评价体系等。这些体系都是绿色金融业务赖以发展的重要基础。企业或重大项目的绿色经营状况如何，要看其"碳资信"，即企业或项目的"绿色含量"和碳减排情况。如果没有统一的统计指标、核算体系、信披标准、评价体系，那么金融机构很难鉴别和选择，这会使金融资源的配置没有针对性，配置的效率无法保证。近两年来，政策制定部门、管理部门及行业自治组织都在加快绿色金融相关规则和标准的完善，并取得了一些进步，但仍需不断健全与完善。

第四，从金融政策方面看，绿色金融的整体推进政策和区域发展政策还存在不平衡。中国作为一个大国，存在着地区资源禀赋、功能定位和发展重点的不同，"双碳"目标的推进过程中各个地区的任务也不一样。绿色金融体系一方面要整体推进，另一方面也要根据区域特点和战略定位，制定一些有区域重点、针对性的政策。

例如，西部是我国重要的能源供给基地，在光伏、风电等新能源领域具有很强的优势，因此，新能源生产、新能源基础设施以及现代制造业相关发展可以作为西部地区发展的重点，而绿色金融可以针对这些重点为西部地区制定更有利的政策。相对而言，东部地区更多的是使用传统能源的产业，这些产业需要转型，对资金的需求也聚集在绿色科技发展以及减碳相关的技术和装备改造上，金融需求与西部地区不同。因此，金融政策需要根据区域的发展目标和发展重点来制定，使总体推进和区域发展相互兼顾、形成互补，从而更有效地推动绿色金融体系整体性发展。

六、发展绿色金融的四点建议

首先，以绿色金融改革创新为引领，不断提升绿色金融整体的供给能力和水平。实现"双碳"目标的推进，会对金融服务的方式、产品的供给以及金融体系的管理等各方面提出新需求。为了更好地服务于"双碳"目标，金融体系必须"以变应变"，不断改革创新。

其次，以碳市场的建设为引领，促进绿色金融市场功能的健全和完善。碳市场下一步建设重点在于行业、产品和投资者的扩容。其中，行业方面，目前全国碳市场参与者以电力行业为主，而"双碳"目标不仅涉及能源生产，还涉及能源利用，各个行业都牵涉其中，所以未来需要有更多行业进入碳市场。

再次，以绿色金融基础设施的健全为引领，为绿色金融发展打下坚实的基础。基础设施建设既包括绿色金融相关制度、标准、规则、管理体系的完善，也包括基础设施机构、平台的发展，还涉及会计、税收等配套制度的完善。金融服务在"双碳"目标推进的过程中要发挥市场主体的作用，还需要政府部门、监管部门、行业管理部门在制度供给方面更好地发力，形成良好协调。

最后，以制度型开放为引领，推进绿色金融发展的国际合作。可持续发展是全球共识，绿色金融体系的建设和发展也需要开放，要更加重视国际合作。这方面，我国已有一定的实践，比如绿色金融产品和工具与国际接轨、外资金融机构的引进、中国金融机构的"走出去"，以及参与国际绿色金融标准制定等。国际合作一方面是为了促进资源的流通与共享；另一方面，在应对气候和生态变化方面，我国的绿色金融体系需要在制度建设方面与国际社会进行更多互动，从而为绿色金融的资源合作提供制度保障。

第四章

金融支持"双碳"目标

碳中和与绿色金融市场发展

鲁政委　钱立华　方　琦[**]

一、碳中和与绿色复苏成为全球趋势

（一）多国提出碳中和目标

据不完全统计，目前全球有120多个国家和地区正在努力实现到2050年温室气体净排放为零的目标（TCFD，2020）。随着气候问题日益严峻，追求碳中和已成为全球趋势。根据能源和气候信息小组（Energy & Climate Intelligence UNIT，ECIU）发布的全球净零排放跟踪表，目前已实现碳中和的国家包括不丹和苏里南，并且这两国均已实现负排放；已将碳中和目标写入法律的国家和地区包括瑞典、英国、法国、丹麦、新西兰和匈牙利；在立法进程中的国家和地区包括欧盟、韩国、西班牙、智利和斐济，其中瑞典实现碳中和目标的时间为2045年，其他国家和地区为2050年；芬兰、奥地利等14个国家和地区已宣布碳中和目标；此外，还有乌拉圭、意大利等100多个国家和地区的碳中和目标正在讨论中。

中国首提碳中和目标，应对气候变化成为未来绿色发展的工作重心。2020年9月22日，国家主席习近平在第七十五届联合国大会一般性辩论上宣布："中国将提高国家自主贡献力度，采取更加有力的政策和措施，二氧化碳排放量力争于2030年前达到峰值，努力争取2060年

---

[*] 本文发表于《武汉金融》，2021年第3期，收入本书时有改动。
[**] 鲁政委，中国金融四十人论坛（CF40）特邀成员、兴业银行股份有限公司首席经济学家；钱立华，兴业经济研究顾问咨询有限公司绿色金融首席分析师；方琦，兴业经济研究顾问咨询有限公司绿色金融分析师。

前实现碳中和。"① 这是我国首次明确提出碳中和目标，同时也提高了 2015 年承诺的在 2030 年左右实现碳达峰的目标。这样一个宏伟的目标体现了我国在应对气候变化问题上的大国担当，强化的气候目标同时也意味着我国整个社会经济体系都需要随之发生根本性的转变，未来碳达峰与碳中和目标将会通过专项规划在地区、行业等层面进行分解。

（二）绿色复苏成为全球疫情后经济重建的主旋律之一

为应对新冠疫情带来的经济增长放缓压力，世界各国都开始推行经济刺激措施。为了避免世界从一场危机（新冠疫情）步入另一场危机（气候变化），国内外关于"绿色刺激"和"绿色复苏"的呼声越来越高，已有众多国家和地区提出了"绿色刺激"方案。根据经合组织（OECD）在 2020 年 8 月的初步统计，至少有 30 个经合组织国家和主要合作伙伴国家已将支持向绿色经济转型的措施作为其经济恢复计划或战略的一部分。例如，欧盟提出了共约 1.8 万亿欧元的刺激计划，其中 30% 的资金将用于气候友好型领域；英国提出的 300 亿英镑的经济复苏计划中，30 亿英镑将用于气候领域；美国拜登总统在竞选期间曾提出投资规模达 2 万亿美元的气候计划，并将其作为"重建更加美好未来"经济复苏计划的四大支柱之一。

我国提出的"新基建"七大投资领域也包含大量的绿色元素。一方面，七大领域中的城际高速铁路和城际轨道交通、充电桩和特高压本就在绿色产业的范畴之内。根据初步估算，2020 年在我国"新基建"投资中，投向这三个绿色领域的资金规模约为 1.42 万亿元，占比高达 65%。另一方面，除了这三大绿色领域以外，"新基建"中的 5G、工业互联网和人工智能等数字技术与绿色产业的发展也有着较大的协同作用。综合来看，"新基建"中的绿色成分占比应该更高。

二、绿色金融市场稳步发展

（一）全球绿色金融市场持续扩张

全球可持续发展债券发展势头迅猛。根据气候债券倡议组织

---

① 习近平在第七十五届联合国大会一般性辩论上的讲话. 人民日报，2020-09-23.

(CBI) 发布的《全球可持续债务市场状况（2021）》报告，过去全球可持续债务市场一直由绿色债券主导，但近年来其他主题如可持续发展债券、社会债券、抗疫债券等在发行数量和发行规模上的占比都在迅速提升。特别是2020年以来，受新冠疫情影响，整个可持续发展类债券市场发展势头迅猛，并且其中除绿色债券以外的其他主题债券发行规模占比也大幅提升。截至2021年底，全球可持续债券市场累计发行规模达到2.8万亿美元，发行数量达到1.6万只。其中，2021年全球可持续债券新发行1.1万亿美元，同比增长46%。近两年全球可持续债券市场快速扩张，仅2020年和2021年两年的发行总量就占到了历史累计发行总量的64%。其中，绿色债券仍是全球可持续债券市场中规模最大的品种。截至2021年底，全球符合气候债券倡议组织标准的绿色债券累计发行规模达到1.6万亿美元，占到可持续债券市场的57.1%。此外，可持续发展挂钩债券发行规模增速加快，2021年发行规模达到了1 188亿美元，超过2020年发行规模的10倍。

（二）中国绿色金融市场稳步发展

1. 绿色信贷保持较快增长

根据中国人民银行发布的金融机构贷款投向报告，截至2022年第二季度末，我国本外币绿色贷款余额为19.55万亿元，同比增长40.4%，高于各项贷款增速29.6个百分点（见图4-1）。其中，投向具有直接和间接碳减排效益项目的贷款合计占绿色贷款的66.2%。分用途看，基础设施绿色升级产业贷款和清洁能源产业贷款余额占比分别为45.1%和25.8%。分行业看，电力、热力、燃气及水生产和供应业绿色贷款余额为5.08万亿元，同比增长30.8%；交通运输、仓储和邮政业绿色贷款余额为4.39万亿元，同比增长10.3%。

2. 绿色债券发行迅速回暖

2021年以来，我国绿色债券发行规模快速增长。2017—2019年，我国境内市场绿色债券年度发行规模持续增长；2020年受疫情影响发行有所放缓，较2019年同比减少了24.3%。2021年以来，我国绿色债券发行迅速回暖，2021年全年发行规模达到6 198.02亿元，同比大幅

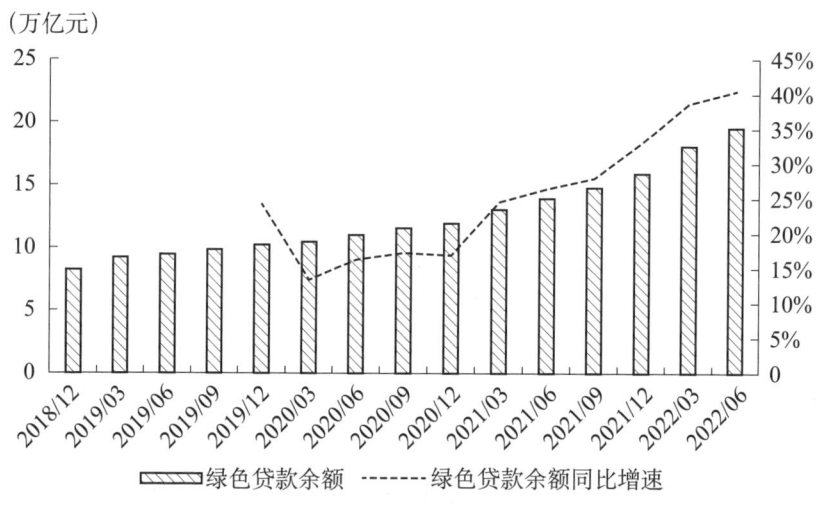

图 4-1 绿色信贷余额与增速

资料来源：中国人民银行，兴业研究.

增长了 170.3%。2022 年上半年延续了增长的势头，新发行绿色债券规模达到 4 240.05 亿元，比 2021 年同期增长了 72.9%。从不同类型来看，2021 年以来绿色债务融资工具和绿色资产支持证券表现亮眼，绿色金融债券发行回暖。2021 年全年，绿色债务融资工具发行规模达到 2 463.27 亿元，同比大幅增长 511.2%，在绿色债券发行总额中占比达到 39.7%，排在首位；2022 年上半年，绿色债务融资工具发行规模为 1 110.51 亿元，较 2021 年同期增长 13.7%，在绿色债券发行总额中占比 26.2%，仅次于绿色金融债券。绿色资产支持证券自 2021 年以来同样维持了较高的增速，2021 年全年发行规模为 1 227.48 亿元，同比增长 264.1%；2022 年上半年发行规模为 1 003.37 亿元，同比增长 141.1%，在绿色债券发行总额中的比例增长至 23.7%，而在 2016 年该比例仅为 3.3%。绿色金融债券自 2021 年以来发行有所回暖，2021 年全年发行规模为 1 254.55 亿元，同比增长 272.3%；2022 上半年发行规模达 1 412.57 亿元，比 2021 年同期增长 251.4%，在绿色债券发行总额中的比例为 33.3%，重回各类绿色债券发行规模首位（见图 4-2）。

可持续债券创新品种快速发展。除绿色债券之外，近年来我国陆续推出了一批可持续债券创新品种，比如属于绿色债券创新子品种的碳中

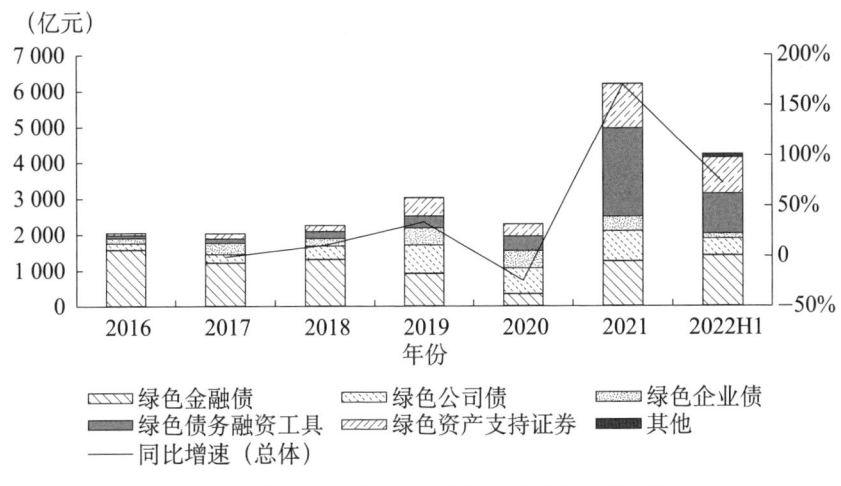

图 4-2 我国境内贴标绿色债券年度发行规模与增速

资料来源：Wind，兴业研究．

和债券、蓝色债券、绿色乡村振兴债券以及部分转型类创新债券，再比如可持续发展挂钩债券、低碳转型挂钩债券、低碳转型债券和转型债券等。截至 2022 年上半年，我国境内市场碳中和债券、蓝色债券、绿色乡村振兴债券、可持续发展挂钩债券和转型债券（包括低碳转型挂钩债券、低碳转型债券、转型债券）累计发行规模分别为 4 093.52 亿元、93 亿元、133.1 亿元、161 亿元和 102.9 亿元。

3. 可持续投资日渐丰富

在绿色公募基金方面，根据 Wind 概念基金板块统计，截至 2022 年第三季度末，我国累计成立的公募 ESG 投资基金已由 2005 年的两只增长至 278 只，尤其是 2021 年以来，我国公募 ESG 投资基金成立数量快速增长，累计成立数量与历史累计成立数量相当。其中，在所有公募 ESG 投资基金中，既包括基金名称或投资策略中明确指出为 ESG、可持续投资或责任投资基金的纯 ESG 主题类基金，也包括投资标的仅涉及环境、社会或治理中部分细分领域的泛 ESG 主题类基金（见图 4-3）。截至 2022 年第三季度末，纯 ESG 主题基金成立数量为 49 只。从基金类型来看，在 278 只 ESG 投资基金中，有 61 只为指数型基金，217 只为主动性基金。

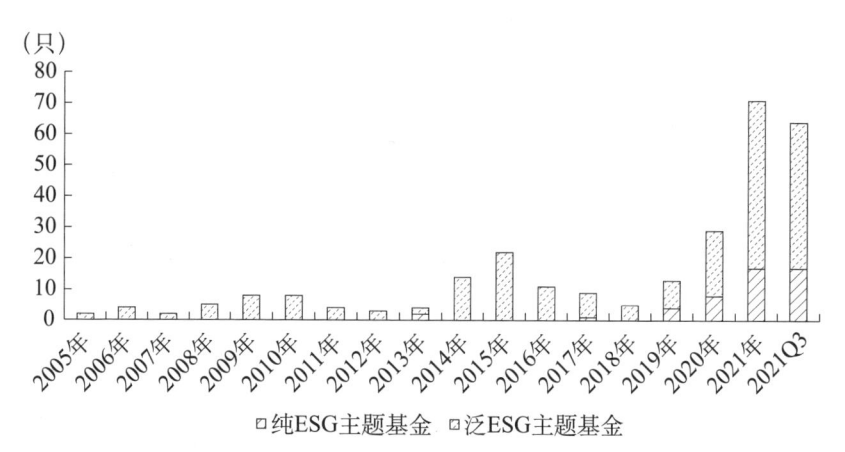

图 4-3 我国 ESG 基金成立数量

资料来源：Wind，兴业研究.

国家绿色发展基金成立。2020 年 7 月 15 日，由财政部、生态环境部和上海市人民政府共同发起设立的国家绿色发展基金股份有限公司（以下简称"国家绿色发展基金"）在上海市揭牌运营，首期募资规模为 885 亿元。其中，财政部和长江沿线 11 个省市出资 286 亿元，各大金融机构出资 575 亿元，部分国有企业和民营企业出资 24 亿元，这充分体现了政府引导市场化运作的特色。基金将重点投资于污染治理、生态修复和国土空间绿化、能源资源节约利用、绿色交通和清洁能源等领域。

保险业积极参与绿色投资。近年来，越来越多的保险机构积极参与绿色可持续发展投资。截至 2021 年 8 月底，我国保险资金实体投资项目当中涉及绿色产业的债权投资计划登记（注册）规模已达 10 601.76 亿元。其中，直接投向的重点领域包括交通、能源、水利、市政等。保险资金以股权投资计划形式进行绿色投资的登记（注册）规模为 114 亿元。

三、碳中和目标下我国绿色金融发展趋势

中国人民银行行长易纲在谈到 2021 年金融热点问题时提到："服务好碳达峰碳中和的战略部署，是今年和未来一段时期金融工作的重点之一。"因此，在碳达峰碳中和目标的引领下，本文认为未来我国绿色金融将呈现以下三大发展趋势。

（一）气候投融资将成为绿色金融的重要领域

气候相关信贷余额在我国绿色信贷余额中占比达到 2/3。我们根据银保监会公布的 21 家主要银行绿色信贷余额统计表，估算了我国 2013 年 6 月底至 2017 年 6 月底的气候投融资信贷规模。此前我国的绿色信贷统计制度中并未专门统计气候投融资，本文将绿色信贷余额统计表中对碳减排具有明显贡献的项目认定为气候投融资支持的项目。估算结果显示，从 2013 年上半年到 2017 年上半年，在绿色信贷余额中，我国气候投融资信贷工具余额占比提升了 10 个百分点，达到 70% 左右。2021 年开始，中国人民银行在金融机构绿色贷款统计中加入了对投向具有直接和间接碳减排效益项目贷款的统计。截至 2022 年第二季度末，我国投向具有直接和间接碳减排效益项目的贷款占绿色贷款总余额的比例达到 66.2%。

气候投融资相关制度陆续出台，叠加碳中和愿景的提出，或将推动我国气候投融资的进一步发展。生态环境部等五部委于 2020 年 10 月联合发布了气候投融资的首份政策文件——《关于促进应对气候变化投融资的指导意见》，标志着气候投融资制度顶层设计的确立。此前，银保监会也在更新的绿色融资统计制度中增加了专门的气候投融资统计部分，同时涵盖了气候变化减缓融资和气候变化适应融资两个方面。银保监会对气候融资进行专门统计，说明了监管机构对应对气候变化的重视。

（二）绿色债券市场将有更多的创新空间

一方面，在碳中和目标下，我国绿色金融标准或将更新，以实现标准的国内统一和国际接轨。发改委等七部委于 2019 年 3 月发布的《绿色产业指导目录（2019 年版）》是我国绿色金融基础标准，其他绿色金融产品都参考这个基础标准进行更新与修订。目前，这个基础标准包括高碳燃料的生产和利用，比如清洁燃油生产、煤炭清洁利用和煤炭清洁生产。这个标准与当前的碳中和目标不吻合。在对未来绿色金融的相关标准进行更新和修订的过程中，或将不再纳入高碳能源的清洁高效利用等项目和产业。在中国人民银行、发改委和证监会联合发布的《绿色债券支持项目目录（2020年版）》中，已将化石能源清洁利用的相关项目剔除，实现了与国际标准的接轨，这为我国绿色债券市场吸引境外投资者创造了条件。此外，新版目录还实现了国内各类绿色债券标准的统一，未来或将进一步实现与绿色信贷等其他绿色金融产品标准的统一。这将促进各类金融产品之间的衔接，比如商业银行绿色金融债与绿色信贷的衔接、绿色信贷与绿色信贷资产证券化的衔接等，从而降低业务管理难度和成本。

另一方面，我国绿色债券品种也将迎来更大的创新空间。首先是碳中和债券。2021年，交易商协会和交易所先后推出碳中和债券和碳中和债券募集资金，前者作为绿色债券的创新子品种，后者专项用于具有碳减排效益的绿色项目。碳中和债券一经推出便成为绿色金融市场最为亮眼的一个创新品种，2021年全年碳中和债券发行规模占到绿色债券全年发行总额的44.8%。其次是蓝色债券。海洋经济在我国占据着重要地位，而海洋可持续发展也与气候变化问题息息相关。我国银保监会在2020年初首次提出积极发展蓝色债券。2021年7月，上交所和深交所也在绿色公司债券之下推出了蓝色债券。目前，在全球范围内，蓝色债券尚处于起步阶段，但已引发了市场的广泛关注，部分投资者认为其发展潜力巨大，或将成为可持续金融领域继绿色债券之后的又一颗市场新星。最后是转型类债券，可持续发展挂钩债券、转型债券都属于转型类债券的范畴。转型类债券主要支持向低碳或零碳转型的企业或活动，特别是针对传统高碳行业（在"双碳"目标下，高碳行业转型融资需求巨大）。相较于传统的绿色债券，转型类债券支持的范围更加广泛，包括那些不在绿色债券支持范围内的部分传统高碳行业的低碳和零碳转型，同时募集的资金可以专项用于转型活动，也可以作为一般公司用途，但整个公司必须处于低碳转型路径上或设置了相应的转型目标。目前，在国内外，转型金融都已成为热点之一，转型类债券发行规模迅速增长。在国际市场，截至2022年上半年，可持续发展挂钩债券和转型债券累计发行规模合计已达到1 500亿美元，其中2021年全年合计发行规模同比大幅增长了738.1%。在国内市场，自2021年5月推出可持续发展挂钩债券以来，截至2022年上半年，约一年的时间，已累计发行 514 亿元；同时，在转型债券方面，仅推出一个月，累计发行规模已超过 100 亿元。

（三）金融机构气候与环境风险管理将不断加强

随着碳中和目标的提出，气候相关风险将引起金融机构的高度关注。因此，未来金融机构将不断加强气候与环境风险管理，这将主要体现在三个方面。

1. 降低高碳资产配置，提高绿色低碳资产配置

一方面，在我国碳达峰碳中和战略布局下，金融机构有责任减轻气候变化的影响；另一方面，在碳中和目标下，高碳资产风险将显著提升，特别是煤电等资产可能成为搁浅资产的风险，将使金融机构不断加强对煤炭开采和电力领域的融资限制。

2. 建立全面的气候与环境风险管理体系

随着金融监管机构对气候和环境风险的关注，以及我国金融机构对气候和环境风险认识的逐渐加强，金融机构将逐渐建设全面的气候和环境风险管理体系，包括在机构战略和商业决策中纳入气候与环境相关风险因素。同时，建立相关的风险管理政策、制度和流程，并探索开展气候与环境的情景分析和压力测试。

3. 提升自身气候表现，并加强气候相关信息披露

随着国家碳中和目标的提出，为了与国家长期气候目标保持一致，将有更多的金融机构设立自身的气候表现目标，并逐步加强对自身的碳足迹管理。同时，金融机构气候与环境信息披露将成为主流。目前，国际上多个国家和地区已建立官方的气候与环境信息披露制度，多家国际机构已发布相关的披露框架。我国的相关制度建设也在不断推进。2021年初，中国人民银行行长易纲表示，完善金融机构监管和信息披露要求，对社会公开披露碳排放信息，是未来要逐步完善的绿色金融体系的五大支柱之一。由此可见，未来对中国金融机构气候与环境信息披露工作的要求将不断提高。

绿色金融面临"七重七轻"

刘　珺[*]

后疫情时期面临的发展环境和讨论焦点,已不再是简单的经济复苏或 GDP 增长几个点,而是关系到经济、政治、生态甚至地球生物可持续发展的系统性命题。绿色化和数字化是这一命题的两个关键词,绿色金融和数字金融是破解这一命题的重要切入点。围绕绿色经济和绿色金融,我谈几个观点,归纳起来就是"1675",即"一个必然""六个平衡""七个问题""五个要素"。

一、一个必然

从棕色经济到绿色经济,是经济发展的一个必然选择。棕色经济高度依赖化石能源,在生产和消费时,经济指标置于优先级而环境承载力退而求其次;绿色经济则以资源节约和循环利用、生态平衡为基础,以人类健康和经济可持续发展为目的,具有低碳、高效、包容等特征。工业革命以后,棕色经济逐步主导经济发展进程,在推动物质财富快速积累的同时,也带来了一系列社会和生态问题。当今及未来,倘若经济增长的负外部性仍由生态环境不平衡承受,那么生态必将以更具破坏力的方式予以还击。法国央行的研究就认为,到 2060 年全球 GDP 或因全球气温升高相对降低 2.5%,到 2100 年这一相对降幅将扩大至 12%。因此,发展绿色经济,将经济增长的负外部性内部化,对单一经济体而言,是高质量发展的必然举措。对于全球来说,这更是防止"绿天鹅"风险频发而发展走入死胡同的自觉选择。

---

[*] 作者系中国金融四十人论坛（CF40）成员、交通银行行长。

二、六个平衡

发展绿色经济是一项系统工程，需要从系统的视角做好"六个平衡"。

（一）平衡国际叙事经济上的可持续发展主题和政治上的地缘竞争主题

联合国可持续发展倡议呼吁所有国家在促进经济繁荣的同时保护地球。但事实上，发达国家与发展中国家在气候变化等议题上还存在立场冲突，中美气候竞争与合作就是佐证之一。

（二）平衡减碳与生存发展

从历史看，过去226年，美国和欧洲的碳排放量超过全球总量的50%，南美和亚洲国家直到过去50年才开始出现显著的碳排放增长。从现实看，碳排放权其实就是发展权。对发达经济体而言，减碳是必选的新发展方式；对发展中经济体而言，减碳与发展则是阶段性互斥的"两难困境"；对欠发达地区而言，减碳或直接涉及生存权利的部分牺牲。因此，要厘清存量责任和增量责任、历史责任和现实责任，让共同而有区别的责任机制真正落实。

（三）平衡新能源与"旧"能源

2021年全球能源需求将增长4.6%，超过疫情前的水平。近期中国的拉闸限电和欧洲的气荒都表明，在新能源成长阶段，"旧"能源难以被大比例地替代，而"旧"能源超低排放技术改造本身就应是绿色产业的有机组成部分，其形成的规模本身就应是绿色经济规模。

（四）平衡已验证技术与未验证技术以及未来技术

绿色转型一定是技术性替代在压茬推进，且是高度可靠技术在质和量上形成相应比例关系的梯次替代。否则，即使未验证的技术理论上可行，若无法实现对传统能源和传统产业的规模化替代，也不能实现向绿色经济的转型。

（五）平衡不同维度的可行性

包括经济可行性与社会心理预期和民众承受能力的对立、国别可行性与全球一体化行动方案的差异、单一技术可行性与合成技术互斥的问题。

（六）平衡代际成本和收益

绿色转型和减排影响当期财富创造，从而形成绿色转型成本在不同代际的非均衡、非对称承担，由此产生的不平等也会对社会稳定造成影响。我们这代人的发展，应做到既满足当前需要，又不对后代人构成威胁。

三、七个问题

加快发展绿色金融，从全球叙事角度来说是服务绿色经济的重要手段，从中国叙事角度来说也是当前及未来贯彻落实金融工作"三大任务"的重要途径。与发达经济体绿色金融发展起步较早、产品丰富度较高、体系较为完备相比，中国的绿色金融主要存在七个问题，可概括为"七重七轻"。

（一）重融资，轻投资

低碳转型技术存在不同的技术成熟度，银行贷款（融资）目前无法覆盖技术成熟度相对较低但具有发展潜力的技术，投资的支持作用亟待发挥。

（二）重新技术，轻旧动力

目前，资金追逐新技术成为常态，对旧动力则不乏"一刀切"的运动式减碳现象，造成的负面效果影响了民众对绿色经济的正面认识。

（三）重增量突破，轻存量转型

对于大多数金融机构来说，在拓展新兴领域绿色金融业务的同时，必须重视存量业务续作对"旧"能源转型升级的促进作用。

（四）重增速，轻规模

绿色贷款增速较高，但占贷款总量的比重还较低。截至 2021 年 6 月底，所有金融机构绿色贷款余额同比增长 26.5%，但占人民币各项贷款余额的比重仅为 7.5%。

（五）重间接融资，轻直接融资

目前，绿色金融主要以绿色贷款为主，其他绿色金融业务的规模仍相对较小。近年来，中国绿色债券存量规模已位居全球第二，但其发行量仅占国内债券全部发行量的2%左右。

（六）重物理资产，轻数据和虚拟资产

实务中，不少银行仍拘泥于将实物资产作为抵质押品，忽视了绿色企业的核心技术以及环境权益等无形资产作为优质抵质押品的广阔前景。

（七）重产业链金融，轻系统集成

现实中的绿色金融发展仍拘泥于支持特定行业或产业链，跨产业、跨行业、一体化、综合性绿色金融解决方案的设计能力和交付能力亟待进一步提升。

四、五个要素

针对上述七个问题，下一步，要加快绿色金融在标准、市场、产品、参与者、数字化等五个方面的要素完善。

（1）在标准上，要形成与目标相一致的可测量的标准体系，有效防范"洗绿"等伪绿色经济行为。

（2）在市场上，要有绿色金融产品的多层次交易与流通市场。

（3）在产品上，既要有绿色贷款、绿色保险、绿色理财等传统产品，也要加快创新，发展碳排放权等金融衍生品。

（4）在参与者方面，要形成国内外有效合作、各部门紧密配合、各领域协同推进、参与机构广泛多样的多元格局。

（5）在数字化方面，碳足迹与绿色经济、绿色金融并辔而行，要继续利用好绿色金融与生俱来的数字化基因，运用好技术手段，更好地服务绿色转型和"双碳"目标。

碳中和与转型金融

马 骏[*]

一、碳中和政策

北京绿色金融与可持续发展研究院（以下简称"绿金院"）能源气候中心对碳中和的各项政策做了研究综述，其中涉及能源、交通、建筑、工业等领域的现有政策以及碳中和情景下应当推出的政策，这些政策将有助于我国在 2060 年之前实现碳中和目标。这项研究还梳理了实现碳中和的技术措施，包括有关部委印发的文件内容以及业界专家、机构和行业协会提出的建议。

从政策角度来讲，有两类非常重要，一类是经济政策，另一类是非经济政策（行政干预类为主）。

经济政策，按经济学家的说法，主要是通过市场机制配置资源，从而推动"双碳"目标实现的相关政策，包括财政、税收、碳市场和金融政策等。其中，财政支出政策是指通过绿色补贴、绿色担保、绿色采购、政府产业基金等措施支持行业向绿色低碳转型。碳税政策现已覆盖一些大型排放企业，但很多中小企业是不是也应该被覆盖，目前还在讨论之中。碳市场政策，除了位于上海的碳排放权交易市场，我国还有 7 个地区性市场与即将重启的 CCER（国家核证自愿减排量）自愿碳市场。这些重要的市场化机制是为了鼓励、激励低碳企业，同时对那些减排不努力的企业施压。金融政策，主要指我国在过去 7~8 年里建立起来的绿色金融体系中的内容，包括绿色与转型金融标准、披露要求，还

---

[*] 作者系中国金融四十人论坛（CF40）成员、北京绿色金融与可持续发展研究院院长。

包括央行支持碳减排的货币政策工具，即央行以低成本的资金支持绿色低碳项目，并要求大银行对高碳产业进行风险分析与管理，同时推动绿色金融产品创新。

经济政策之外，另一类是行政手段。过去有将全国能耗总量控制和节能目标分解到各地区、主要行业和重点用能单位的做法。未来可能会演化为将全国碳排放总量目标一层一层往地方分解的做法。经济政策和行政手段之间需要建立起协调机制，避免经济手段对资源的配置导向与行政分解的结果出现矛盾。

二、绿色低碳投资需求

在前述背景下，从金融角度来看，我国到底存在多大的绿色低碳投资需求呢？

2021年12月，中国金融学会绿色金融专业委员会（以下简称"绿金委"）课题组发布《碳中和愿景下的绿色金融路线图研究》课题报告。这个报告的结论是，在碳中和背景下，我国未来30年的绿色低碳投资累计需求将达到487万亿元人民币（按2018年不变价计）。这一数据比其他机构的预测数据高很多，主要区别是统计口径不同，绿金委主要基于金融口径，其他机构主要基于低碳能源口径。

这么多钱到底要投向何处？主要是能源、交通、建筑和工业领域。

以能源领域为例，依据清华能源研究所张希良教授的研究结果，2045年我国电力行业使用的能源中有95%为可再生能源，还有一小部分来自煤电的碳捕集、封存技术（CCS），这表明我国未来20多年里对新能源的投资会非常大。

在交通领域，新能源汽车肯定是投资亮点，也是实现低碳和零碳的主要技术路径。据北京绿金院绿色科技中心预测，我国在2030年前新能源汽车销量还会大幅上升。

绿色建筑也是重点。建筑物的能耗和碳排放占全球总量的40%。未来10年绝大多数新建筑都必须是高标准节能、节水的绿色建筑。当然，建筑物的绿色标准并不意味着建筑物减排会有很大幅度的提升，因为很多达到星级标准的绿色建筑的减排提升幅度仍有限。未来会有更多符合近零排放要求的建筑。几年前，我参观过北京的第一幢零碳建筑。从行业可持续性角度来讲，零碳建筑在大城市具备经济性。

绿色低碳投资在工业、负排放、材料、数字化等领域亦有巨大机遇，只是这方面的技术还不够成熟，需要很多能够容忍风险的投资机构参与，比如私募股权投资（private equity，PE）或创业投资（venture capital，VC）。北京绿金院与高瓴研究院联合发布的《迈向"碳中和2060"迎接低碳发展新机遇》报告对各领域的投资机遇做了较详细的分析，其中提到工业领域中的工业电气化、废铁利用、电弧炉利用、水泥石灰石替代等技术都需要投资。

三、转型金融的意义

经过大概 7 年的发展，我国的绿色金融体系已经非常庞大，我国已是全球最大的绿色金融市场。截至 2022 年 3 月底，我国的绿色信贷余额已经达 18 万亿元；绿色债券在过去 6 年累计发行大约 2 万亿元，目前已成为全球第二大绿债市场。据不完全统计，我国已有 700 多只绿色基金以及很多创新的绿色金融产品，比如 ABS、ETF、绿色保险、碳金融等。总之，我国的绿色金融成长很快。尤其是在 2021 年，绿色信贷增长 33%，绿色债券发行量增长 170%。

为什么还要发展转型金融？理由是，在传统的绿色金融框架下，转型活动没有得到充分支持。

首先，传统的绿色金融注重支持"纯绿"或"接近纯绿"的项目。以气候变化领域为例，绿色金融支持的一些典型项目为清洁能源、电动车以及这些产业核心项目的投入品，比如电池等。

其次，在现有体系下，高碳行业向低碳转型的经济活动得不到充分的金融支持，绿色金融目录中并没有完全容纳转型类经济活动。调研发现，属于"两高一剩"行业的许多企业不管能否转型，其授信都被压降，哪怕这些企业有转型意愿以及很好的技术路径来实现转型。目前，已经被纳入或将要被纳入碳交易市场的八大高碳行业为发电、石化、化工、建材、钢铁、有色、造纸和航空。此外还有很多行业也有较高的碳排放，比如老旧建筑、公路交通等。所有这些行业都需要在"双碳"背景下逐步减碳。

如果高碳行业向低碳转型得不到金融支持，会产生几个不良后果。

（1）转型失败或延迟。高碳行业减碳需要资金，否则就有可能转型失败或者转型进程被延迟，最终影响"30·60"目标的实现。

（2）企业破产倒闭导致金融风险。高碳行业企业因为得不到资金支持而破产倒闭，对银行来说将演变成坏账，对股权投资者来说将是投资资产的估值大幅下降。

（3）企业倒闭裁员影响社会稳定。如果这些高碳行业由于得不到金融支持而出现倒闭、裁员，将成为社会不稳定因素。

实际上，转型活动的规模要比纯绿活动大得多，因此需要更多的金融支持。目前，我国全部信贷活动中大约有10%被贴标为"绿色信贷"，而银行体系又是为整个经济提供融资的主体，绿色经济活动占到全部经济活动的10%左右，其他经济活动都可以被称为"非绿活动"。

非绿活动又可分为可转型的非绿活动和不可转型的非绿活动。可转型的非绿活动是指活动主体有转型意愿、能力和技术路径，得到金融和政策支持就有可能转型成功。不可转型的非绿活动也很多，活动主体已经没有转型意愿和能力，若干年后会退出市场。对于那些可转型的非绿活动，应该通过建立转型金融框架，尤其是通过明确界定标准、披露要求和提供政策激励等措施，引导更多的社会资金支持其向低碳与零碳目标转型。

四、转型金融的市场实践

最近几年，国际市场上比较典型的转型金融产品叫可持续发展挂钩贷款（sustainability-linked loans，SLL）。SLL 的主要特征为：借款方承诺努力实现可持续目标（减碳目标），目标实现情况与融资成本挂钩；不对募集的资金做具体的用途规定；对借款方有严格的披露要求，主要依靠贷后评估披露，让金融机构与市场了解借款方是否具有实现承诺目标的能力，以确保产品的透明度。

另一种典型的转型金融产品叫可持续发展挂钩债券（sustainability-linked bond，SLB）。SLB 的主要特征与 SLL 类似，包括：借款方承诺实现可持续目标，融资成本挂钩绩效实现情况；募集到的资金不规定具体用途；要求每年对关键绩效指标（KPI）绩效进行第三方认证。SLB 比 SLL 影响力更大。截至 2021 年，全球 SLB 累计发行规模达到 1 350 亿美元，占所有可持续债券市场的 4.8%，参与的主体包括非金融企业、金融机构和政府支持主体等。

除 SLL 和 SLB 之外，国际市场上的转型金融产品还包括气候转型基金，目前数量还不多，即通过股权投资的方式来支持转型活动。

自 2021 年起，转型金融产品在国内兴起，包括 SLL、SLB、转型债券以及低碳转型（挂钩）债券。最新的案例包括中国建设银行发放 SLL 支持绿色建筑项目，中国邮政储蓄银行发放 SLL 支持电力企业减碳项目，国电电力发行 SLB 支持风电装机容量扩充项目等。中国银行和中国建设银行分别发布转型债券框架——《中国银行转型债券管理声明》（2021 年 1 月）和《中国建设银行转型债券管理声明》（2021 年 4 月），明确界定可支持的领域和转型活动。此外，银行间市场交易商协会最近也发布《关于开展转型债券相关创新试点的通知》。而转型债券与可持续发展挂钩债券的不同之处为，转型债券对募集资金的具体用途做出了要求。

转型金融虽然在国内外市场发展很快，各方参与的积极性也很高，但也面临几方面问题。

（1）从全球范围来看，缺乏权威的对转型活动的界定标准（方法），容易导致"洗绿"（假转型），或者金融机构由于担心"洗绿"而不愿参与。

（2）缺乏对转型活动披露的明确要求，或者提出信息披露框架的各主体要求各异。

（3）现有的转型金融工具比较单一，债权类工具和股权、保险类工具较少。

（4）政策激励机制缺位。

（5）"公正"转型的理念没有得到市场实践的足够重视。

五、转型金融框架前瞻

目前,G20 可持续金融工作组正在起草 G20 转型金融框架,这一框架包括转型金融的五大核心要素:界定标准、信息披露、政策激励、融资工具和公正转型。

(一)界定标准

界定标准是确定转型活动边界的方法,包括原则法和目录法两大类。

原则法对转型活动只进行原则性表述,要求这些转型活动主体用科学的方法确定符合《巴黎协定》要求的转型计划,并且获得第三方的认证。换句话说,原则法并不告诉你哪些活动属于受认可的转型活动,需要主体支付较高费用请第三方专业机构给予认证。原则法现在被国际资本市场协会(ICMA)、日本金融厅和马来西亚央行使用。

目录法是以目录(清单)方式列明符合条件的转型活动(包括对技术路径和转型效果的要求),类似中国的绿色金融目录。目录法已被欧盟使用,欧盟可持续金融目录中明确包括"转型活动"。如果把这些活动单独列出来,就可以成为"转型目录"。目前,至少五个国家的金融监管部门正在编制转型目录。中国银行、中国建设银行和 DBS 等国内外金融机构已经编制转型目录,明确一批主要高碳行业中的几个转型活动,然后为它们融资。转型目录一般以清单形式列明符合条件的转型活动,其中包括对技术路径和转型效果的要求。

转型活动的界定标准主要应该达到以下几个目标:

(1)降低对转型活动的识别成本和"假转型"风险。

(2)至少覆盖企业和项目两个层面的转型活动。

(3)根据技术、政策变化进行动态调整。

(4)要求转型主体(企业)有明确的转型方案,包括短期与长期实现净零目标的行动计划。

(5)转型目标必须基于科学方法编制,并与《巴黎协定》目标相一致。

(6)转型活动遵循"无重大损害原则",比如不能增加环境污染或破坏生物多样性等。

（7）明确在哪些条件下应该获得第三方认证。

（二）信息披露

对转型活动的信息披露要求包括：转型主体（企业）的转型目标、计划和时间表；以科学为依据的中长期转型路径；企业的范围一、范围二温室气体排放数据，以及与转型活动相关的范围三排放数据；企业落实转型计划的治理模式和具体措施，比如碳排放监测、报告体系和内部激励机制；转型活动的进展情况和减排效果；转型资金的使用情况；各种保障措施，比如 DNSH 的落实情况。

（三）政策激励

政策激励手段包括财政手段、碳交易机制、政府参与出资的转型基金、金融政策激励和行业政策杠杆。具体而言，财政手段包括补贴、税收优惠、政府采购等措施；金融政策激励包括货币政策工具、贴息和金融机构考核评价；行业政策杠杆包括为新能源项目提供土地等。

我国为支持绿色金融发展已经实施了很多金融政策激励措施，如央行有支持碳减排的政策工具，地方政府为绿色贷款提供担保、贴息，以及中央和地方层面的政府背景的基金等。未来这些工具中的大部分都要用到支持转型活动上。

此外，还有行业政策杠杆激励机制，比如很多企业要用绿电才能够减碳，政府就要给它们提供新能源的指标。如果它们要自建新能源设施，还要给它们提供土地。所有这些激励机制构成了整个政策激励的框架。

（四）融资工具

目前已经有很多债务型融资工具，以后还要大力推动股权类融资工具，包括转型基金、PE/VC 基金、并购基金等，以及保险和其他风险缓释工具、证券化等。对各类转型融资工具的使用，都应该要求融资企业明确转型的短、中、长期转型目标与计划，披露转型活动的内容与效果，并设置与转型效果相关的 KPI 作为激励。

（五）公正转型

备受关注的问题是，某些转型活动可能会导致失业、能源短缺和通胀等对经济社会的负面影响。要防止转型活动产生过多的负面影响，就应当做一些配套安排。具体包括：要求企业在规划转型活动时评估对就业产生的影响；如果转型活动可能导致严重失业，且社保体系无法提供充分保障，应要求转型企业制定应对措施（包括再就业、再培训计划），帮助失业员工找到新工作；披露转型对就业的影响和应对措施；考虑与金融融资条款挂钩的 KPI。

六、国内转型金融的进展

国内在构建转型金融框架方面主要有以下进展：

(1) 中国人民银行正在研究转型金融的界定标准和相关政策。

(2) 发改委等多部委已出台一系列与转型路径相关的指导性文件，可作为转型金融目录的编制依据。

(3) 绿金委设立了转型金融工作组，组织业界力量开展转型金融标准、披露和产品方面的研究，以支持监管部门的工作。

(4) 一些金融机构包括银行正在开展转型金融体系建设，争取对高碳行业的企业做到"有保有压"，在风险可控的前提下，精准支持转型活动，而不是像过去那样用"一刀切"来压降对"两高一剩"行业的贷款。

(5) 在地方层面，浙江省湖州市出台了我国第一份地方性的转型金融目录，启动第一批转型项目，为转型项目提供激励政策。其他一些地区也在编制转型金融目录，推进示范项目。

以下是转型金融的典型案例，涉及转型主体的转型路径和预期效果。

案例一：某市石化行业减排。通过能效提升，能源结构调整，外国能源低碳化，碳捕集、利用与封存（CCUS）等技术路径，其石化行业碳排放情景的预测结果为成品油 2025 年实现碳达峰，氯气替代、乙烯等基础化石原料需求在 2035—2040 年间实现碳达峰，石化产业 2060 年前实现碳中和。

案例二：某煤电转型企业融资。目前，这家企业煤电大概占 90%，计划到 2050 年可再生能源与安装 CCUS 的煤电发电占比达 99%，在

2055年前实现碳中和。这家企业的转型技术路径包括现有煤电设施的改造、CCUS技术的使用、扩大光伏和风力发电、发展储能等。这家企业的融资方案列出了2022—2030年的累计融资需求，其中涉及40%的股权融资、20%的商业银行转型贷款等。

案例三：宝武钢铁公司转型。通过一系列技术路径，宝武力争在2050年实现碳中和，同时已经发起设立宝武绿色碳基金，其中相当部分的资金是投资到宝武产业链上的减碳活动中。

七、地方政府如何推动转型金融

通过对地方的调研，我建议地方政府在推动转型金融方面可以聚焦如下工作。

（一）选取重点行业建立地方转型金融项目标准（目录）

在国家层面的转型金融目录还没有发布之前，如果地方政府想要提早将转型落地，那么可以先建立自己的转型金融目录。

（二）将转型项目纳入绿色项目库，与金融平台对接

完善绿色项目库管理制度，将转型项目纳入绿色项目库，支持转型企业对接金融资源。通过绿金平台，对接银行、保险、基金等机构的融资服务以及政府激励措施。

（三）启动转型示范项目，建立转型基金

在重点高碳行业选择一批转型示范项目，以展示在本行业如何更加有效地实现低成本转型。建立低碳转型引导基金，为部分转型企业补充资本金。

（四）为转型项目提供激励机制

运用绿色金融现有的激励机制构建重点支持转型项目的创新型激励机制，包括担保、贴息、新能源指标、土地使用甚至实行差异化电价等措施。

绿色股票的发展前景及中国机遇

孙明春[*]

自 2009 年全球首笔绿色债券发行以来，全球绿色金融市场一直以固定收益类产品为主导。2020 年，全球首只绿色股票在瑞典亮相，成为绿色金融领域的又一创新产品。2021 年，纳斯达克在北欧交易所推出了"绿股贴标"计划，至今已有 8 家上市公司获得了纳斯达克的绿股标签。2021 年 11 月，菲律宾的一家聚焦可再生能源的不动产投资信托公司（REIT）也获得了绿股认证，并于 2022 年 2 月在菲律宾交易所上市，成为亚洲首笔绿股 IPO。

作为一种新型可持续金融产品，绿色股权为全球投资者提供了新的资产类别。相对于 ESG 投资涵盖主题广、评级难度大、价值判断多等特点，绿色股票聚焦于节能减排与低碳转型主题，评估方法客观透明，可满足那些专注于气候变化风险与机遇的股权投资者的特殊需求。在全球碳中和大趋势下，绿色股票有望成为与绿色债券并驾齐驱的核心绿色金融资产之一。

中国在绿色金融领域已居国际领先地位。在"双碳"背景下，中国未来 30 年的低碳转型投资需求将达上百万亿元人民币。毋庸置疑，这其中既有风险较低、适合利用绿色贷款和绿色债券等债权融资的项目，也有风险较高、更适合利用股权融资的项目。引进并推广绿色股票的评估标准和融资形式，既能给致力于低碳转型的中国企业提供一种成本更低、期限更长、灵活性更高的融资工具，也能给专注于环境与气候风险治理的 ESG 投资者提供一种回报更高、可信度更高的绿色金融资产。

---

[*] 作者系中国金融四十人论坛（CF40）成员、香港中国金融协会副主席。

一、绿色股票的发展历程

绿色股票的概念最早由瑞典银行（Swedbank）和挪威的研究机构——国际气候与环境研究中心（Center for International Climate and Environment Research，CICERO）合作开发。2020 年 5 月，瑞典房地产公司 K2A 发布了一套绿色股权框架，由瑞典银行担任其结构顾问，CICERO 提供第三方独立评估，成为全球第一家获绿股评估的公司（见图 4-4）。此后，瑞典银行又为几家公司提供了此项顾问服务，帮助他们设计绿色股权框架，并向市场推广绿股概念。

2020年5月
K2A成为首家获得绿股评估的公司。CICERO为评估机构，瑞典银行担任其结构顾问

2021年6月
纽希菲（NX Filtration）在阿姆斯特丹泛欧交易所上市，成为全球首笔绿股IPO

2022年第一季度
共四家公司获得纳斯达克绿股贴标

2021年6月
纳斯达克在北欧市场推出"绿股贴标"计划

2022年2月
丽贝卡公司（Rebelle）在纳斯达克第一北方增长市场（Nasdaq First North Growth Market），成为纳斯达克首笔贴标绿股IPO

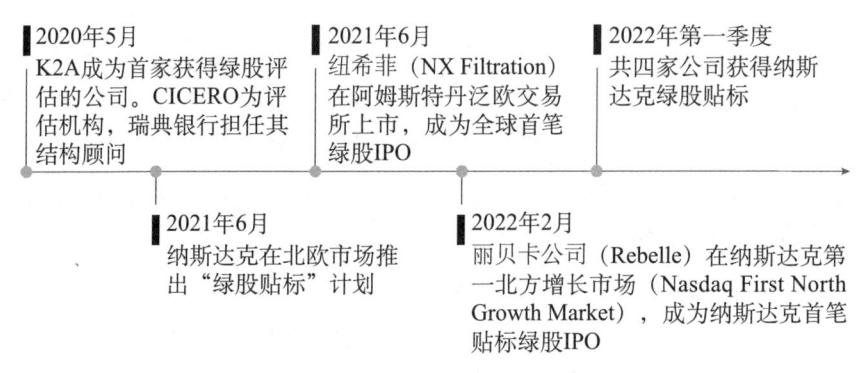

图 4-4　绿色股票发展历程

资料来源：CICERO，海通国际。

2021 年 6 月，纳斯达克在欧洲推出"绿股"标签。同月，获 CICERO"评绿"的过滤技术供应商纽希菲在阿姆斯特丹泛欧交易所上市。2022 年 2 月，德国电商企业丽贝卡公司在纳斯达克北欧交易所上市，成为纳斯达克首笔绿股 IPO。共有四家公司在 2022 年第一季度获得了纳斯达克绿股贴标。

2021 年 11 月，菲律宾的一家聚焦可再生能源的不动产投资信托公司——花旗能源产业信托公司（Citicore Energy REIT Corp.）获得了 CICERO 的绿股认证，并于 2022 年 2 月在菲律宾交易所上市，成为亚洲首笔绿股 IPO。

二、纳斯达克的"绿股贴标"计划

2021年6月8日,纳斯达克面向北欧市场的发行人推出"绿色股票标签"(Green Equity Designation)计划(即"绿股贴标"计划),目的是提高上市公司在绿色发展方面的能见度和透明度,便于ESG投资者识别绿色标的。纳斯达克表示,如果"绿股贴标"在北欧市场获得成功,那么随后其在美国市场也会复制推广。经过一年的发展,已有8家上市公司获得了纳斯达克的"绿股"标签。

"绿股贴标"是自愿性计划。纳斯达克北欧主板市场(Nordic Main Market)和纳斯达克北方第一增长市场(Nasdaq First North Growth Market)的上市公司和潜在上市发行人均可申请(见图4-5)。

联络评估服务商	启动评估	提交数据	提交评估结果	公司确认	服务商确认	交易所审批
公司聘请纳斯达克认可的评估服务商进行评估	评估服务商开始评估	公司在纳斯达克ESG门户中输入环境数据	由发行人或评估服务商上传评估报告和相关的证明文件	公司确认评估完成并申请绿色标签	评估服务商确认公司符合绿色股权原则并提交相关表格	纳斯达克批准申请

图 4-5 "绿色股票标签"的申请流程

资料来源:纳斯达克,海通国际.

纳斯达克的"绿色标签"分为绿色股票标签(green equity designation)和绿色股票转型标签(green equity transition designation)两种,前者旨在标识出收入和投资中超过50%来源于绿色活动的公司;后者旨在识别致力于绿色转型,并将其50%的投资投向绿色领域的公司。纳斯达克指定CICERO和穆迪ESG解决方案事业部(Moody's ESG Solutions,以下简称"穆迪ESG")作为"绿股贴标"的评估服务商。公司需要获得评估机构出具的独立意见且满足交易所的界定标准(见表4-1),方可获得绿色股票贴标。

表 4-1　纳斯达克对绿色股票的标准和要求

项目	绿色股票标签	绿色股票转型标签
收入	公司 50% 或以上的营业收入来自绿色活动，化石燃料获利不超过 5%	对营业收入来自绿色活动的比例无门槛限制，但来自化石燃料活动的营业收入必须低于 50%
投资	公司 50% 以上的投资必须投向绿色领域	公司 50% 以上的投资必须投向绿色领域
环境数据	公司必须提供其在环境方面的目标和绩效指标信息	
与《欧盟可持续金融分类方案》的一致性	公司必须声明其与《欧盟可持续金融分类方案》（EU Taxonomy）中所界定的可持续活动一致，包括符合最低保障（minimum safeguards）和无重大损害原则（do no significant harm）	
评审期	公司获初次认证后，每年需进行有限度的年度评估和数据更新。在有重大变化的情况下，需进行一次全面评估。否则，每三年进行一次全面评估	

资料来源：纳斯达克，海通国际．

目前，纳斯达克是第一家也是唯一一家在欧洲推出绿股标签的交易所。其他欧洲交易所虽然没有推出绿股标签，但也欢迎和认同带有绿股标签的 IPO。2021 年，过滤技术供应商纽希菲经 CICERO 评估，其 100% 的收入和投资均为绿色。这家公司随后以"绿色 IPO"的名义在阿姆斯特丹泛欧交易所上市。阿姆斯特丹泛欧交易所对这笔绿色 IPO 也做了积极宣传。

三、CICERO 的绿色股权评估方法

纳斯达克指定 CICERO 和穆迪 ESG 两家机构作为绿股标签的独立第三方评估机构。其中，CICERO 是挪威的一家专业气候和环境研究机构，也是全球领先的绿色债券第二意见（second party opinion，SPO）[①]提供商。作为绿色认证领域的全球领先机构之一，CICERO 在 2008 年参与了全球首笔标准化绿色债券的发行。按气候债券倡议组织的统计，2008—2019 年间，由 CICERO 评估的绿色债券的市场份额按累计发行金额计为 37%，按交易笔数计占 77%。CICERO 累计评估了超过 3 100 亿美元的绿色债券，在绿色评估/认证领域具有专业性和权威性。2018

---

① 发行绿色债券需经过第三方专业机构的审核，具体方式包括第二意见、认证和评级等。第二意见是指由发行人聘请第三方机构对绿色债券的评估出具专业的意见书，评估其绿色属性。

年起，为满足全球绿色债券市场的发展需求，CICERO成立了子公司西塞罗绿影公司（CICERO Shades of Green），专注于提供绿色和可持续金融领域的第二意见服务。

CICERO是首家对公司股权进行绿色评估的第三方服务机构。截至2022年4月，其已完成16家公司的绿色评估，涉及地产、交通运输、能源、制造业、可选消费等行业，且有丰富的实践经验和完整的公司评估方法。其评估方法不仅能识别一家公司业务活动的绿色属性和绿色程度，还会明确界定一家公司的收入和投资中的绿色比例。

在对一家公司进行绿色评估时，CICERO主要评估"收入和投资"以及"可持续发展治理"两大部分（见图4-6）。

收入和投资	可持续发展治理
收入 • 评估产生收入来源的公司活动的绿色程度和绿色收入占总收入的比例 投资 • 评估投资的绿色程度和绿色投资占总投资的比例，以了解公司未来的收入流和绿色转型战略	环境治理 • 环境治理架构、政策及目标 • 环境信息披露等 EU Taxonomy • 按照《欧盟可持续金融分类方案》评估公司业务的可持续性

图4-6　CICERO绿色公司评估的框架

资料来源：CICERO，海通国际．

在收入和投资方面，评估内容主要包括：（1）公司总收入中来自绿色活动的部分（及其绿色程度），认定为绿色收入。（2）公司投资中投向绿色活动的部分（及其绿色程度），认定为绿色投资，以了解公司未来的收入构成和绿色转型战略。

在可持续发展治理方面，评估内容主要包括：（1）公司的环境治理。比如，公司是否制定了减碳或零碳目标，是否进行气候风险压力测试，是否按照气候相关财务信息披露工作组（TCFD）框架进行气候信息披露等。（2）按照《欧盟可持续金融分类方案》评估公司业务的可持续性。

在最终的第二意见报告中,CICERO 会列明公司绿色收入和绿色投资的比例,并对可持续发展的治理做出评估,分为一般、良好和卓越三个等级。评估数据来自公司自主披露的信息、公司提交的材料及其他公开信息。

在上述评估框架中,最核心的部分是对公司收入和投资的绿色评估。参考绿色债券的评估方法,CICERO 设计了一套针对公司的"绿色等级"(Shades of Green)的评估方法。按照与低碳转型、气候韧性长远愿景的一致性,CICERO 将公司的业务活动分为"深绿""中绿""浅绿""黄""红"五个等级(见图 4-7),并按此量化一家公司总收入中绿色收入的占比以及总投资中绿色投资的占比。以瑞典房地产公司 K2A 为例,其 2020 年度的绿色收入占比为 75%,绿色投资占比为 74%(详见案例 1)。

项目或业务活动的绿色等级	示例
深绿:符合低碳转型、气候韧性的长远愿景	太阳能等清洁能源项目
中绿:符合低碳、气候韧性的长远愿景,但尚有欠缺	高等级的绿色建筑
浅绿:符合减排的方向,这类活动可以降低碳排放,但长远来看仍属于过渡性	显著提高化石燃料密集型材料的效率
黄:无助低碳转型,可能会产生碳排放并面临气候风险。此类别还包括信息太少而无法评估的活动	高效的化石燃料基础设施
红:与低碳和气候韧性的长远愿景背道而驰,是排放量最大的资产,最有可能导致搁浅资产的风险	新建煤炭项目

图 4-7　绿色等级

资料来源:CICERO,海通国际.

案例 1:CICERO 对房地产企业 K2A 收入和投资的绿色评估

K2A 是一家瑞典的房地产公司,2019 年 6 月在纳斯达克斯德哥尔摩上市,主营业务为自建租赁式公寓,并对它们进行长期经营租赁管理。这些建筑大多是符合一定环保标准的木制绿色建筑。CICERO 在

2021年对 K2A 收入和投资的绿色评估结论如图 4-8 所示。

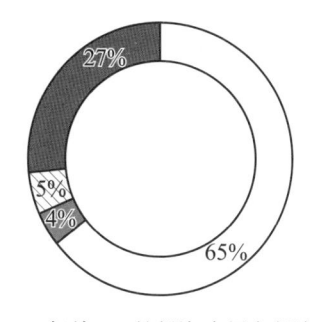

2020年约75%的收入为绿色收入　　2020年约74%的投资为绿色投资

□ 深绿　■ 中绿　□ 浅绿　■ 黄　■ 红

- 深绿：获"北欧天鹅"生态标签的木制建筑或能源效率级别最高（比如，EPC能效评级为A）的木制建筑等
- 中绿：能源效率级别较高（比如，EPC能效评级为C）的木制建筑等
- 浅绿：未能达到一定能效门槛的木制建筑（研究显示，木制建筑的一次能源消耗和温室气体排放更低）
- 黄色：未能达到以上标准的其他建筑以及由于数据缺失无法进行评估的建筑

图 4-8　2021 年 CICERO 对 K2A 公司收入和投资的绿色评估

资料来源：CICERO，海通国际．

案例 2：CICERO 对电商平台丽贝卡收入和投资的绿色评估

丽贝卡是一家德国的电商公司，2022 年 2 月在纳斯达克上市，主营业务为二手奢侈品交易，属循环经济领域。丽贝卡的市场和服务延长了纺织品和其他消费品的使用寿命，有助于减轻浪费、排放和新产品生产造成的环境污染。CICERO 对丽贝卡收入和投资的绿色评估结论如图 4-9 所示。

四、金融机构在绿股上市与评估中的角色

在绿股推广过程中，金融机构可借助自身作为信息中介与融资中介的角色，为绿色企业提供信息与融资服务，帮助企业进行低碳转型。凭借自身的信息优势、客户网络以及对公司"评绿"的知识和经验，金融机构可为具备条件且有意向获取绿股认证的公司提供相关的咨询服务、担任融资顾问或协助客户获取绿色公司评估。金融机构可因此向客户收取一定的咨询费用，也可将其作为免费的配套服务。对投行/券商来说，

2020年近100%的收入为绿色收入　　　2020年近100%的投资为绿色投资

□深绿 ■中绿 ■浅绿 ■黄 □红　　　　□深绿 ■中绿 ■浅绿 ■黄 □红

图 4-9　CICERO 对丽贝卡收入和投资的绿色评估

说明：丽贝卡虽有多项正向的环境效应，但公司没有对收到的二手物品进行维修或处理，且物流运输会产生碳排放，因此被认定为"中绿"，未达到"深绿"级别。

资料来源：CICERO，海通国际。

可以从绿股 IPO 和股票增发融资这两方面直接推动绿色股权业务。

以瑞典银行为例，这家总部位于斯德哥尔摩的大型综合性银行推动了全球首笔绿色股权评估（即 K2A 项目），还协助几家公司获得了 CICERO 评绿，并参与了纳斯达克"绿股贴标"计划的设计和推出。瑞典银行已将绿股顾问服务融入其 IPO、股票增发等服务中，并将其作为公司可持续金融领域的主要服务之一（其他服务还包括绿色贷款及绿色债券、可持续债券、ESG 债券的发行承销等）。

在公司评绿过程中，瑞典银行的角色是被评估公司的"融资顾问"（structuring advisor），帮助客户设计一套绿色股权框架（green equity framework），作为申请绿股评估的支持文件。这份文件的主要内容包括公司业务简介、公司业务的可持续发展属性、与《欧盟可持续金融分类方案》的一致性等。截至 2021 年 6 月，瑞典银行担任了 K2A、Platzer 和 WastBygg 三家公司的评绿融资顾问。根据 CICERO 为这三家公司出具的评估报告，它们均提交了"绿色股权框架"或"绿色融资框架"作为支持文件。

不过，以上文件并非绿股评估的必需文件。例如，2022 年第一季度在纳斯达克北欧市场上市的绿股丽贝卡在评绿时并未提交绿色股权框架，CICERO 主要依据其年报和披露的可持续信息给予绿色评价。另外，公司可直接联络评估服务商来申请评绿，并非一定要由金融机构作为中介。因此，在评绿的过程中，金融机构的角色是辅助性的，而非必要性的。

除瑞典银行外，荷兰银行（ABN AMRO Bank N. V.）、德国贝伦贝格银行（Berenberg Bank）等金融机构也在2021年6月协助纽希菲在阿姆斯特丹泛欧交易所上市，成为全球首笔绿股IPO。

金融机构开展绿色股权业务，一方面可提升自身在绿色和可持续金融领域的市场地位，吸引更多绿色产业的IPO、再融资等中介与咨询业务；另一方面也可推动自身在绿色金融和ESG领域的实践，提升自身的绿色资质。

五、绿色股票的发展前景

绿色股票面市两年来，虽然取得了一系列进展，但仍是一个小众概念。大多数投资者可能尚未听说过这个名词，更不了解其概念和意义。对投资者来说，现有的ESG投资框架和生态体系已相当完备，涵盖绿色股票的投资范围，似乎不需要再增加这个新的资产类别。

我们认为，相对于ESG投资框架涵盖主题广、评级难度大以及价值判断多等特点，绿色股票聚焦于节能减排与低碳转型，评估方法客观透明，可满足那些专注于气候风险和机遇的股权投资者的特殊需求，也填补了金融市场对权益类资产绿色属性界定标准的空白，其发展空间值得期待。

首先，ESG投资涉及环境（E）、社会责任（S）与公司治理（G）三个领域，每个领域又涉及很多分项主题。对于那些更关注气候风险和碳中和投资机遇的投资者来说，ESG投资框架涉及的主题过多，超出了他们的需求范围。即便是在环境分项，ESG评级考察的是企业在气候变化、自然资源、污染和废弃物处理等方面的综合表现，并不能识别其业务活动是否具备绿色属性（例如，一家互联网企业和一家新能源企业均有机会获得较高的环境评分），对投资者筛选绿色资产的参考价值也有限。相比之下，绿色股票聚焦于企业对低碳转型的贡献，能够更精准地满足此类投资者的需求，应该具有自身的细分市场和发展空间。

其次，在 ESG 投资框架下，许多分项主题很难量化，部分还带有较强的价值判断（比如社会责任主题），甚至有可能存在争议，给 ESG 评级带来很大困难。虽然全球各大评级机构都投入大量人力进行 ESG 数据的搜集、整理与统计处理，尽可能完善自身的 ESG 评级模型，但各家机构的评级结果仍然存在很大差异，令投资者无所适从。这很可能是 ESG 投资在全球推广仍显缓慢的主要原因之一。相比之下，CICERO 的绿色股票评估聚焦于企业收入和投资中的绿色比例以及公司在可持续发展方面的治理架构这两大部分。评估结果简单透明，易于理解，也易于验证，减少了价值判断等主观因素的影响，有利于形成市场统一的评级标准。统一的评级标准对于绿色股票市场的扩张意义重大，这有可能帮助它异军突起，甚至后来居上。

最后，在 ESG 概念的基金与 ETF 中，有相当高的比例是专注于可再生能源、低碳环保或提升能源与资源使用效率的，基金经理通常依据绿色产业分类目录来筛选绿色标的，选股标准较为粗放，未必能准确反映所选标的的环境效益和气候风险水平；有些基金甚至徒有虚名，存在严重的"漂绿"嫌疑。相比之下，绿股评估能清晰界定一家公司业务活动的绿色属性、绿色程度（深中浅绿等级以及绿色收入和投资占比）、环境治理水平，有助于投资者了解企业在低碳转型中的发展机遇和绿色价值，有助于基金经理选股，也会降低 ESG 基金与 ETF 中的"漂绿"风险。

我们认为，在全球各国共同推动碳中和的大趋势下，与气候风险及低碳转型相关的投资机遇很可能成为未来 10 年 ESG 投资的主要焦点。作为聚焦清晰、操作简易的投资工具，绿色股票有望成为与绿色债券并驾齐驱的核心绿色金融资产之一。

六、绿色股票在中国的发展机遇

2022 年 2 月，亚洲首只获 CICERO 认证的绿色股票在菲律宾上市，推开了绿色股票进入亚洲市场的大门。作为全球最大的温室气体排放国，中国实现 2030 年碳达峰和 2060 年碳中和的"双碳"目标任务艰巨，需要在节能减排和低碳转型领域进行超大规模的投资。在此背景下，绿色股票在中国的发展前景值得期待。

近年来，中国政府和央行高度重视全球气候变化风险，积极推动绿色债券、绿色贷款、碳中和债券、转型金融、ESG 投资等投融资方式，帮助企业实现低碳转型，以尽早实现"双碳"目标。过去几年，中国的绿色金融市场规模持续扩大，目前已稳居全球领先地位。据气候债券倡议组织统计，截至 2021 年底，全球绿色债券累计发行规模达 1.6 万亿美元，其中中国绿色债券累计发行规模达 1 990 亿美元，位居世界第二。2021 年，中国绿色债券发行量达 681 亿美元，是 2020 年发行规模（238 亿美元）的 2.9 倍，可见增速之快。另据中国人民银行统计，截至 2021 年底，中国本外币绿色贷款余额达 15.9 万亿元人民币，同比增长 33%，存量规模居全球第一。

目前，中国的绿色金融以绿色债券和绿色贷款为主。虽然在 2016 年由中国人民银行等七部委联合发布的《关于构建绿色金融体系的指导意见》中，"绿色股票"一词被多次提及，但并未有明确的定义和标准，业界也没有把"绿色股票"作为一种独立的投融资产品。众所周知，在"双碳"背景下，中国未来 30 年的低碳转型投资需求将达上百万亿元人民币，其中既有风险较低、适合利用绿色贷款和绿色债券等债权类融资工具的项目，也有风险较高、更适合利用股权融资的项目。引进并推广绿色股票的评估标准和融资形式，既能给致力于低碳转型的中国企业提供一种成本更低、期限更长、灵活性更强的融资工具，也能给专注于环境与气候风险治理的 ESG 投资者提供一种回报更高、可信度更高的绿色金融资产。

具体而言，可从以下四方面着手，推动绿色股票在中国的落地和推广。

（1）上交所、深交所和北交所三大交易所可借鉴纳斯达克北欧交易所的经验，引入 CICERO 或穆迪 ESG 的绿股评估标准与认证程序，推出"绿色股票贴标"计划。这不但可以提升绿色企业的能见度、透明度和信用度，改善投资者对企业"绿色价值"的认知，也有助于为境内外的 ESG 投资者提供标准清晰的绿色投资标的，增强海外投资者对中国绿色金融资产的信心和热情。

（2）如果绿色股票得以在中国股市推广，那么各交易所或第三方研究机构可建立相应的绿色股票指数，基金公司可据此设立相关基金或交易型开放式指数基金（ETF）。按彭博可再生能源行业（renewable energy）分类，截至2022年4月底，中国沪深两市共有84家可再生能源公司，总市值约2万亿元。按CICERO的绿色等级分类，可再生能源行业属"深绿"，这些公司中大部分应有望获得较高的绿股评级。这意味着绿股评估、认证、指数编制以及相关基金与ETF的发行和交易等业务在中国市场具有巨大的发展潜力。

（3）除了引入CICERO或穆迪ESG的绿股评估标准与认证程序之外，中国本土的第三方专业机构也可考虑开展绿色股权的评估认证服务。近年来，与绿色金融和ESG投资相关的认证或评估服务在中国迅速发展并日趋成熟。可提供绿色债券评估认证服务的第三方机构包括可持续金融咨询机构、会计师事务所、环境咨询机构和评级机构等。这些机构在绿色认证领域已具备良好的专业基础和经验，可以研究探索既符合本土情况又兼顾国际标准的绿色股权评估方法和标准，并开展相关服务。这有利于活跃和完善绿股评估认证服务的市场生态。

（4）中国金融机构（尤其是投行/券商）可先行先试，探索将绿色股权融入IPO、股票增发等相关业务。券商可帮助已上市或未上市的企业获得CICERO或穆迪ESG的绿色公司评估认证。如果客户的绿色收入和绿色投资达到较高比例，那么可为其做绿色股票贴标向市场推广，以提升客户的绿色品牌，并为其吸引更广泛的ESG投资者；如果这个客户尚未上市，则可考虑将其作为绿色股票进行IPO。

第五章

ESG 投资的探索

ESG 投资的理论意义与现实挑战

孙明春[*]

自 2004 年 ESG 的概念诞生以来，ESG 投资与实践取得了长足进展，关于 ESG 的理论探索与实证研究也不断深入。在金融界、企业界、学术界及监管机构之外，ESG 及可持续发展理念在全球各国或经济体（尤其是发达经济体）的民众中也获得了广泛的普及和认同。可以说，ESG 投资与实践已成为一场全球新兴的社会思潮和社会运动。毋庸讳言，由于各方对 ESG 理念的认知存在差异，价值取向有所不同，商业利益也不一致，ESG 的投资、实践、监管与研究还面临很多挑战，对 ESG 的批评与反思也逐渐增多。本文对此提出一些粗浅的思考，以抛砖引玉，希冀吸引更多有识之士共同完善 ESG 的投资、实践与理论。

一、ESG 投资的经济学意义

ESG 投资的兴起有深刻的社会政治原因。20 世纪 70 年代以来，以英美为引领，全球兴起了新一轮全球化、市场化与自由化的浪潮。中国也在 1978 年开启了市场化导向的改革开放进程，社会生产力迅速提升，人民生活大幅改善。与此同时，以信息技术为主导，人类社会迎来了信息化、数字化、智能化的新一轮技术革命与后工业化浪潮。在这些因素的共同作用下，过去的半个世纪，人类社会创造的物质财富很可能超过了之前数千年的总和，这给全世界人民带来了巨大的福利改善。

然而，在这一进程中，市场失灵也导致了各类风险和矛盾不断积

---

[*] 作者系中国金融四十人论坛（CF40）成员、香港中国金融协会副主席。

累。例如，为追求利润最大化，企业在法律允许的范围内无视生产与商业活动的外部性，对生态环境造成破坏（比如过度砍伐森林、占用耕地、排放温室气体或污染物等）；企业在生产经营中不断采用自动化、智能化技术，导致就业岗位减少、收入差距与贫富差距扩大；企业激励员工过度工作、过度竞争，损害了员工的身心健康；企业开发、营销令人上瘾的产品或服务，或通过低价营销策略诱导消费者过度消费（甚至浪费）；企业过度获取、使用甚至交易客户隐私信息，或利用大数据影响、控制客户的信息获取、价值取向、政治判断等；一些高科技企业开发、应用一些在伦理、安全等方面尚存争议的技术和产品等。

以上行为有的在法律允许范围内，有的尚无明确的法规来约束或监管，有的则因为对其所造成的伤害很难识别与鉴定，令监管者望而却步。在市场经济主导下，政府监管部门陷入了两难境地。一方面，如果放任自流，那么相关风险、伤害和矛盾将日积月累，未来有可能变得不可逆转或无法调和，甚至酿成自然或人文灾难；另一方面，如果政府强行介入，通过行政干预管制企业行为，那么有可能扭曲市场运行机制，扼杀企业创新的能力和积极性。

在这一背景下，ESG投资诞生了。一批负有社会责任感的投资者决定使用自己手中的资本，试图通过"用脚投票"的市场机制引导被投资企业采取自律行为。那些对环境不友好、不关心员工福利、不履行社会责任或公司治理混乱的企业，即便其财务表现优异，ESG投资者也避而远之；而那些主动保护环境、主动承担社会责任、主动改善公司治理的企业，即便因此承担额外成本或损失，ESG投资者也愿意成为它们的股东或者债权人，用手中的资本来支持这些企业。

从经济学意义上讲，ESG投资者实际上是在鼓励企业把自身的商业行为对环境、社会造成的外部性"内部化"，鼓励企业主动重新划定企业与市场的边界，在新的企业边界之内追求利润最大化。作为股东，ESG投资者竟然主动要求企业管理层不要把股东利益作为唯一考虑，而要兼顾客户、员工、社区乃至自然环境等利益相关者的利益。

在这一过程中，政府及相关监管机构并不是ESG投资的发起者和监督者，它们也没有权力强制或禁止私营机构参与 ESG 投资，而只是协助建设和维护 ESG 投资生态体系中的相关基础设施，比如对企业提出 ESG 信息披露要求、制定与 ESG 相关的标准与规则等。虽然政府有可能强制企业在某些领域（比如环保、员工安全与福利、消费者权益保护等）达到最低监管标准，但这些要求只是与 ESG 投资的理念与内涵相重合而已。与政府法规相比，ESG 投资对企业行为有更高的要求和标准，更多地依赖企业与投资者的自律与自愿行为，从而减少了政府的"有形之手"对市场运作进行直接干预。

ESG 投资可以看成市场自发的、对过去半个世纪全球经济发展中日益积累的市场失效现象的一种自我纠错机制。ESG 投资试图在政府干预最小化的前提下，通过资本对企业行为的影响力，激励企业承担更多的社会责任，以应对日益严峻的气候变化、环境污染、贫富差距等挑战，减少技术快速变革可能带来的安全隐患、伦理冲突及社会矛盾，在不影响效率的前提下，促进社会公平和可持续发展。

二、ESG 投资的局限与挑战

尽管 ESG 投资具有深刻的社会与经济学意义，但在实践中，它也面临诸多局限与挑战。除了涉及数据度量、采集、统计等技术难题外，ESG 投资主体的多元化和投资目标的多样性也带来了诸多矛盾。不同类型的投资者参与 ESG 投资的动机不同，他们在投资目标、决策机制及风险偏好等方面也存在明显差异。这些差异有可能在 ESG 投资者内部造成分歧，甚至产生利益冲突。

根据投资动机，可把 ESG 投资者分为三种类型：社会责任投资者、可持续投资者和趋势投资者。社会责任投资者甘愿牺牲一部分财务回报，希望通过手中掌握的资本影响企业的行为，推动社会公平与正义，减少贫富分化，降低企业行为的外部性给环境、社区、客户及员工造成的负面影响；可持续投资者则把 ESG 投资作为长期风险管理的工具，将 ESG 的各个分项指标（或其中部分指标）作为风险因子纳入投资分析与决策过程中，从中发掘和识别潜在的投资风险与机遇，希望在中长期取得稳健、可持续的财务回报；趋势投资者是纯粹的财务投资者，他们参与ESG投资并非为了承担社会责任或管理中长期风险，而是期望从中获得超额回报。

社会责任投资具有很强的主观性和价值取向。虽然其价值取向绝大部分属于普世价值，但也不排除有些价值观念可能存在争议。因此，社会责任投资者的某些决策有可能受意识形态、政治观点、文化理念及阶层/团体利益的影响，不同背景的社会责任投资者之间有可能出现观点分歧或对立。在极端情况下，社会责任投资甚至有可能沦为意识形态斗争的工具。

对可持续投资者来说，不同投资主体对ESG风险的分类、偏好、认定和评估有可能存在差异，对ESG风险管理的需求也不一定相同。再加上ESG风险分项指标本身就存在度量与统计方面的技术难度，各个分项风险指标如何加权形成最终的ESG综合风险评分也存在很大的自由度，这使得ESG评级很难按统一的标准进行。在实践中，各种ESG评级标准和评级体系有可能对同一投资标形成不同的评估结果，令投资者难以判别企业ESG风险的真实水平。在此背景下，ESG评级与企业财务的中长期表现以及与ESG投资组合的中长期回报之间的关系就很难确定，令投资者无所适从。

对趋势投资者来说，鉴于ESG投资有望吸引更多资金流入，以及推高ESG资产价格，他们当然会提前布局，竞相加入ESG投资热潮。这会提前推高ESG资产价格，甚至令其严重偏离财务基本面，透支未来数年的成长空间。需要提醒的是，ESG投资不是慈善行为，即便是社会责任投资者也需兼顾财务回报。高昂的资产价格和资产估值会加大社会责任投资者和可持续投资者的财务风险，令这些主流的ESG投资者望而却步。在极端情况下，趋势投资者的过度投资甚至有可能催生资产价格泡沫（比如"绿色泡沫"），一旦"泡沫"破裂，将会伤及所有投资者，并对整个ESG投资生态的健康发展形成威胁。

三、ESG评级的目标方程

ESG评级是ESG投资的基础。从理论上讲，ESG评级的多样性和差异性可满足各类投资者的不同需求。但在现实操作中，ESG评级体系繁多，评级结果各异。由于各机构并未明确其 ESG 评级的目标方程，ESG 评级的实际用途并不清晰，对 ESG 投资的指导意义也就大打折扣。

鉴于 ESG 包含环境（E）、社会责任（S）与公司治理（G）三个领域，每个领域又涉及数个主题、数十乃至上百个分项指标。若将这些指标综合成一个单一的 ESG 评级指标，需要先确定评级的目标，然后才能根据这一目标将分项指标进行加权，形成最终的 ESG 评级。

以信用评级为参照，不管评级机构使用多少财务指标或非财务指标来构建其评级体系，最终目标都是衡量受评对象的违约风险。信用评级不但目标清晰，而且可以测度，并可通过受评对象的实际违约情况来验证评级的质量（即预测的准确性）。类似地，券商对股票的评级（比如买入/卖出/持有、超配/低配/中性等）是为了预测股价在未来某个时段（比如 12～18 个月）的绝对表现或相对表现，并可通过未来这个时段的股价实际表现来验证评级的准确度。对基金的评级（三星、四星或五星）也是遵循类似的逻辑。

相比之下，ESG 评级的目标并不清晰。虽然有些评级机构声称 ESG 评级可以衡量企业在 E、S、G 三个领域的"整体表现"，但"整体表现"的具体含义很模糊，评判很主观，评级的质量也很难验证。这就导致各家机构的评级结果不具备可比性，也缺乏实用性。不少机构宣称，投资 ESG 评级好的企业，既可实现更大的社会影响力，也可降低财务风险，取得更好的股价表现，一举多得。这听起来很美好，却恰恰反映了 ESG 评级目标的模糊性。

为解决这一问题，我们需要思考 ESG 评级的目标方程及其相对应的投资者需求，进而设计多种不同用途的 ESG 评级标准和体系，满足不同投资者的差异化需求。

对社会责任投资者来说，我们需要承认其价值观的多元化和主观性，承认我们无法设计出一个单一的、符合所有社会责任投资者价值理念和投资需求的 ESG 综合评级指标。我们只能退而求其次，针对不同投资者对不同社会责任议题的关注度，设计出多个聚焦于单项主题的 ESG 评级指标。例如，欧洲评级机构 CICERO 推出的绿色股票评级，聚焦于公司收入与投资中的"绿色"比例，目标清晰，方法客观透明，与把 E、S、G 分项指标囊括在一起的综合评级"黑箱"相比，也许更符合那些专注于气候风险的投资者的需求。

对于那些把 ESG 视为风险因素且关注企业长期财务稳健性的可持续投资者来说，ESG 评级的目的是衡量 ESG 风险因子给企业中长期财务表现带来的潜在负面影响。这有点类似于信用评级，需要关注企业因 ESG 表现欠佳而产生的额外财务损失或违约风险。评级公司可将此类 ESG 评级的目标设为衡量 ESG 风险对企业中长期盈利的影响或对企业信用违约风险的"额外"影响（类似惠誉的 ESG 相关性评分）。

对于那些希望通过 ESG 投资获得超额回报的趋势投资者来说，ESG 评级最好是直接预测股票取得超额回报的概率。针对这类需求，与其做一个目标并不清晰的 ESG 评级，然后再去验证 ESG 评级与超额回报的关系，不如直接将标的企业的各个 ESG 分项指标作为普通因子，纳入传统的多因子模型（multifactor model），然后根据回归结果，将模型中的 ESG 因子的系数合成一种综合的 ESG 评级，用以衡量这家企业的 ESG 实践给股价带来的潜在影响。

不过，在后两种评级方法中，有可能出现 ESG 评级结果与企业社会责任背道而驰的现象。为防止背离 ESG 投资的初衷，在后两种评级方法中，应考虑为某些关键分项指标（比如温室气体排放量等）设置"最低标准"；对不能满足"最低标准"的企业，在指标上给予"惩罚性评分"，甚至直接将其排除在评分体系之外。

四、ESG 参与策略与转型金融

ESG 投资有多种模式，以满足不同投资者的需求，但有些投资模式在 E、S、G 的三大主题中顾此失彼，背离了 ESG 投资的初衷。这需要我们不断探索和创新 ESG 投资模式和工具，更好地推动经济与社会的可持续发展。

例如，随着碳中和进程的推进，火电企业可能面临生产成本上升、财务状况恶化甚至破产倒闭的风险，那些持有这类企业股票、债券或贷款的投资者和金融机构在中长期内面临着资产减值、坏账上升等潜在损失，也就是可持续投资者所关注的环境相关的风险。面对此类风险，大多数 ESG 投资者采取"用脚投票"的办法，也就是卖出此类资产，以远离此类风险。这种做法给企业施加了压力，督促它们尽早从高排放、高污染的生产技术与商业模式转型为更为低碳环保的技术模式，否则将面临被投资者抛弃或失去融资渠道的境地。也就是说，ESG 投资者通过"用脚投票"的方式迫使相关行业和企业加速低碳转型，达到"影响力投资"的效果。

然而，如果投资者或金融机构都采取"用脚投票"的方式，那么这些问题企业很可能无法获得足够的资本或者足够低廉的资金来为自己的低碳转型进行融资，其结果只会加剧这些企业的财务困境或加速它们破产倒闭。果真如此，它们将被迫停产、停工、裁员等，从而带来大量失业和社会问题。这种做法显然与 ESG 投资中的社会责任（S）相冲突。

还需指出的是，如果这些企业陷入财务困境甚至破产倒闭，那些及早"用脚投票"的投资者和金融机构虽然避免了自身资产减值或出现坏账的风险，却将此类风险转移给了买家，他们仍然无法避免最终的损失。这种转手"烫手山芋"的做法不但不能降低整个金融体系或全社会的损失，反而有可能加速风险的积累与爆发，带来更大层面的社会挑战。

因此，对负责任的 ESG 投资者和践行可持续金融理念的金融机构而言，"用脚投票"不是管理 ESG 风险的最佳选择。他们应该考虑采用"ESG 参与策略"（ESG Engagement），通过加强与被投企业的沟通和协作，为被投企业的转型提供融资与技术支持，帮助被投企业尽快转型，从根本上消除相关的 ESG 风险。这种策略才是践行 ESG 投资理念更全面、更准确的做法。

与 ESG 参与策略相吻合，经合组织（OECD）在 2019 年提出"转型金融"（transition finance）的概念，具体来说，就是在经济主体向可持续发展目标转型的进程中，为他们提供融资以帮助其转型的金融活动。这是一个非常宽泛的概念。与绿色金融（green finance）相比，转型金融的涵盖范围更广，除了与气候及环境相关的融资活动，也包括与经济、社会、人文、健康等多维的可持续发展目标相关的融资活动。转型金融不仅支持那些在转型中受益的主体，也为那些在转型中处于困境的主体提供融资，帮助它们走出困境，共同实现可持续发展。

把握好 ESG 发展的三重主线

屠光绍[*]

ESG 投资是全球经济社会发展转型的内在需要和具体体现，现在的发展方兴未艾，近年来受到越来越多的重视，投资规模快速扩大，投资产品和工具更加丰富，参与机构不断增加，已经成为全球金融投资的重要趋势。

对于金融投资理念、投资方法和投资评价等为一体的 ESG 投资来说，全球还在不断完善和成熟。我国 ESG 投资起步相对全球来说并不是最早的。不过，最近几年，无论是在政府层面还是在市场主体层面，在推动 ESG 投资上正在形成更多的合力，ESG 投资在中国已经呈现快速发展的态势。无论是在数量方面还是在规模方面，ESG 投资在中国都有了相当的进展。此外，产品的种类也进一步丰富，投资主体更加多元，基础设施包括信息披露、评价体系、数据支撑和中介服务也有了一定的起步。在制度规范方面，监管部门包括自律机构，在自律规范方面也在进一步完善。

一、不平衡是中国 ESG 投资发展的最大特点

ESG 投资在发展方式上，有四个方面值得关注。

(1) 实体经济与金融投资的互动。ESG 投资仍然是投资行为，这种投资行为离不开实体经济的 ESG 实践。企业实体经济的 ESG 实践与金融投资形成互动，有利于 ESG 的发展。(2) 理论研究与实践的互动。

---

[*] 作者系中国金融四十人论坛（CF40）常务理事、上海新金融研究院（SFI）理事长。

ESG 投资实践引领着理论研究的深入，而 ESG 投资实践的扩大需要理论及方法的支撑。(3) 政府与市场的互动。ESG 投资是市场主体的行为，但市场健全完善需要基础设施和政策的支持。(4) 国内与国际的互动。ESG 投资是全球发展的趋势，也是中国自身发展的需要。中国是一个大国，秉持人类命运共同体的理念和责任。中国 ESG 投资的发展是全球 ESG 投资发展的重要部分，也是促进全球 ESG 投资发展不可或缺的力量。近年中国 ESG 的发展就是与国际 ESG 发展合作互动的体现。

在发展特点上，我认为中国 ESG 发展最大的特点是不平衡。

(一) ESG 投资实践与基础支撑的不平衡

这几年 ESG 投资发展的速度在加快，但是 ESG 投资必须有一套基础设施来支撑，比如信息披露、评价体系等需健全，这影响到将来更多的 ESG 投资实践活动。

(二) 数量和质量的不平衡

目前，虽然 ESG 投资的数量达到了一定的规模，但 ESG 发展的质量应该说还不是那么令人乐观。有一些投资管理机构建立了一些 ESG 基金，推出了一些 ESG 产品，但它们并不是完整意义上的 ESG 产品，还有的只涉及 ESG 的某一个内容，就把它当成 ESG，而 ESG 实际的含量不足。这反映出 ESG 投资的相关标准还不健全，更有的只是名义上的 ESG 基金，其实有"漂"之嫌，因此 ESG 投资中还有一些水分。

(三) ESG 投资与其所需要的服务体系不平衡

ESG 投资发展需要相关的服务体系支持，才能形成 ESG 发展相关的产业链、价值链，比如数据处理、评价服务等，这方面不仅需要发展服务机构，更需要提升服务水平和能力。

(四) 投资机构 ESG 投资推进与投资能力之间的不平衡

ESG 投资是新的投资方法，需要将财务信息和非财务信息纳入投资收益和风险评估框架中，这就需要在投资战略、投资策略、投资方式等方面与时俱进，这样才能获得 ESG 投资的效果，也才能推进 ESG 投资的可持续发展。从实际发展情况看，ESG 投资能力建设还任重道远。

二、ESG 投资在实现"双碳"目标过程中发挥主体作用

目前,我国的 ESG 投资重点主要体现在促进绿色发展包括"双碳"战略方面。在促进"双碳"目标实现的过程中,ESG 投资会发挥重要的主体作用。这种主体作用体现在五个方面。

(一) ESG 投资是绿色低碳转型资金和资本的供给主体

经过各方面测算,要实现"双碳"目标,即"30·60"碳达峰碳中和目标,所需要投入的资金和资本是巨量的。不仅是资金和资本需求量大,也需要更多长期资金。而 ESG 投资恰恰就是从可持续、长期的方面发挥资金和资本的供给主体作用。

(二) ESG 投资是绿色低碳发展过程中企业经营活动的参与主体

ESG 投资的主要标的是企业 ESG 的生产经营活动,主要还是投到企业。在实现"双碳"目标的推进过程中,ESG 投资必然要围绕"双碳"目标的实现,以投资的方式来参与企业的发展。特别是股权型投资,ESG 投资不光是参与,还会以股东身份直接融入企业绿色低碳经营的治理,促进绿色转型中优质的优势企业更快发展。

(三) ESG 投资是绿色低碳产业发展的促进主体

绿色低碳产业发展主要涉及三大领域,即能源供给、能源需求和碳利用。这三大领域又包括很多不同行业,ESG 投资可以覆盖这些领域和行业,通过投资功能促进这些行业的绿色低碳转型,从而对整个经济结构、产业结构产生巨大的绿色转型促进作用。

(四) ESG 投资是绿色低碳资产壮大的推动主体

ESG 投资通过加大绿色低碳的资产配置,会更多地选择这一类别的资产进行投资。随着 ESG 投资规模的扩大,ESG 投资必然会带动整个资产结构的绿色转型。绿色低碳化将会是整个资产结构变化中的一个非常明显的趋势。因为 ESG 投资机构本身就是做资产管理投资的,所以这类资产的壮大必然会带动我们从传统的资产结构向新型的绿色资产结构转变。在这一过程中,绿色低碳资产又会和数据资产、科技资产形成很多融合。

（五）ESG 投资是绿色金融市场的运行主体

绿色低碳资产规模的扩大，一定离不开绿色金融市场的发展。碳市场由碳排放权交易市场和碳信用市场构成。在整个碳金融市场、绿色金融市场的发展过程中，ESG 作为投资管理机构，一定是这个市场中非常重要的运行主体。反过来，绿色低碳金融市场的不断发展，又会为 ESG 投资提供广阔的空间，形成良性的互动。

三、把握好 ESG 发展的三重主线

（一）ESG 驱动是可持续发展的重要力量

当下，可持续发展是全球共同的追求。从发展到可持续发展，这不是简单的表述变动，而是具有非常深刻的内涵，它是发展目标、发展战略和发展方式等方面深刻转型的一种表达。它也是一项系统工程，需要付出艰巨和长期的努力。

其中的关键是要聚集可持续发展的各种资源，然后形成推动可持续发展的合力。我们知道 ESG 主要是市场主体在环境、社会、治理方面的行为，这其中包含企业的 ESG 经营实践和金融投资机构的 ESG 投资，应该说 ESG 的发展成为推动可持续发展的一股非常重要的力量。

ESG 主要是通过企业在生态环境、社会责任以及公司治理等方面形成的对企业的一整套评价体系。根据这样一种评价体系，我们能够分析、判断以及评估企业在 ESG 方面的发展情况，为企业利用好金融资源，促进企业的 ESG 发展。可以说，ESG 的发展更多是从微观市场主体、微观基础方面来塑造一种可持续发展的基础力量。

具体来讲，这种基础力量体现在两方面。一方面，践行 ESG 的企业，也就是实体经济的各个行业的企业在生态环境保护、社会责任以及公司治理方面的实践是经济社会可持续发展的核心内容，而市场微观主体的 ESG 驱动也会促进整个社会的可持续发展，在企业的价值、产业的转型升级、经济结构的优化、经济社会生态协调发展等方面都会起到非常重要的作用。

另一方面，如果金融投资机构更多地聚焦于 ESG 发展的需要，把

更多金融、投资的资源用到支持实体经济企业的 ESG 实践之中,那么就会使金融资源的配置与企业的 ESG 实践形成良好的互动,从而会在 ESG 发展、可持续发展方面聚集更多的资金,形成更多的资本,从而推动 ESG 资产、ESG 市场的壮大,以此为可持续发展提供非常坚实的基础。

谈到可持续发展,现在中国进入了一个高质量发展阶段,也叫"新发展阶段",我们要追求更高质量的发展和更可持续的发展。在全球可持续发展中,全球有共同的目标和任务,但因发展阶段、发展环境及社会经济体制等方面的差异,各国发展的具体内容也不相同。

在生态保护方面,中国的主要任务是通过"双碳"目标的推进,来更好地对生态环境起到优化作用。与此同时,在社会责任方面,比如乡村振兴、共同富裕、普惠金融等都是中国可持续发展、高质量发展的一些具体体现,也是中国在新发展阶段推进可持续发展的一些重要领域。

因此,支持和促进 ESG 的企业实践和金融的发展,就是支持和推动可持续发展。

(二) ESG 发展是制度型开放的重点领域

可持续发展需要有全球共识,这就需要更多的开放合作。通过全球各个国家、地区更多的开放促进更多的合作,就能够在推动全球的可持续发展方面聚集更多的力量。开放、合作应该说也是全球可持续发展的一种共同的需要。而可持续发展在制度建设方面的合作又是合作的基础。可持续发展作为近一二十年来,特别是近年来新的全球课题,迫切需要制度环境。

中国改革开放 40 多年来走过了一个从商品开放到市场开放的历程,现在已经进入要素开放特别是制度型开放的新阶段。这样的一种开放新阶段,也正好和全球的可持续发展所需要的制度建设高度契合。

在制度型开放这样一个过程中,当前在可持续发展方面的制度型开放应该说是中国制度型开放的一个重点领域。中国要参与可持续发展,参与全球的合作,特别是要通过制度型开放更多地参与可持续发展的制度建设,就是要与国际发展制度的建设和完善进行更多互动,就是要不断地推动全球形成可持续发展的环境，尤其是制度环境。

当前，国际社会包括中国在内的诸多国家，已经围绕可持续发展的制度建设，特别是包括 ESG 的发展在内的各种制度建设，比如规则、标准、管理等展开了行动。中国是一个发展中的大国，也是全球可持续发展的重要推动者。中国通过制度型开放去参与推动全球可持续发展的制度和实践，不仅对中国自身的可持续发展有重要意义，也会对全球的可持续发展做出贡献。

具体到 ESG，为什么它是制度型开放的一个重点领域呢？因为 ESG 发展作为可持续发展是企业市场主体层面的一种推进力量，近年来发展势头越来越猛，已经发展成为一种国际的趋势。这就亟须在制度建设方面形成国际合作的相关安排和具体进程的推动。

在 ESG 的发展过程当中，我们需要通过制度型开放，与国际 ESG 制度建设方面更多地形成互动，比如在 ESG 指标信息的分类方面和信息披露的标准与规则方面，这里既包括实体企业的信息和披露，也包括金融机构在 ESG 金融方面的信息披露。这就需要搭建一套既在国际上通行，又能够体现中国自身发展特点的基础设施，以及一些标准和指标的建设。

例如，数据作为一种在 ESG 发展过程中必不可少的基础性资源，它的收集、加工和生产都需要有一套国际流动和国际分享的规则体系；在 ESG 发展过程当中，需要一套比较科学有效的评价体系，这个评价体系的建设当然也离不开国际合作。中国应该在这个评价体系方面发挥好作用；在 ESG 发展过程当中，需要对微观主体的 ESG 实践和 ESG 金融有效地监督和管理，这也需要通过制度型开放形成更多的国际合作。

作为可持续发展全球合作的一项重要内容，ESG 在发展过程当中也是需要通过中国的制度型开放作为导向，更多地参与全球的 ESG 各项规则、标准、指标体系方面的建设，同时更好地形成与国际社会在这些方面的互动，从而更好地推动 ESG 国际制度体系的建设。

而在这个过程当中，我们需要发挥各个方面的作用，通过 ESG 这个领域制度型的开放，促进各个政府间包括监管部门之间的交流与合作,也包括企业间、金融机构间和中介机构间发挥合作的渠道作用。中国要积极地参与国际交流合作和一些关于可持续发展的新型国际组织的建设与完善。通过制度型开放的引领,中国 ESG 才能与全球 ESG 发展形成更好的合作与互动,从而更好地促进全球可持续发展。

(三) ESG 投资是金融投资体系的重大转型

从大背景看,投资资源是非常重要的要素,也是非常重要的促进企业和产业可持续发展且不可或缺的资源。可持续发展必然要求投资也要适应这个可持续发展的需要,当然也对我们的投资体系提出了新的要求。

因此,ESG 投资就是这种金融投资体系转型的一个具体体现。这种转型可以从六个方面来概括。

1. 投资理念的转型

在做金融投资的时候,我们需要 ESG 理念,要从过去比较多地关注商业价值、财务价值,转向更多地关注社会价值。

2. 投资理论的转型

围绕商业价值、盈利能力等财务内容,我们已经有了比较成熟的投资理论,但包括 ESG 投资在内的投资正在兴起,将商业价值和社会价值、经济活动的内部性和外部性、财务信息和非财务信息综合并融汇起来的 ESG 投资必然会促进投资理论的转型和深化。比如可持续发展理论、经济活动的外部性理论、企业社会责任理论、公司治理理论等与具体的投资理论结合起来,在促进 ESG 实践的同时,会丰富和发展可持续投资理论,而这些理论的新发展也对投资实践的转型产生重要的推动作用。

3. 投资战略的转型

我们做 ESG 投资或金融投资,自然会关注投资战略。在制定投资战略的过程中,如果我们要做可持续发展的投资,那么就要通过 ESG 的投资促进可持续发展。和过去关注传统的财务要素相比,我们还要关注 ESG 的非财务信息和非财务状态,这会对投资战略产生非常重要的影响。在资产组合方面,特别是当投资战略涉及未来的投资金融机构本身时，在整个 ESG 的投资过程当中，要注重投资对象的 ESG 经营；同时，我们自身的投资行为、投资组合也要反映我们自身的 ESG 践行情况。这些方面都会对投资战略产生重要的影响，促使投资战略必须转型。

4. 投资策略和投资方式的转型

这既需要我们关注实体经济主体 ESG 经营的总体进程，也需要我们分析不同行业、不同企业在 ESG 经营活动中的具体状况和特征，确定具体的投资策略和方式。围绕环境生态气候变化、社会责任和公司治理三方面，现在的投资策略和方式也在不断丰富，当然，不同的投资主体也会根据自身定位，选择并形成适合自己的策略和方式。

5. 投资管理的转型

投资不仅是把钱投出去，还要管理，要不断地运用好社会的资源和资金，并更好地去进行投资活动。而投资管理的过程中也要做好信息披露，也就是作为一家金融投资机构，比如在环境保护方面，不仅要关注投资机构自身的能耗、减排问题，还要关注投出去的资金和投资企业、产业在"双碳"方面做得怎么样。

6. 投资生态的转型

因为在 ESG 投资过程当中，投资理念、投资理论、投资战略、投资策略和方式以及投资管理都发生了一系列的变化，所以会形成一种新的投资生态。这种生态在很大程度上是需要由市场各个主体来共同构成的。

比如在做 ESG 投资的过程当中，我们就需要有 ESG 的信息披露，包括披露中的一些市场基础设施。我们也需要社会的评价体系和市场的评价体系更加完善，这就需要各种中介组织和中介服务。这样的一些中介服务也都会在 ESG 投资的过程当中，更好地形成投资的生态，这也是践行 ESG 投资过程中必不可少的生态环境。这其中当然还包括监管政策和机制。

ESG 的发展过程不是简单的"我做 ESG 投资"，在 ESG 投资发展的背后是金融投资体系的重大转型。做 ESG 投资，既要看到这种重大转型的需要，也要看到这种转型对投资机构提出的新要求。

中国 ESG 投资的痛点与对策

张健华[*]

一、全球 ESG 投资的发展情况

当前，关注环境、社会和公司治理绩效（ESG）的企业评价标准已成为全球投资领域，特别是进行标准化产品投资时的重要参考依据。根据全球可持续投资联盟（GSIA）的统计数据，2020 年初，世界五个主要市场（欧洲、美国、加拿大、澳大利亚与新西兰、日本）所统计的全球资产管理规模（AUM）达 98.4 万亿美元，ESG 投资占比为 35.9%，其中 ESG 投资管理规模增长达 35.3 万亿美元，在过去两年增长了 15%。

全球 ESG 投资策略主要分为七个方面：可持续发展主题投资、ESG 整合策略、正面筛选策略、影响力投资、股东参与、负面排除和规范筛选。前四个方面为正面鼓励性策略，是近年来使用比较多的投资策略。在 2016—2020 年，可持续发展主题投资和 ESG 整合策略的资产管理规模增长最快，除规范筛选和负面排除外，其他策略实施的资产规模也都获得了不同程度的增长。由于完全的负面排除策略存在不确定性，所以不能保证投资者有良好的回报。这种策略目前实施较少，之前部分评价体系就将煤炭行业从 ESG 投资中完全筛除，造成了近期煤炭价格飞涨，资产价格波动较大。

联合国负责任投资原则（PRI）的签署机构数目及其管理资产规模可以反映出全球 ESG 意识水平及未来发展趋势。截至 2020 年，已经有

---

[*] 作者系中国金融四十人论坛（CF40）成员、清华大学五道口金融学院金融发展与监管科技研究中心主任。

超过 3 000 家机构签署了 PRI，签署机构所管理的资产规模达 103.4 万亿美元。最早关注 ESG 投资的是资管行业，国内也是资管公司和基金公司引入 ESG 投资的理念比较早，银行介入这个领域相对晚一些。华夏银行是国内第一家加入 PRI 的股份制商业银行，之后华夏理财成立，正式成为 PRI 的签署机构。

目前，ESG 投资的标准尚未统一，国内 ESG 投资的整体标准尚未出台。已出台的标准集中在绿色金融领域，也就是 ESG 中的"E"（环境），虽然谈及 ESG 更多的是关于绿色金融，但仅仅是 E 的维度并不能完全替代 ESG 整体。而涉及统一的全球 ESG 投资标准，我认为全球标准的真正细化存在较大困难，需要宽泛一些。

二、国内 ESG 投资的现状和建议

国内资本市场对 ESG 的关注程度日益提升。截至 2021 年 6 月，共有 60 家中国本土机构加入 PRI，包括 14 家服务提供商、43 家资产管理者和 3 家资产所有者。

国内最早参与 ESG 投资的是基金公司。截至 2021 年 6 月，国内 ESG 投资基金共 393 只，基金总份额超过 3 620 亿份，平均每只基金的份额不到 10 亿份，并不是很多，资产总规模达 5 839 亿元，其中股票型基金占比较高。银行业参与 ESG 投资比较晚，但是近年来发展很快。截至 2021 年 6 月底，国内市场累计发行银行 ESG 理财产品 74 只，累计发行规模达 467 亿元。2019 年至 2021 年上半年，ESG 银行理财产品规模翻倍增长，增速近 160%。

目前，国内 ESG 投资虽然整体发展较快，但是也存在一些痛点。

（一）ESG 投资的相关基础数据仍然薄弱

目前缺乏客观、结构化、可量化、可考核的统计数据，数据的标准化程度也不高，ESG 信息停留在描述性和定义性的层面，这就需要强化 ESG 投资的基础信息披露。

（二）缺乏统一的 ESG 评级体系

现在，国内关于 ESG 的标准比较多，交易所、行业协会、学术机

构、监管机构、评级机构均有自身的标准，缺乏权威性和统一性。标准不统一，投资者和企业就不知道要遵循哪种标准。另外，简单套用国际标准用于我国 ESG 投资的评级也会"水土不服"。

可持续投资的理念，包括统一标准的设定，将对整个金融行业特别是银行业机构的资产配置起到引领作用。2022 年 8 月，中国人民银行发布了中国首批绿色金融标准，包括《金融机构环境信息披露指南》及《环境权益融资工具》，在内容方面算是原则性的标准，有鼓励性、非强制性和引导性的特点。

我认为，虽然这个指南做出了一些规范，但目前 ESG 评级依然缺乏有效的考核。仅对于 E（环境）维度的绿色金融产品，主要是绿色贷款有相对明确的考核。S（社会）维度的标准和考核相对较少，社会责任方面包含的内容、主题、利益相关方尚且缺乏明确的定义。G（公司治理）维度针对银行、保险机构和企业都已有公司治理标准，比如 OECD 全球标准、国内的企业治理标准（《公司法》规定及企业会计准则）等，但是真正的考核相对也比较难。目前，监管机构对于银行业在 ESG 投资中的绿色金融、绿色贷款、小微金融是有要求的，包括制造业贷款、高新技术产业贷款，也就是"两增"和"两控"贷款，但就 ESG 整体而言依然缺乏有效的考核机制。

（三）ESG 政策引导力不足

现在，国家有绿色信贷产品方面的政策，但是并没有 ESG 产品方面的政策。如果可持续投资的标准是强制性的，那么就需要出台相应的鼓励性政策。这些政策将会涉及标准和考核，包括对于 ESG 投资比较活跃的金融领域的监管政策、结构性的货币政策、MPA 考核、市场准入、审批备案、监管评级等，这是一个系统性问题。完善 ESG 政策的引领，需要学术机构、监管部门将 ESG 作为新的重点研究方向，并尽快出台相关的标准和政策性的支持文件。

此外，践行 ESG 投资战略还应关注以下问题：环境方面，关注"30·60"目标，要在追求财务回报的同时做好平衡；社会责任方面，关注共同富裕的中国特色社会主义本质要求，兼顾公平和效率；公司治理方面，要关注信息披露和财务造假的问题。

强化信息披露基础设施，健全金融机构信息披露制度

肖　钢[*]

2021年10月24日，中共中央、国务院印发《关于完整准确全面贯彻新发展理念做好碳达峰碳中和工作的意见》，对我国实现"双碳"目标做出了顶层设计和全面部署，明确指出健全企业、金融机构等碳排放报告和信息披露制度。

一、强化信息披露的基础设施建设

在发展ESG、应对气候变化的背景下，加强信息披露的基础设施建设是一个重大又现实的课题。

（一）统一的、高质量的信息披露标准的内涵

高质量、可持续的信息披露首先要明确高质量信息披露的内涵。不同的组织、国际机构有不同的表述，目前国际上形成共识的包括一致性、完整性和可靠性。我国2020年施行的《中华人民共和国证券法》（简称《证券法》）的亮点之一就是专门设置了一章关于信息披露的内容，这在原来的版本中是没有的。《证券法》准确道出了高质量的信息披露的基本含义，集中表现为10个字：真实、准确、完整、及时、公平。这10个字的概括和之前提到的国际上常用的表述，在总的原则和精神上也是一致的。

但是，当我们研究高质量信息披露标准的内涵时，到底使用哪一种表述呢？标准之所以为标准，就应该具有统一性。然而，我们有时使用一致性、可比性和完整性形容信息披露，有时又用一致性、可靠性形容，

---

[*] 作者系中国金融四十人论坛（CF40）资深研究员、中国证监会原主席。

还有的机构可能扩展得更多，这就违背了标准一词的应有之义。

我们研究信息披露标准时强调的是信息披露的高质量。那么，什么是高质量？对于这个词的具体含义，国内外机构也有不同的表述。我之所以强调这一点，是希望我们的研究进一步协调高质量的信息披露标准的内涵。

国际上经常讨论的信息披露标准是一致性、可比性、完整性和可靠性，这和我国《证券法》提出的准确、完整、真实意思相近。但国内对信息披露标准的概括和国际上常用的表述终究还是有区别的，例如，《证券法》提出了公平，这在国际上却不常见。

如果完全按照《证券法》的提法，那么应如何理解公平作为信息披露的一个标准？如果用国际上广泛使用的一致性、可比性和完整性等表述，是不是就忽视了我们国家的法律？因为我国刚颁布《证券法》，我国上市公司理应按照《证券法》的要求披露信息。

我的个人看法是，我国的上市公司必须按照《证券法》的要求披露信息，其他 ESG 信息披露标准可以参考国际的讨论。

我始终认为一致性、完整性、可靠性等和我国《证券法》的要求具有一致的内涵，这两者并非相互矛盾。但当它们作为未来我们要贯彻执行的标准时，就不能有随意性，在表达上也应保持一致。根据我的理解，我们可以研究这种模式：先面向所有机构制定一套基本的信息披露标准，再以此为基础，给不同的机构发挥的空间，进行自我完善。

（二）明确信息披露应以投资者的需求为导向

制定信息披露的标准需要进一步明晰这些标准究竟是以投资者的需求为导向，还是以监管者的需求为导向，抑或是以混合需求为导向。这是我们要回答的"为什么人"的问题。

尽管以投资者需求为导向和以监管者需求为导向在根本上是一致的，但两者之间仍然有很大差别。我个人认为，信息披露的标准应体现信息披露以投资者需求为导向的原则。尽管这两个导向不是相互矛盾的，充分的信息披露对监管者和其他利益相关者都有好处，但由于监管者是制定标准的人，这就容易导致标准的制定往往以监管的需求为导向。换而言之，就是监管者站在自己的角度制定标准。如何使监管者站在投资者的角度制定标准呢？这个问题很重要。

国内信息披露的管理办法对中国上市公司的要求就是以投资者的需求为导向。对于监管者而言，信息越详细可能越好，并不用在乎企业为此付出的成本，但是投资者对信息的要求往往是简明清晰、通俗易懂。中国的上市公司在信息披露方面做得比较好，它们都是信息可视化水平比较高的。特别是在中国这样一个由散户主导的市场里，繁文缛节的大量信息并不见得就是好信息，要让投资者理解信息，就要采用图文并茂的方式，要把复杂的信息翻译成"普通话"，这才是以投资者的需求为导向。

只有监管者真正地转变观念，在制定标准时为投资者、上市公司考虑，才能提高信息披露的质量和有效性。我认为，要让信息服务好投资者，应处理好以下三对关系。

（1）要处理好信息披露的统一性和投资者需求多样性的关系。标准肯定是统一的，但投资者的需求是多样的，这是对我们制定信息披露标准的挑战。在处理这对关系时，要特别注意投资者的多样性需求，即不同的投资者有不同的需求。

（2）要处理好信息披露的数量和质量的关系。信息披露的数量不是越多越好，我们还要平衡好信息披露质量和企业成本负担的关系。

（3）要处理好 ESG 信息披露与气候信息披露的关系。这一点在后面我会详细说明。

除此之外，我们还要探索非财务信息的标准化。国际机构现在正在探索这一问题，我们也应探索解决这一问题，增强非财务信息的通用性和可比性，加快数字化信息披露，提升机器的可读性。

从我国的实践情况来看，由于我国的投资者结构不平衡、散户过多，市场对高质量的信息披露并不敏感。例如，上海证券交易所和深圳证券交易所最近分别发布了它们对各个上市公司信息披露的评价结果。很有意思的是，从 2021 年 1 月 1 日到 8 月 15 日，这期间股票涨得最好的前十家公司里，只有一家公司被沪深交易所认为信息披露优良。在剩下的九家公司里，有六家信息披露合格，有三家不合格。这确实是一个值得我们深思并研究的现象，这既是一个理论问题，也是一个实践问题。其背后的原因有很多，其中之一可能就是上市公司的信息披露不符合投资者的需求，投资者可能不愿意看或者看不懂那么厚的资料。

因此，信息披露标准好不好要投资者说了才算，好的信息是受到投资者欢迎的信息，而不是监管者认为好的信息。这就像我们为人民服务，要坚持把人民答不答应作为衡量一切工作得失的标准。在信息披露方面，让投资者感到满意的信息披露标准才是好的标准。当然，这种标准也要随不同的历史发展阶段不断改进。

综上，我们可能会得出这样的结论：好的信息披露公司现在不一定受市场的欢迎，但不好的公司的信息披露肯定是不好的。

（三）协调好 ESG 信息披露和气候信息披露

ESG 信息披露内涵广泛，包括本身非常复杂的气候方面的信息披露。我的问题是，ESG 的"E"包括环境信息，也包括一些气候、减排和污染防治的标准，并且在 ESG 的体系下使用了很多气候方面的指标，研究得也那么细致，这既不可能也不现实，而公司作为信息披露的主体，要同时执行这两套标准成本负担会很重。

国际上现行的 ESG 标准也很复杂，另外，还要采用一套相当复杂的 TCFD（task force on climate-related financial disclosure，气候相关财务信息披露工作组）的气候信息披露标准。那么，未来公司应同时执行这两套标准，还是将气候信息披露的标准纳入 ESG 的体系中，以 ESG 标准为主、气候信息标准为辅，两者合为一套标准来使用呢？

从趋势上看，各国际组织都分成两套标准执行。它们保留了 ESG 标准，ESG 的覆盖面更广。而气候作为一个专题又特别重要，但难以被纳入 ESG 的体系，这是因为气候自身很复杂，要求得很详细。比如碳足迹，企业不仅要披露自身的碳排放量，还要披露间接的碳排放量以及全产业链的碳排放量，这就既要求实体企业披露，也要求金融机构披露相关的信息。因此，从中国到全球，都需要同时应用这两套标准。当然，这对企业造成的负担也比较重。

那么，我们应该如何协调这两套标准呢？现在设计的可持续信息披露框架也采用了三四项气候指标，很简单明了；详细的信息就要看单独的气候信息披露标准了。我猜测，我们最终可能同时使用两套标准，一套是ESG信息披露标准，其中"E"代表的环境部分可能反映更多的原则，设置较少的指标，以降低复杂度；另一套就是专门披露气候信息的TCFD标准。总之，不管是从国际还是从国内的视角出发，关于这两套标准的问题都值得我们进行研究。

二、健全金融机构信息披露制度

（一）我国金融机构信息披露的历史

我国早在20世纪90年代就要求上市公司披露公司治理信息。2001年我国加入世界贸易组织后，开始探索建立环境和社会责任信息披露制度。2015年以后，我国开始分步建立环保信息强制性披露机制。据有关统计，我国境内上市的所有银行都披露了ESG报告，整体披露水平在境内所有上市公司中处于较高水平，其他金融类上市公司信息披露质量也较高。一批金融机构已开始按照国际披露标准开展气候信息披露，并公布了投融资活动产生的碳排放。

2017年以来，由中国人民银行牵头，中国和英国组成的绿色金融工作组组织国内16家金融机构按照相关国际标准，开展气候与环境信息披露试点工作，并取得了显著成效。工作组逐步探索建立了适合中资金融机构业务特点的环境信息披露方式，对金融机构战略、信贷政策、风险管控、绿色产品、经营活动对环境的影响以及投融资活动产生的环境绩效数据进行了较为全面的披露，为进一步健全金融机构ESG信息披露制度奠定了良好的基础。

近20年来，我国ESG信息披露工作取得了重要进展，服务了众多利益相关者并取得显著成效，持续构建相关规则体系；特别是新修订的《证券法》还专门增设信息披露专章，在此基础上形成了一整套多层次信息披露机制，为上市公司包括上市金融机构高质量信息披露提供了基本的遵循原则。

不过，我们也应当看到我国ESG信息披露仍存在薄弱环节，例如，尚未建立统一、规范、具体的ESG信息披露标准，缺乏比较成熟的评价体系，可比性不强，披露的广度和深度不够。金融机构投融资活动产生的碳排放信息披露刚刚起步，金融机构对实体企业或项目信息披露的影响力还有待增强。

（二）三大举措完善我国金融机构 ESG 信息披露

金融企业不同于一般实体企业，具有配置社会资本、为经济发展提供投融资服务的重要职能，在引导和促进全社会践行可持续发展理念中发挥着重要作用。因此，进一步加快健全金融机构 ESG 信息披露制度就显得日益重要与紧迫。针对目前我国 ESG 信息披露存在的薄弱环节，为进一步完善我国金融机构 ESG 信息披露，我建议从制度上采取以下三方面措施来完善。

1. 建立健全金融机构 ESG 信息披露规则标准

我们要立足我国实际，进一步清晰明确 ESG 的具体项目及其指标含义，特别是针对社会和治理两个方面的具体内容，要实现中国化。在履行社会责任方面，重点关注员工、客户以及参与社会公益、推动共同富裕等方面的情况；在公司治理方面，重点关注执行现有规定的情况。我们要充分吸收借鉴国际标准，深入分析各种国际标准的背景与特点，为我所用，实现与国际相关规则的趋同、接轨与衔接，并积极参与国际标准的制定。

2. 分类施策，逐步建立强制信息披露制度

金融机构 ESG 信息披露要突出重点与特色，在环境方面要加强对投融资活动的环境效益和环境风险的披露。在披露主体上，上市金融机构比未上市的有更高的要求。金融机构对重点碳排放行业、企业和高耗能、高污染的行业、企业，运用金融手段加强沟通与督促，并要求企业弥补数据缺口，定期发布报告，对相关信息进行详细披露。

3. 构建金融机构 ESG 信息披露评价体系

我们要加强金融机构信息披露的及时性、可靠性和一致性评估，完善评估方法，提高评估质量。我们要引入第三方机构参与评估，通过外部审计部门加强监督，确保披露信息的真实性、准确性、完整性、及时性和公平性。我们要进一步加强金融机构信息披露的监管，规范披露程序，对违法违规行为予以严格处罚，并要将信息披露的评估结果与金融机构业务挂钩，实施激励约束机制，促进金融机构全面提升信息披露质量。

全球 ESG 投资生态系统的演化与扩张

孙明春[*]

自 2004 年联合国全球契约组织（UN Global Compact）首次提出 ESG 的概念以来，ESG 投资愈益得到资产管理机构的青睐，ESG 理念也逐渐从欧美投资界的小众圈子走向全球公众的视野。从最初由联合国和少数负有社会责任感的大型金融机构发起和推动，到今天全球上万家企业参与、数千名金融从业者专职担任 ESG 分析师、超过 35 万亿美元的资金被投资于 ESG 相关的资产，ESG 投资与实践已成为大势所趋。在 ESG 这一概念的演化过程中，与 ESG 相关的监管、实践、信息披露、评级、认证、咨询及投融资活动相互支持、相互推动，逐步形成一个完整的生态系统。我们认为，全球 ESG 生态系统已跨越其生存临界点，进入自我实现的加速扩张阶段。

一、ESG 生态系统的演化

当 ESG 及负责任投资（responsible investment）理念刚刚形成之时，其主要的推动者是联合国和少数负有社会责任感的大型金融机构，影响相当有限。

2007 年，联合国政府间气候变化专门委员会（The Intergovernmental Panel on Climate Change，IPCC）发布报告，用详细的数据证明了气候变暖与人类活动之间不可否认的关联，引起了国际社会更广泛群体对气候变暖的关注。一些欧洲的机构投资者（比如养老金基金）开始思考如何利用其手中掌握的资金影响企业行为，以延缓气候变暖、推动

---

[*] 作者系中国金融四十人论坛（CF40）成员、香港中国金融协会副主席。

可持续发展。这些投资者通过本地银行联系到世界银行,再联系到专门研究气候变化的智库机构,经多方共同探讨,最终在2009年催生了第一笔绿色债券(由世界银行发行)。

受此影响和激励,越来越多的欧美机构投资者——尤其是养老金基金、主权财富基金及家族办公室等资产拥有者(asset owner)——开始践行负责任投资与影响力投资(impact investing),希望利用手中的资本推动人类社会的可持续发展。它们在选择外部基金经理(asset manager)来管理其资本时,要求基金经理必须关注ESG要素,且践行负责任投资原则。例如,不允许基金经理投资于高污染、高排放以及那些使用童工和存在种族歧视或性别歧视的公司发行的股票或债券等。

起初,这些投资者是出于社会责任或对中长期风险的防控而提出类似的约束条件,并主动放弃了一些盈利虽好但不符合ESG理念的项目,牺牲了一部分回报。这种做法虽然高尚,但很难推广和普及。之后,越来越多的投资机构及企业开始涉足ESG投资和实践,但毋庸讳言,其中相当一部分只是选择了与自身商业目标相吻合的措施(比如节能增效、改善公司治理等)、摘取"好摘的葡萄"(比如减少浪费)或是满足监管部门的最低要求(比如改善信息披露),甚至纯粹是为了改善公共形象(比如慈善捐款、社区活动等)。

2015年12月,有史以来首个具有普遍性和法律约束力的全球气候变化协定《巴黎协定》在巴黎气候大会(COP21)上通过。同年,联合国还推出了17项可持续发展目标(sustainable development goals, SDG),推动全球各国重视绿色发展和可持续发展,其程度达到了前所未有的水平。中国在内的多国政府在2015年前后出台了进一步加强环保及促进可持续发展的规管措施,并开始使用税收减免、贴息、认证补贴等正向激励措施,鼓励企业和金融机构更积极地参与可持续金融与ESG实践。在2016年夏天举行的G20杭州峰会上,主办国中国首次把"绿色金融"议题引入议程,形成了《G20绿色金融综合报告》,推动全球经济向绿色低碳转型。

政府规管(尤其是有关ESG实践与信息披露的强制性或半强制性措施)和正向激励机制的增强,让更多企业和金融机构自愿或被迫采取措施,改善自身的ESG实践或参与ESG投资。这些实践和需求催生了一批专门致力于 ESG 研究、评级、认证、咨询、信息披露、数据整合等服务的第三方服务机构，形成了一个由政府机构、市场平台（比如交易所）、资产委托机构（比如主权财富基金、退休基金、家族办公室等）、资产受托机构（比如基金公司）、评级公司、认证机构、信息收集与数据整合机构、合规服务商、指数编制机构、金融中介（比如投资银行、商业银行）、上市公司与非上市企业等组成的完整的生态系统（见图 5-1）。在这一生态系统里，ESG 基金与 ETF、绿色债券、社会责任债券、可持续发展债券、绿色信贷、绿色保险、碳金融、碳交易等各类可持续金融产品应运而生，给生态系统的各方参与者提供了丰富多样的、具有吸引力的投资机遇和商业机会。

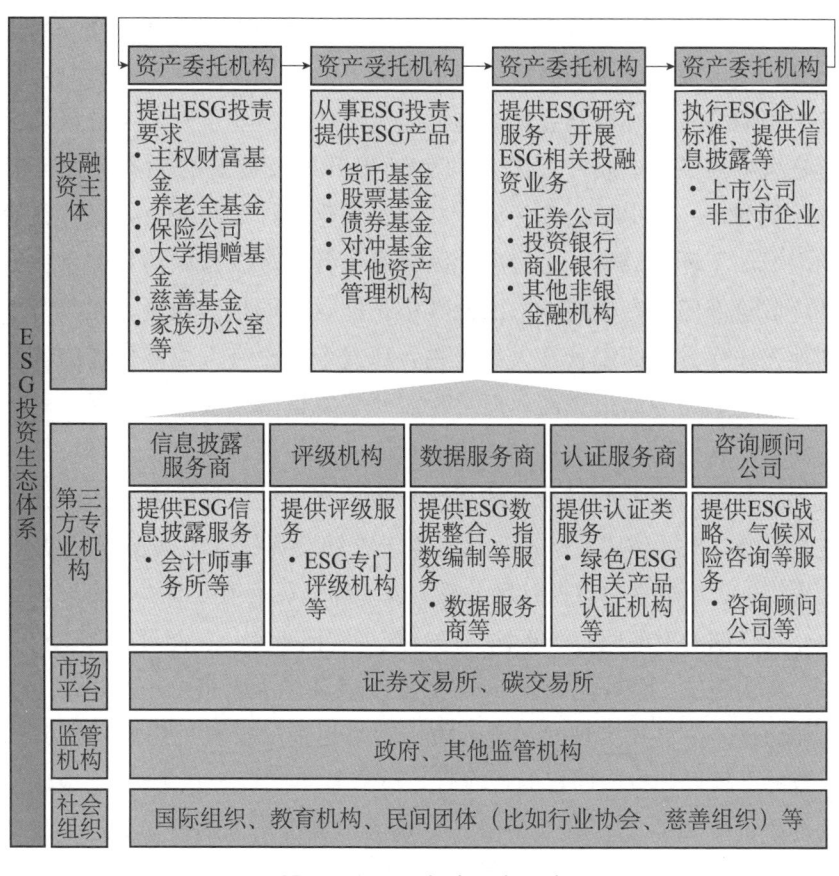

图 5-1　ESG 投资生态系统

随着第三方研究和咨询机构的介入，关于 ESG 投资的研究越来越细化和深入。一些实证研究表明，ESG 评级较好的股票组合（基金或 ETF）在中长期可以获得超额投资回报。这意味着，ESG 投资者不再需要牺牲财务回报，而是可以"鱼和熊掌兼得"。这些研究不但促进了资产委托者和受托者增配 ESG 资产，提升了金融中介开发推广 ESG 产品的愿望，也加强了企业改善 ESG 实践的动力。ESG 评级的改善不但有助于企业融资，而且会因投资者的青睐而提升其股价。如此一来，一种正向激励机制就在这个生态系统里形成，不断推动 ESG 投资、咨询与实践活动，循环往复，并自我增强。

从理论上讲，一家企业在环境（E）、社会责任（S）、公司治理（G）三个领域都表现良好，虽然其财务回报在短期内可能因环保成本上升、员工福利成本提高或公司治理约束的增加而受到负面影响，但从中长期来看，其盈利能力却有可能因潜伏的商业风险、声誉风险或监管风险的下降，员工工作积极性的提升以及良好的公共关系而改善。例如，一家提早治理污染、减少二氧化碳排放的企业，虽然在短期内增加了环保成本，但有可能因此避免各种难以预测的环保事件或环境监管部门的高额罚款，因此其中长期财务回报更稳健；尤其考虑到加强环保方面的规管是大势所趋，那些今天没有采取减排措施的企业虽然短期财务回报更高，但早晚需要采取措施来应对不断提升的减排要求。这些财务成本将在未来的利润表里体现，而且企业有可能因行动不及时而遭遇始料未及的恶性事故。有远见的投资者会提前考虑此类风险，对此类股票敬而远之。至于在社会责任（尤其在员工福利、人才培训、企业文化以及社区关系方面）和公司治理方面表现良好的企业，其长期的财务回报会更佳，已有众多实证研究，在此毋庸赘述。

在实践中，ESG 基金或 ETF 的业绩表现优于大市，一定程度上也可能源自一个自我实现的过程。由于越来越多的投资机构意识到 ESG 投资的必要性和投资回报的优越性，越来越多的资金从 ESG 评级较低的资产流向 ESG 评级较高的资产，这会形成价格上的差异，进一步增强 ESG 资产在投资回报上的优越性，从而吸引更多投资者加入 ESG 投资中，如此循环往复，不断自我加强和自我印证。

无论是改善 ESG 实践令企业基本面更加稳健而导致股价上涨，还是投资者调整资产配置令更多资金流向 ESG 评级较好的股票所导致的股价上涨，都会吸引更多参与者进入这个生态系统。在投资者的压力下，企业也会更加主动或被动地改善其 ESG 实践。假以时日，许多优良的 ESG 实践将不再是少数具有社会责任感的企业的高尚行为，而是所有企业的共识和惯常操作。可以想象，届时整个社会的 ESG 实践都会提升到一个新高度。在这种背景下，政府的监管标准也会相应提高，使 ESG 的监管、实践、信息披露、监督、咨询、评级、投资等行为进入一个相互加强的良性循环。

二、ESG 生态系统的加速扩张

近几年，随着全球 ESG 生态系统的不断完善，ESG 投资受到更多投资者的青睐，各国政府也更加重视 ESG 实践对可持续发展的深远意义，采取措施积极推动本地 ESG 投资基础设施和生态系统的建设，为本地经济的中长期可持续发展奠定基础。

自 2006 年成立以来，联合国负责任投资原则（Principles for Responsible Investment，UN-PRI）的签约机构数量已从最初的 100 家增加到 2021 年底的 3 826 家，这些机构旗下管理的资产规模（AUM）已超过 120 万亿美元。根据全球可持续投资联盟（GSIA）的数据，全球社会责任投资（SRI）的资产规模已从 2012 年初的 13.6 万亿美元上升到 2020 年初的 35.3 万亿美元（见图 5-2），年均复合增长率达到 13%。而全球绿色债券的发行规模更是呈指数型成长，从 2012 年 26 亿美元的年度发行额增长到 2021 年的 5 174 亿美元（见图 5-3），涨幅接近 200 倍，而 2021 年的发行额与 2020 年相比更是增长了 74%。这些数据表明，ESG 原则与理念愈益受到投资机构的认同，已从欧美投资界的小众圈子走向全球公众的视野。

在中国，ESG 投资也日益普及。截至 2022 年上半年，签署 UN-PRI 的中国机构达到 102 个；截至 2021 年 10 月，中国可统计的泛 ESG 公募基金产品数量达到 344 只，同比大增 171%。中国的绿色债券市场发展更为迅速。2015 年，中国首次发行绿色债券；2021 年，中国贴标

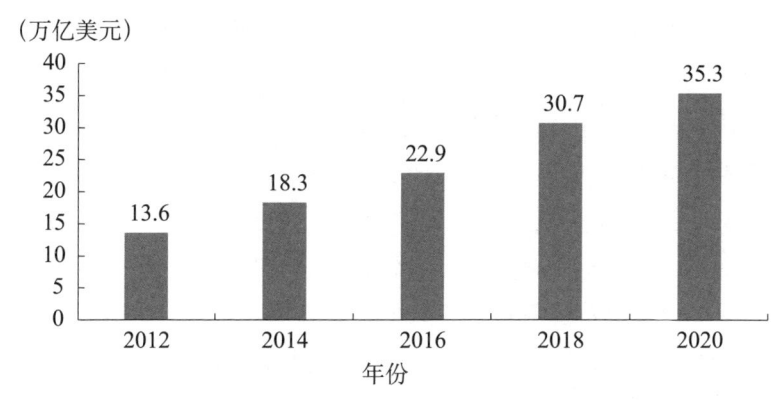

图 5-2　全球社会责任投资（SRI）的资产规模

资料来源：《全球可持续投资报告（GSIR）》2012、2014、2016、2018、2020 年版，海通国际.

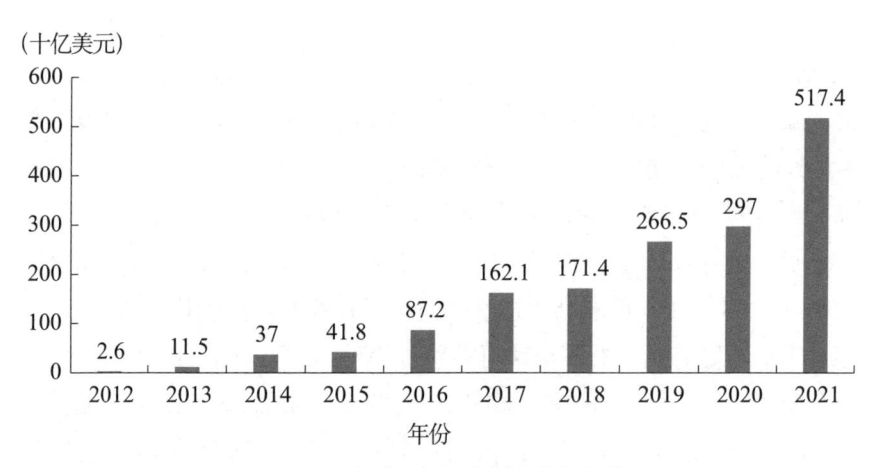

图 5-3　全球绿色债券年度发行规模

资料来源：气候债券倡议组织，海通国际.

绿色债券的发行量达到 7 063 亿元，比 2020 年增长了 140%，实现了最大年度增量。按符合气候债券倡议组织定义的绿色债券累计发行量及年度发行量计，中国均是全球第二大绿色债券市场。中国绿色债券市场的快速发展，得益于中国政府及监管部门的积极支持和大力推动。同时，以商道融绿、社会价值投资联盟等为代表的民间咨询与研究机构，也为中国 ESG 生态系统的构建与发展做出了重大贡献。

香港特区政府与本地机构积极参与 ESG 生态系统的搭建，并试图以此为契机，培育新的服务产业，打造可持续金融领域的国际竞争力，巩固和重塑香港的国际金融中心地位。早在2015年底，港交所就要求（但并非强制要求）上市公司发布年度ESG报告，而香港金融发展局（FSDC）则在2016年发布了《发展香港成为区域绿色金融中心》的报告。2019年5月，香港特区政府首次发行了10亿美元的5年期绿色债券，旨在巩固香港作为绿色金融中心的地位。2019年第四季度，香港证监会在其网站上建立了其认可的绿色基金或ESG基金的数据库，以方便投资者辨别并投资在港的绿色基金或ESG基金。截至2022年上半年，香港证监会认证的ESG基金已达154只。2022年2月，香港品质保证局获国家认证认可监督管理委员会正式批复，可在粤港澳大湾区开展产品碳足迹标识认证工作；同年7月，港交所宣布成立香港国际碳市场委员会。

这一系列的发展显示，ESG理念不仅受到全球投资者的青睐，也日益受到各国政府及监管部门的高度重视。政府和监管部门的积极介入加速了各国ESG基础设施与生态系统的发展。随着全球ESG生态系统不断丰富、完善和联结，各类从事ESG业务的机构的分工愈益细化，专业性越来越强，各机构之间的业务互相支持，形成了一种强大的正循环机制。我们判断，全球ESG生态系统已跨越其生存临界点，进入自我实现的加速扩张阶段。

可持续投资的全球实践与中国的思考

朱 隽*

一、全球可持续发展面临的巨大挑战

2019年底以来，国际形势发生剧烈变化，新冠疫情暴发、俄乌冲突升级、供应链瓶颈问题持续等因素使全球经济前景更加不明朗，通货膨胀压力飙升，滞胀风险显著增加。同时，逆全球化、产业链重构、能源结构转型等趋势性调整加速。

在这一背景下，全球可持续发展面临更大挑战。2021年，全球极端贫困人口增加近8 000万人，1/5的发展中国家人均国内生产总值仍低于2019年的水平，实现联合国2030年可持续发展目标（SDG）的任务艰巨，而未来全球经济下行、发展中国家与发达国家融资条件差距扩大将进一步增加可持续融资阻碍。全球可持续发展可能会"失去"重要的十年。近期多国、多地区同时遭遇高温干旱、高强度降雨等极端天气事件，凸显了可持续发展问题是全人类面临的共同挑战。

解决发展中国家可持续发展融资缺口问题尤为紧迫。全球新冠疫情暴发前，若要实现联合国可持续发展及《巴黎协定》气候变化相关目标，发展中国家将面临每年约2.5万亿美元的融资缺口，受疫情暴发后经济增长放缓、金融条件收紧等因素影响，短期缺口将扩大至每年4.2万亿美元。国际社会需要动员多边机构（MDB）、政府、私营部门等各方资金共同弥补融资缺口，加强在可持续发展问题上的交流与合作。

---

* 作者系中国金融四十人论坛（CF40）学术委员、丝路基金有限责任公司董事长。

二、市场投资者可持续投资认知与策略的发展

市场投资者对可持续投资的认识不断加深。早期，他们认为可持续投资项目需要兼顾环境、社会影响等，会"牺牲"部分投资回报。近几年，投资者逐渐认识到良好的环境、社会和治理（ESG）风险管理等有助于提高项目收益，即可能同时实现投资回报与可持续发展双重目标，因此资产管理人与机构投资者也愈发主动制定并落实可持续经营管理战略及投资策略。2021年，签署联合国负责任投资原则（PRI）的投资机构近1 050个，较2020年增长33%。

随着认识的加深，投资者采取的可持续投资策略朝积极、主动方向发展。可持续投资策略的发展大致分为几个阶段，早期以"负面清单"（negative screening）筛选为主，发展为将ESG相关风险管理等融入投资决策全流程（ESG integration），后者已成为目前在管资产规模最大的可持续投资策略。近几年，通过可持续投资对环境、社会等方面产生正面影响的策略也逐渐受到投资者关注。

三、各国政府推动可持续发展的主要模式与政策框架

当前，各国推动可持续发展、应对气候变化问题的模式主要有自上而下和自下而上两种。自上而下的模式由政府部门主导，从顶层设计上将可持续发展问题纳入政策框架中。政府部门以"胡萝卜加大棒"的形式，释放较明确的价格"指导"，一方面通过补贴减税等产业政策和绿色金融分类标准等鼓励资金流向可持续发展相关行业，另一方面通过可持续信息披露准则等提高企业违规成本。中国和欧洲国家主要采取自上而下的模式，但各国在货币政策和审慎监管政策如何支持可持续发展的一些前沿领域存在差异。

自下而上的模式主要通过市场机制确定价格，引导可持续投资，政府部门保持相对"市场中性"。美国主要采取自下而上的模式。美联储曾表示不会直接制定气候变化政策，只会将气候变化风险纳入银行监管和金融稳定框架。

总体上，不管是自上而下的模式还是自下而上的模式，各国的可持

续政策框架基本可以分为四类：一是产业政策；二是碳税政策；三是碳排放权交易系统；四是将气候变化问题纳入货币政策、金融稳定和审慎监管政策框架。

（一）产业政策

产业政策大致从四个方面推动可持续发展。

1. 电力方面

通过承诺弃煤、补贴等政策加快发展清洁能源，减少或淘汰燃煤发电。2021年底《联合国气候变化框架公约》第26次缔约方大会（COP26）期间，英国、加拿大、意大利等40多国签署了《全球煤炭向清洁能源转型的声明》（Global Coal to Clean Power Transition Statement），并承诺逐步淘汰存量煤电项目，停止新建无减排措施的燃煤电站。28家新成员加入了英、加主导的弃用煤炭发电联盟（Powering Past Coal Alliance，PPCA），目前这个联盟成员已经包括近170个政府部门及非政府机构。

2. 交通运输方面

以资金优惠、出台燃油车禁售时间表等政策发展新能源交通工具及配套基础设施，并加快交通运输系统数字化。COP26期间，近40国政府、10多家汽车企业签署了《加速向100%零碳排放汽车和货车转型的宣言》，同意全球不晚于2040年、发达经济体不晚于2035年实现新销售的汽车和货车均零碳排放。

3. 建筑方面

制定绿色建筑评估办法，改造老旧建筑，新建绿色建筑。英国在1990年就出台了全球首个绿色建筑评估方法BREEAM，目前已有超过27万栋建筑完成了BREEAM认证。

4. 碳固存（carbon sequestration）方面

发展碳捕集储存技术（CCS），并加快植树造林，增加自然碳汇。目前全球在运营的CCS项目有30个，碳捕集能力每年超过4 200万吨，并有超过160个项目处于开发建设期。

（二）碳税政策

全球约有37个国家和地区实施碳税政策，覆盖二氧化碳排放量29

亿吨，占全球温室气体总排放量的 5.7%，同时有 28 个国家和地区正考虑实施碳税政策。各国碳税机制差别较大，芬兰、瑞典等国设立了专项碳排放税，而日本、意大利等国在能源消费税、环境税等现有税种中加入碳排放因子，间接征收碳税。近两年，为避免高碳排放经济活动因碳税向其他地区转移，使先行减排的国家处于竞争劣势，国际社会对跨境的碳税机制关注度也在上升，讨论度较高的包括边境碳调节（border carbon adjustments）、最低碳价安排（minimum carbon pricing arrangements）等。2021 年 7 月，欧盟提出建立碳边境调节机制（carbon border adjustment mechanism，CBAM）。

碳税作为一种价格手段，由政府部门设定碳排放价格，市场决定碳排放总量，主要具有以下优点：第一，直接增加温室气体排放成本，快速挤压资源密集型企业的利润空间，使其短时间内实现碳减排；第二，因为可以依赖现有的税政体系实施，所以行政成本比较低；第三，政府确定税率以后，价格预期比较稳定，有助于企业安排中长期减排计划；第四，碳税政策有一定的灵活度，政府部门可以根据情况适度调整税率和优惠政策，使其适应减排要求和经济发展的需求；第五，碳税收入可以作为再分配的资金用于建设绿色项目，支持低碳转型。

（三）碳排放权交易系统

全球运行的碳排放权交易系统（ETS）约有 34 个，覆盖二氧化碳排放量约 90 亿吨，占全球温室气体总排放量的 17.5%。正在运行的 ETS 覆盖范围跨度较大，既有区域层面的，也有地方层面的。区域层面有欧盟碳交易体系（EU ETS）[1]，国家层面的有中国（CCETE）、瑞士、新西兰等，美、加、日等国则处于州、省、市层面。

相对于碳税，ETS 主要有三方面优势：第一，政府可以确定每年碳排放总量上限，减排效果比较直观明确；第二，不同的 ETS 间可以实现互联互通，形成跨国、跨地区的碳排放权交易市场，在更大范围内优化减排安排；第三，除常规配额交易外，ETS 还可以开展配额期货、

---

[1] 根据《欧盟气候法》，未来欧盟还将设立一个与欧盟碳交易体系平行运营的排放权交易体系，覆盖交通与建筑行业。

期权等衍生品交易，进一步提高市场调节效率。

（四）将气候变化问题纳入货币政策、金融稳定和审慎监管政策框架

对于如何将气候变化问题纳入货币政策、金融稳定和审慎监管政策框架内，目前多数国家还处于实践的探索阶段，对一些前沿问题也存在争论。其中，央行绿色资产购买计划政策工具包括将ESG因素纳入央行合格资产筛选标准、央行停止购买高碳企业发行的债券等，但各国在绿色量化宽松是否超出央行职能范围、央行是否违反"市场中性"原则等问题上存在较大分歧，在实践中也略有不同。审慎监管政策工具主要包括两种：（1）调整资本充足率计算公式，引入"绿色支持因子"降低绿色资产风险权重，或引入"棕色惩罚因子"提高棕色资产风险权重。（2）逆周期资本缓冲，对高碳信贷业务多计提银行资本，以应对转型时期的大规模违约。目前，审慎监管政策工具的使用仍处于讨论阶段，没有足够的数据证明绿色信贷违约率更低，国际上也暂没有统一的绿色金融分类标准，可能会引发"洗绿"行为。此外，全球已有约50%的储备管理机构将ESG因素纳入储备管理，一些央行已渐进式地开展绿色债券投资，并在投资中考虑ESG因素，或成为今后储备管理的一大趋势。

四、关于推进可持续投资的几点思考与建议

推进可持续投资应遵循市场主导、政府引导的基本原则，更充分发挥金融在资源配置、风险管理中的重要作用，激发市场微观主体的创造活力。例如，国内一些观点认为目前ETS金融属性较弱。从我国和国际社会的实践看，碳减排、碳中和进程影响的是企业跨期的、不确定性较强的长周期投资决策，市场参与者对相应风险管理工具的需求较大，应当考虑支持碳期货等ETS衍生品创新，增强ETS流动性，更好地为可持续发展配置资源。另外，注重政府引导和监督，督促市场主体将可持续投资落在实处，严控金融资源投向高耗能、高排放项目。目前，国际上仍有部分声称支持可持续发展的投资机构持有大量化石能源资产。

在政策框架方面，各国应加强在可持续金融分类、气候信息披露标准和第三方评级三个领域的合作，降低"漂绿"和监管套利等风险。

在分类目录方面,中国与欧洲目前走在世界前列。2022年6月,中欧共同牵头的可持续金融国际合作平台(IPSF)分类目录工作组发布了新版《可持续金融共同分类目录》,其中包含被中国《绿色债券支持项目目录》和欧盟《可持续金融分类方案》共同认可的72项减缓气候变化的活动,进一步提升了跨国可持续金融标准的可比性和兼容性。未来,各国应进一步推动可持续分类标准的国际协调,按照"国内统一、国际趋同"的方向发展。

在气候披露方面,金融稳定理事会(FSB)牵头的《气候相关财务信息披露工作组(TCFD)建议报告》已获得最广泛支持,预计未来将成为全球气候相关财务信息披露的统一基础框架。目前,欧盟、德国、法国、英国等均已制定与TCFD披露建议一致的气候信息披露要求及指引,全球3 800家大型企业和金融机构支持TCFD的披露框架,其中80%按TCFD建议披露了至少一个建议项目。2022年3月,国际财务报告准则基金会也发布了以TCFD披露框架为基础的、国际通用的可持续信息披露标准(IFRS Sustainability Disclosure Standards)的征求意见稿,预计2023年将发布正式版,并于2024年正式生效。

在第三方评级方面,主要存在评级结果不稳定和异质性两方面问题,其原因既包括不同评级体系采用的指标类型和指标范围存在差异,也受到基础数据源和覆盖面不同影响。第三方评级体系一般覆盖环境可持续性、合规程度、风险管理等主要维度,但在细分指标上有不同侧重。信息渠道主要包括企业主动披露的公开信息、调查问卷和新闻媒体报道等,但各评级机构对信息的使用也存在权重差异。同时,不同的评级机构因历史渊源、服务对象、组织结构等方面存在较大差异,在利益取向与价值判断上也存在较大分歧。今后如何在第三方评级领域增进各方理解,同时努力构建符合中国资本市场特色且有国际影响力的第三方评级体系,是我们亟须面对的重要问题。

第六章

碳市场建设

金融业在应对"气变"和碳市场
建设中的角色与潜能*

周小川**

一、实现碳中和需要动员巨额投资

面对全球"气变"难题,金融界要勇敢地承担起自己的责任。在未来走向碳中和的几十年内,最艰巨的任务是这一过程之中需要组织、动员大量的投资。仅就中国而言,按照各研究机构的估算,较低的也需要约140万亿元的投资,还有的估算需要几百万亿元的投资;就全球来说,估算的投资数字更是非常庞大。因此,能否成功动员并利用好这么大的投资,是金融界面临的重大挑战。

财政能动员一部分资金,但只能解决一小部分问题。毕竟,这么庞大的投资,财政资金的最终占比必然不会太高,大量资金还得动员民间资本。离开了金融业,没有任何其他行业或机构能承担这么大的资金动员任务。如果要动员民间资金,需要用市场的力量,那么也就必然要寻求恰当的激励机制。也就是说,要使投资者不仅仅能够出于实现碳中和目标进行有觉悟性的选择,还要创造一种面向碳中和的市场激励体系,即面向减碳或零碳的投资具有可预期、可测算的合理回报率。

从目前中国的情况来看,要吸引这么庞大的投资,金融业的工作还有相当大的差距。近期,我们还需要就市场建设方面的内容进行讨论,取得共识。同时,其他各项任务也是非常重要的。就金融界来讲,要建

---

* 本文为作者在2022年5月31日的第二届"绿天鹅"会议上的发言中文译稿。
** 作者系中国金融学会会长、中国人民银行原行长。

立一些基本指标体系；要提高透明度，使投资、贷款等各类金融产品都能明确地披露对二氧化碳、其他温室气体的排放和气候变化的影响；金融界本身也应该带头减排，实现零排放，尽管金融界自身实现零排放在整体碳中和大局当中只是一个相对较小的成分。

总之，金融业的一些基础工作是重要的，但更重要的、面临更大挑战的是如何大规模动员和使用社会资金，尤其是建立合理的机制，使大量资金能够投入减排新技术和新产品的研发，以及各行业各领域设备的更新换代。有人认为，二氧化碳减排包含的物理、化学及工程内容比较多，因而主要是工业部门的事情，金融部门在当中只能起到辅助作用。这种观点似乎不重视金融业的角色，而从前面提出的要动员庞大资金的角度来看，金融业的功能及其特长是至关重要的。

二、重视金融业在定价，风险管理及跨期、跨境投资中的作用

首先，碳中和所需的长期投资及价格形成需要金融市场的定价能力。大家知道，实体经济中的大宗商品其实早已是靠金融市场及其规律进行定价的。不是因为碳市场具有金融属性，所以才需要金融业的参与，而是碳市场本身需要运用从金融业发展起来的定价功能。

其次，尽管早期的碳市场可能主要解决的是当期定价以实现增产节约，但其实实现碳中和所需的大额投资多数都是针对跨期的项目，短期两三年，中期三五年甚至更长时间才能见到效果。不管是研发、设备更新，还是兴建新工厂和设施，都是跨期投资。一些大的、高难度的研发项目，比如受控核聚变，期限跨度还需要更长。金融界历来注重应对跨期问题，应该说解决跨期问题是金融业的一个特长，涉及期限转换、收益与风险分摊、跨期会计核算等多方面。

再次，长期的投资必然会涉及大量的风险管理。一些新技术、新工艺的应用前景明显是具有风险的，而金融业本质上就是管理风险的行业。金融业在这方面有理论、有实践、有人才，必然也大有用场。

最后，很多投资还涉及跨国境的项目和资源配置。跨国境的资源配置与优化需要建立在不同货币、汇率、兑换、金融市场"套保"及有关核算的基础之上，这也是金融业的本行，有很大发挥作用的潜力。

三、注重构建统一的碳交易市场

在 2022 年博鳌亚洲论坛年会的有关讨论中，有人提出将碳市场设计分为碳排放权市场和碳补偿市场，还有人提出碳移除（carbon removal）、碳抵消（carbon offset）、碳削减（carbon reduction）和中国核证自愿减排量（CCER）等是不同性质的产品，需建立不同的市场。事实上，碳市场应该是一个规模尽可能大的统一大市场，这个市场既包括惩罚性功能，也就是要排碳就要通过碳市场购买排放配额（权），同时也包括鼓励性功能，即借助市场配额价格的激励机制把利益转送给碳减排、碳吸收、碳汇，或者是碳捕集、利用与封存技术（CCUS）的行动者，其中也涉及各种排放现有设备、工艺路线的技术改造等行动。

从总量上看，需要购买碳排放配额的资金总量应该等于所有用于激励碳减排、碳吸收的资金总量。此外，如果征收碳税的话，那么源自排放的所有碳税收入都应该用于支持碳减排、碳沉降、碳补偿，中间不应该被挪用。从市场供求角度来讲，构建统一的市场能防止资金被误用，也就是说，不能将从排放配额中收到的费用挪作他用，而碳补偿的资金还需要从别的地方去筹集。这显然并不是最优的资源配置安排。同时，统一的市场形成的碳配额约束条件也能确保在未来几十年中由碳中和路线图、时间表所规定的各年度碳减排总量顺利实现。

当然，这当中还存在跨期的问题。当期的资金平衡大家比较容易理解，但如果跨期的话，就需要考虑到一些对碳减排、碳沉降及 CCUS 等的投资是在未来某个投产年份才能产生碳吸收等回报，因而需要用到碳远期、碳期货的价格，或需要通过净现值法将未来回报转换到当期收益来形成对投资的激励。

因此，把碳市场再细分为不同产品的市场，虽然从概念上说未尝不可，但从实际操作和未来功能发挥来看，不利于最优价格的发现和资源配置的优化，还需要从数学模型及其表达上加深对市场的功能和作用的理解。实际上，碳市场应是一个统一的市场，其所产生的价格也是一致的价格，并且以资源配置最优化为目标。

四、碳配额设置的几种主要方法及差别

总的来说,碳市场的数学表达也是种宏观经济模型,是在生产要素资源约束下,即在当前存量设备生产能力、劳动力、总储蓄、技术与智能等约束下,争取创造最大的 GDP(或者经改进表达的 GDP)。从方法论看,由于在宏观经济模型中添加了分年度的碳排放目标,所以需要在这种宏观模型中新加入一个约束条件:所有的碳排放减去碳吸收的量要小于等于碳中和路线图、时间表所规定的年度碳排放总量,也就是碳配额总量。当然,我们还可以把其他主要温室气体增列为若干约束条件,这样也就存在若干项配额。约束条件增加以后,需要使用更多资源才能实现原定的 GDP,即可能会在一定程度上把 GDP 往下拉。在此基础上,如果找到了最优资源配置,也就对应出了碳排放配额的影子价格,即在 GDP 损失最小的情况下实现了年度碳排放的约束值。具体在设计配额的时候,有增量配额法,有全量配额法,也有混合法,也许还有其他办法。

在增量配额法中,对基年的碳排放予以认可,或者说是给予免费配额;新增的碳排放必须从配额市场中购买配额;同理,新增的减排(广义的 CCER)获得负值配额,可在市场上出售;年度约束条件为正值配额加上负值配额小于等于年度碳排放增量控制目标(亦可为负值)。在全量配额法中,当年的全部碳排放(存量与增量)均需购买碳配额;当年全部碳吸收经核定均获得负值配额,可出售;年度约束条件为正负配额之和小于等于年度全量碳排放控制目标。约束条件对应的(也是市场供求所平衡出的)是碳配额价格。

考虑到一些行业和企业仍处于转轨阶段,感觉全量配额法压力过大,还有一种过渡办法就是存量和增量配额混合的办法。起始年碳市场约束的形成是靠增量配额。从起始年以后,每年从全部存量中拿出一定比例要求排放机构付费购买配额。如果按照每年多拿出基年排放量的 10% 付费这一标准,那么经过 10 年以后,也就过渡到全部碳排放都必须购买碳配额的全量配额法。此方法也适用于另一种过渡形式,即一部分行业先进入配额系统,另一部分较晚进入。

上述三种方法在具体的实际操作中都是可行的。最佳的办法和符合实际的办法应使各方能够接受，可能还需要做一妥协，最终应使所有的减排微观单位都能清楚地看到这一影子价格并据此行动。这种数学关系应该尽可能清晰。

此外，值得一提的是碳价格（理论上的影子价格）与配额价格（管理用的价格）不用必然一致。上述三种碳市场配额交易形成的碳配额价格有可能是不一样的。这在一定程度上可以解释一个问题：目前国际国内各方关于碳市场的讨论有时候说的不是同一种配额，相互之间概念不同，也导致各自形成的价格高低不一样。

当然，碳价格存在的差异中可能还包括历史因素和国别因素。一些发展水平较低的发展中国家目前还有很多特别粗放的碳排放，相对而言比较容易通过更新换代被淘汰，其边际减排成本相对较低。但我们也要看到，在全球控制碳排放再向前走若干年以后，这种成本极低、容易被更新的环节实际上会被更新完，那时各国碳配额价格将有一个全球趋同的趋势。

五、关于漂绿或蹭转型

目前，漂绿（green washing）概念不统一，覆盖面太大，而且各国对"绿色"的定义也不一样，当前可缩小到蹭碳（减排）（CO_2 reduction）或蹭温室气体（减排）（GHG reduction）。

金融产品是否被蹭碳减排没有独立的验证办法，取决于其支持的相关实体经济活动是否及多大程度上削减二氧化碳，这在中国就是中国核证自愿减排量（CCER）。可通过产生多少 CCER 来标识金融工具的成色。我们应对产生 CCER 的实体活动给予财务支持和激励，主要有 CCER 配额交易、补贴、减税等；对相关金融活动再给予优惠主要应是象征性的，防止出现扭曲。

金融上，贷款或债券如冠以减碳，可使用较低档的风险权重，这样未来相关实体活动被中止或削减的概率低，获得的监管认可较多。有意"蹭/漂"是自己骗自己的行为。

如不存在扭曲的滥用补贴，各金融机构自报的含有"蹭/漂"的业务量是否夸大也并无大碍。比如，自报普惠金融统计数据也有同样的问题。

蹭转型（transition washing）需要有更清晰的定义。实际上，CCER 是与转型过程有联系的，是按照减碳总量的路线图、时间表在各个年度计算并核定具体的减碳凭证，有助于定量判别转型的实质。

建议我国将 CCER 扩展一下，由 Chinese Certified Emission Reduction（中国核证自愿减排量）扩成 Comprehensive Certified Emission Reduction，扩展后涵盖三部分：(1) 碳汇（carbon sink）类，含碳移除（carbon removal）、CCUS等；(2) 尚未纳入配额交易的公司内部在提供同等产出下节约的碳（CO_2）；(3) 第三方公司提供的中间品（含新材料、新设备）能使社会经济层面呈现间接减碳的。

六、金融业应发挥特长做好各项工作

实现碳中和目标需要大规模的未来投资。对于如何动员和激励投资去实现这一目标，金融界既有不可或缺的特长，也有很多工作需要深化和落实。

首先，如果要处理贷款和投资，就必须把未来的减排回报折换为净现值。

其次，必须考虑通货膨胀因素。在构建整个碳配额约束及价格形成时都要考虑对通货膨胀调整，而且通货膨胀率还有不确定性。既然气候变化及碳中和需要多年的行动，那么累计通货膨胀的影响会比较显著。

我们必须考虑投资回报的不确定性和风险。这些投资中大部分涉及科研新技术，可能有的成功，有的失败，有的设备和技术更替最后实现不了或者超出事先设想的回报。这些都需要风险管理的机制和技能。

伴随着未来可用技术的不确定性，整个减排系统的多个参数可能都需要动态调整。我们可以先从二氧化碳做起，其后再把从二氧化碳减排领域获得的相关技能扩展到其他温室气体。

习近平主席在 2020 年向全球宣布了中国减碳的"30·60"目标，中国的金融界也正在努力，争取在应对气候变化和实现这一目标方面做出应有的贡献。同时，在这个过程中，金融界还努力追求一种优化，争取以最小的、最合理的代价取得预定的效果，而不让国家和民众承受过大的代价。

碳交易、碳金融和绿色投资

朱云来[*]

一、无法准确预测未来的情况下限制碳排放是必要的

世界能碳时图显示,过去60年世界的发展,从人口到产值再到贸易,总体呈系统性增长。其中,能耗和燃耗的区别在于燃耗是燃烧煤油气(煤、石油、天然气),即不可再生的化石燃料,同时燃烧释放二氧化碳。总排是燃烧化石燃料后产生的,可由化学反应方程式配平后推算得出。从这样的碳排放总体规模可以看出,能产比即当年能耗与当年GDP产值的比率,从20世纪60—90年代迅速降低,到了1994年后基本拉平。2008年以后基本没有什么大改进。当然,也有技术提升带来的较低程度的改进,目前我们还不知道这是不是最低线。

人类社会的发展显然需要能量,但不幸的是,人类现有的、最容易使用的、依靠现在技术能够掌握的能量就是煤、油、气,而煤、油、气产生的二氧化碳属于温室气体,造成了全球变暖以及一系列难以想象的恶劣后果。所谓碳达峰碳中和,还是要对二氧化碳进行限制,人类必须做出这样一个决定。

本质上,碳问题一部分是科学和工程的问题,一部分是经济和金融的问题,甚至还有一部分是国际和外交的问题。其中,最基本的科学问题其实都还并不明确。问题在于,人类是否愿意冒险,随意燃烧煤、油、气,排放二氧化碳呢?可能到最后人类发现也没事,不会出现任何

---

[*] 作者系中国金融四十人论坛(CF40)常务理事、中金公司前总裁兼首席执行官、清华大学管理实践访问教授。

问题。然而，现在科学无法准确预测未来的情况，万一出现问题就为时已晚，再无法弥补了。

此外，我还计算过移民火星的可能性。火星的辐射条件比地球上的辐射要弱一点，不会晒坏生命体，其重力是地球的大概 40%，"一跳十丈"应该没问题。这些意味着，人类用现有的基础材料能到火星上盖房子，只要压力不是太大，重量不是太沉，是可行的。建一个这样的房子，里面充上氧气，同时搭配绿色植物合成人类需要的氧气，提供人类需要的食物，这样能够实现碳中和，最后无非就是计算可以容纳的人数。

二、碳交易：把碳外部化的成本内部化

碳交易时间很长，而且逻辑很绕。碳的一切都是好的，给予我们能量和发展。唯一的问题是碳多了可能会摧毁地球，所以人类要对其进行限制。那么，既然是限制，何来的碳交易，何来的交易价值？其实，这需要我们增加成本，把过去外部化的成本内部化。我们过去买煤、油、气，更多的是支付挖掘成本，并没有支付其后续造成不良影响的成本，这就是典型的成本外部化，而要把外部成本内部化就要提高成本。

当下，国家一方面限排，要求尽可能不排或者确定一个定量，另一方面限排后还有排放指标可出售，这个逻辑是很混乱的。这可能是我国限碳的历史发展以及发达国家、发展中国家博弈后的产物，但指标的原则并不是很清楚。我们需要有一个明确的逻辑，让大家明白这是什么意思。

碳交易从科学计算的角度来说是简单的，但是对后果的模拟是非常复杂的。所以，在这样一种进退维谷的境地下，从科学的角度出发，我们还是要系统地研究和观察。大家都来做同样的事情，最大的好处是互相有一个参照，更容易检测出来有什么新问题或者新发现。

三、碳金融：建议建立碳监测局，计算碳排放

碳金融的问题与碳交易类似。既然碳太多，就应该限制，而越限制

价格就越高，同时会表现为高收益。碳价应该是高的，投资机构通过投资也会获取高收益，但是，高收益的成本谁付呢？这就需要一个强有力的机构来认定这个责任是谁的。

企业原本可以随意烧煤、油、气获得能源，而现在却需要很昂贵的技术实现环保和碳中和，这其实需要全社会达成共识。这个社会共识不是单靠发改委就能够搞定的，为此我建议建立碳监测局，为企业提供系统的碳排放数据，按数据确定奖惩。

碳很容易计算，即一个产品花了多少克的碳造出来。任何一个产品都可以计算它的碳含量，也就是能耗。过去节能减排有很系统的历史数据，新数据可以不断更新。

当然，这也需要社会契约，不能指望一家企业做公益。公益的事情只能政府做，政府代表了全体人民的意志。政府做出大家都同意的决定，就变成了法律，最终大家按照法律来执行。只有政府才能做真正的公益，但前提是得到全社会人民的赞同。

总而言之，这是碳金融的核心问题。而欧洲的方式，是把一个明明要大家多付钱的，变成好像大家可以赚钱的东西，其实成本是增加的，赚钱是不可能的。只有限制（像欧洲）这种做法，才会赚钱，才是金融和衍生品的开始，这才是碳金融。

绿色投资的核心利益来源于限制传统技术的运用。传统技术产生了太多的二氧化碳，投资者更愿意投资低碳技术，因为低碳技术是受社会赞许的、可以运用的技术，有发展前途，也具有投资价值。

碳交易、碳金融和碳投资都是遵循同一种逻辑，本质上都是要控制二氧化碳的排放。

四、节能减排和种树有助于战胜碳中和面临的挑战

根据世界能碳时图，1965 年能耗和燃耗几乎是一样的。过了将近 60 年，到 2019 年能耗达到 199 亿吨，燃耗达到 168 亿吨，非化石燃料只占全部能耗的 15％。如果要达到碳中和，这个数值要调换过来，即可再生能源达到 85％，这是极富挑战性的。

从另一个角度看，社会真的需要这么多能源吗？我们还是可以通过

节能减排来降低能耗。我们都知道，耗用如此大量的能源对地球的未来是一种致命的伤害，只好尽量减少能源的利用。

此外，还有一种可能性达到碳中和。过去，我们把树砍光；未来，我们可以种树。也就是说，我们后种的树通过光合作用吸收二氧化碳，可以平衡之前燃烧时释放的二氧化碳。植物来自太阳的光能是无穷的，叶绿素的合成是自然而然的。但这种方法最大的问题是植物的密度太低了，而且总会被收割，美国的玉米就是一个例子。这个问题值得提出来。至少，面向未来，一个国家的发展有很多科学环境的因素需要考虑。

我们可以建立一套系统的监测审计制度，进行碳计算。碳的计算可以从能耗入手，能源的基本形式主要也就是这几种。计算出来后，科学家、经济学家、工程师等可一起讨论哪种科学方案能够最有效地管理社会的经济活动、基础资源，以及植树进行光能发电或者转换成其他能源的可能性。

有篇文章提到我国改革开放后，我们大量植树，现在总共种了760亿棵树，平均一个人占到五六棵。这并不算多，我们还可以再多种。从能量守恒的角度来说，如果把中国能源的能量全部覆盖，那么需要植树100万平方公里。

总而言之，目前还有希望。种树还是比较容易的，毕竟种树就是环保，让自然去发挥它的魅力。

发挥碳交易市场金融作用　形成有效的碳市场

徐　忠[*]

一、金融体系在低碳转型中至关重要

2020年9月，习近平主席在联合国大会上明确提出了"30·60"目标，在国际上做出了中国承诺，把实现低碳发展上升为国家战略。中央银行行长和金融监管部门的领导在多个场合对这个问题谈了很多看法。中央银行与金融监管部门之所以如此关注"30·60"目标，是因为这个问题与金融体系有着重大的关联性，一个健康并积极参与低碳转型的金融体系至关重要。

（一）低碳转型需要金融体系管理好风险

低碳转型过程中，大量高碳资产加速折旧，在正常使用寿命内不再产生经济效益，成为"搁浅资产"，并造成金融机构风险敞口。要想在很短的时间内完成这一转型，就要协调好金融系统的吸收损失能力与转型速度。此外，低碳转型可能会形成一些区域性、行业性风险，要有一定的压力测试与应对预案。

（二）低碳转型需要引导好预期

低碳转型影响很大，社会各行各业需要形成稳定的风险预期，在此基础上才能不干扰各类信用定价和产品定价。更为重要的是，应对气候变化、实现碳中和需要大规模的资金支持，如何引导好全社会的金融资源配置、高效解决低碳发展中最为关键的投融资问题，是非常重要的方面。

---

[*] 作者系中国金融四十人论坛（CF40）成员、中国银行间市场交易商协会副秘书长。

(三) 低碳转型对宏观政策有潜在的重要影响

低碳转型的政策手段可能导致特定商品的价格指数上升，影响通货膨胀水平，对潜在增长率也有一定影响，要纳入未来的货币政策框架中。

(四) 低碳转型需要全社会转变投资理念

低碳转型需要改变投资风格，可持续投资应成为被市场认可的理念，环境、社会与治理（ESG）投资的基金将逐渐增多。在这个转型过程中，国内低碳转型需要相关部门在政策支持工具、金融监管等方面加大引导力度。

由于低碳转型涉及风险管理、预期引导、宏观政策、投资观念等金融体系的方方面面，中央银行与金融监管部门要高度关注"30·60"目标。这既是对低碳转型提供基础支撑的需要，也是金融体系自身高质量发展与风险防范的需要。上述几方面的枢纽是碳交易市场的价格信号，其所能发挥的金融作用是非常巨大的。

二、碳排放权交易是最有效的碳减排方式

目前，全球减少碳排放的实践有三种方式：碳排放配额、碳税和部分国家实行的补贴政策。在所有减少碳排放的方式中，碳排放权交易是最有效的市场化的方式。总体而言，碳排放配额是采用最广泛的"定价方式"，而碳税和补贴能够高效发挥作用的前提需要市场化交易形成合适的价格作为参考，否则在实践中难以见到成效。

《京都议定书》提出排放权交易、清洁发展机制（CDM）[①] 和联合履约[②]三种减排机制安排。全球各国根据自身情况，设定相应的碳排放权交易体系（emission trading system，ETS）。排放企业获取配额的方法包括政府分配或与其他排放企业交易，配额分配和买卖过程形成碳价

[①] CDM 指发达国家通过提供资金和技术的方式，与发展中国家开展项目级的合作，通过项目实现的经核证的减排量（CER）（1 个 CER 等于 1 吨二氧化碳当量），用于缔约方实现在《京都议定书》下关于减少本国温室气体排放的承诺。

[②] 联合履约指发达国家之间通过项目合作实现的温室气体减排抵消额（ERU），可转让给另一发达国家缔约方，但必须同时在转让方的允许排放配额上扣减相应的额度。

并构成碳排放交易市场的基础。除从政府获得的碳排放许可外，一些国家或地区的碳排放权交易体系允许减排企业通过项目合作碳抵消（carbon offsets）来核减自身碳排放。清洁发展机制、联合履约是常见的、减排量可交易的碳抵消机制。

碳排放权交易可以很好地引导全社会的资源分配，是一种长期可持续的方式。碳排放配额下，企业可以采用更先进的低排放设备或对现有设备进行低排放改造，也可以从碳排放配额富余的企业购买碳排放额。碳排放权价格集中体现了产出增长、排放配额和技术进步等多种因素的综合作用。在价格信号的引导下，企业自主选择主动减排或购买排放权额度，进行碳减排融资。

碳减排融资包括企业自己解决碳减排的融资问题以及低碳技术的投融资问题。第一个问题通过碳配额交易就可以解决，出售者拿走这部分资金做减排改造，减少排放，购买者就花钱购买更多排放的权力。

关于碳减排技术的投融资问题，碳交易的价格对于投资者来说，就是低碳技术的市场价值，会使私人投资增加，从而刺激低碳技术的研发和市场化，包括新能源、碳捕集和碳沉降、煤的清洁燃烧技术等。通过碳配额交易这样的市场化手段，对资源重新配置，解决了碳减排的融资问题。

从全局来看，通过碳配额交易融资应是低碳融资的主渠道，能大大减轻财政税收补贴面临的压力。事实上，相对于财政补贴这种不可持续方式，碳配额交易是一种商业可持续方式。

三、按金融市场发展规律来建设碳交易市场

碳交易市场本质上是金融市场，要按照金融市场发展规律来建设碳交易市场。从实践看，碳交易市场的定价效率至关重要，需要交易机制、投资者基础、衍生品工具以及相应的金融市场监管规则等基础条件。如果没有金融机构的参与，那么碳交易市场在价格发现、引导预期、风险管理等方面的作用将大打折扣，甚至可能影响减排目标的有效达成。同时，对碳排放权的现货和衍生品应按照金融市场的逻辑和规则进行管理和监管，以有效防范市场操纵和内幕交易风险。

我们要加强各类金融机构参与程度，加快推进碳排放权场内和场外市场融合发展，并加强市场运行的金融监管。目前，中国试点地区碳交易市场的价格调控更多地依赖管控手段，只有个别交易市场推出了碳远期合约且成交并不活跃，投资者基础与交易机制往往也不够丰富。

从国际经验看，比如欧盟，碳现货市场中的交易行为只要涉及金融交易或金融风险，都被纳入金融监管的范畴；交易标的除配额外，还包括远期合约、期权、期货、掉期等配额衍生品。欧盟参与交易主体不仅包括有排放需求的能源和工业企业，还包括银行、私募基金等金融机构。考虑到碳价格与其他资产价格关联度不高，可用于分散投资风险，欧盟金融机构在为企业提供交易中介服务的同时，也积极参与碳交易。

碳交易市场的价格信号对稳定市场预期非常重要，可防止市场主体对碳减排预期不清，并由非理性行为引发羊群效应。

2017年，中国八大行业碳排放量占比接近90%，靠前的是电力(44.4%)、钢铁(18.1%)、建材(12.6%)、交运(含航空，7.8%)。有专家测算，中国样本煤电企业当年违约率将从2020年的3%左右上升至2030年的22%。但在缺乏碳交易市场价格信号的情况下，这可能引发市场对"30·60"目标的误读。上述行业的分布有区域集中的特点，煤炭集中于内蒙古、山西等省份，原油集中于陕西、黑龙江等省份，天然气集中于河北、山西等省份。自永煤违约以来，这些省份中有不少正面临风险压力，再叠加对"30·60"目标的误读，如不加以正确引导的话，那么可能会产生羊群效应，加大区域性风险压力。

为避免市场主体预期不清的问题，要先尽快明确碳减排总量目标的顶层设计，在此基础上重视并利用碳交易市场形成的价格信号引导预期、稳定预期，防止个别机构和专家的观点引发市场波动。

除了碳交易市场能发挥引导预期与投资、管理风险的作用外，碳配额初次分配的拍卖收益还可以用于风险应对。"30·60"是中长期的国家战略转型，在这个过程中仍会出现行业性、区域性风险以及金融机构的不良资产。我们既要做好事前引导，也要有应对预案。

碳配额初次分配从长期看要逐步建立有偿拍卖机制，但拍卖收益应全部用于低碳发展领域，不能用于其他领域。一个可以思考的方向是使用拍卖收益补贴风险较大的领域，防范潜在的区域性、系统性风险隐患。但从短期来看，现阶段可能难以获得足够多的拍卖收益，中央财政要考虑对风险较大的领域给予适当的政策倾斜或者补贴，准备好应对预案。

四、中国碳市场的发展

2011年10月，国家发展改革委发布《关于开展碳排放权交易试点工作的通知》，提出开展碳排放权交易地方试点。自2013年起，我国先后在北京、上海、天津、重庆、湖北、广东、深圳、福建等8个省市开展了碳排放权交易试点。截至2021年6月，试点地方碳市场覆盖钢铁、电力、水泥等20多个行业，涉及近3 000家重点排放单位。2021年7月16日，全国统一的碳市场正式建立，初期仅纳入发电行业已是全球配额规模最大的碳市场。全国性碳市场的建立有利于统一碳价、丰富参与者、提升交易活跃度，从而更好地发挥资源配置的作用。虽然我国碳市场的配额量已跃居世界首位，但定价效率与碳价影响力还要继续提高。

（一）碳价不高

全国性碳市场运行至今，碳价一直稳定在每吨50～60元，欧盟现在的碳价在80～90欧元的水平，两者有较大的差距。世界银行做过研究，要实现全球低碳发展目标，碳价应达到40～80美元。没有稳定上涨的碳价，对市场主体的减排激励将难以实现。

（二）交易活跃度不足

2020年，全球正在运行的碳市场配额总量约为48亿吨，其中欧盟碳市场配额量为18亿吨（约占全球的38%），中国8个地方试点市场的配额合计14.25亿吨。2021年，随着中国全国性碳市场的建立，全球碳市场配额总量预计超过75亿吨，中国碳市场配额量成为世界第一。但从交易量来看，2013—2021年中国试点地区碳市场累计配额交易量为9.6亿吨，年均配额交易量是配额总量的10%；而2020年，欧盟碳市场的交易量为84.5亿吨，占全球的90%，配额交易量是配额总量的

4.7倍（见表6-1）。

表6-1 2018—2020年全球主要碳市场交易规模

	2018年 数量（亿吨）	2018年 价值（亿欧元）	2019年 数量（亿吨）	2019年 价值（亿欧元）	2020年 数量（亿吨）	2020年 价值（亿欧元）
欧盟	77.54	1 297.36	67.77	1 689.66	84.50	2 099.86
北美	11.26	128.71	16.73	223.65	20.10	260.28
韩国	0.51	8.09	0.38	7.44	0.44	8.70
中国	1.03	1.94	1.30	2.49	1.34	2.57
新西兰	0.23	2.99	0.30	4.33	0.30	5.16
总计	90.57	1 439.09	86.48	1 927.57	106.68	2 376.57

资料来源：Refinitiv.

（三）碳价尚未形成广泛影响力

有效的碳价可为全体投资者提供资产配置与风险管理的价格信号。但目前来看，碳市场主要发挥配额调剂功能，金融定价和风险管理方面的功能尚未完全发挥，对整个金融定价影响较小，也较少能进入各类金融机构的投资决策与风险管理框架中，整体市场的影响力还不够。

五、全国性统一的碳市场亟须完善

（一）尽快明确总量设定

碳排放总量是根据覆盖范围内的历史排放情况以及总体减排目标来确定未来一定时段的排放总量。这个总量目标不确定，会对市场产生非常大的影响。欧洲碳市场在金融危机之后，碳价非常低，客观上与总量的"挤牙膏方式"有关系。

金融危机期间，工业、商业活动减少导致所需碳配额减少，欧盟碳排放权交易体系的配额盈余和碳价格下降，企业减排动力下降。为应对配额盈余，短期内欧盟将一定数量的配额拍卖推迟。为进一步增强碳交易体系的韧性，2019年1月欧盟碳排放权交易体系开始运行市场稳定储备机制，即不是根据价格波动，而是根据流通的排放配额数量来决定向市场增加或从市场收回排放配额。目前，中国碳减排的总量目标还不清晰，需要加强顶层设计。此外，在设定总量目标的前提下，我们应拿出足够比例的碳配额进入碳市场。同时，考虑构建价格稳定机制，帮助投资者形成碳价逐年上涨的预期，这样更有利于促进减排。

（二）完善配额的分配

配额的分配方式决定了配额的稀缺性，从而决定了碳价格的高低，这是价格形成的第一步。从目前已运行的碳排放权交易体系来看，配额拍卖已成为分配配额的主流方法。全国碳排放权交易市场运行初期以发电行业为参与主体，交易产品为碳排放配额，配额分配以免费分配为主。我国全国碳排放权交易市场仍处于起步阶段，采用免费分配方法有一定的合理性，但随着碳排放交易市场的发展，应逐步增加配额拍卖比例，促进碳排放合理定价。增加配额拍卖比例，一方面可发挥市场化手段，促进碳定价；另一方面，拍卖收入可作为政府的公共收入，投入低碳发展行动中。

国际上常见的配额分配方式包括免费分配和拍卖分配。免费分配配额方式分为祖父法和基准法，拍卖即有偿购买碳配额。目前，欧盟碳市场默认的分配方式是拍卖，也有少部分为了防止碳泄漏或鼓励特定行业和企业发展而给予的免费额度，但预计后期会逐步取消。拍卖分配另一个重要的功能是形成支持低碳发展的公共资源。欧盟成员国、英国和欧洲经济区国家2012—2020年拍卖收益超过570亿欧元，2019年拍卖收益超过141亿欧元，其中有77%用于气候和能源目的。我国资源与地区经济的发达程度呈逆向分布：煤炭集中于内蒙古、山西等省份；原油集中于陕西、黑龙江等省份；天然气集中于河北、山西等省份。为了低碳发展平稳转型，我们需要帮助高碳地区和行业应对冲击及转型。当下，中央及各地财政比较紧张，碳市场的拍卖收益支持部分地区和行业的转型是可以考虑的方向。

（三）推动金融机构广泛参与，形成能产生足够激励且相对稳定的碳价格，并以金融监管的理念进行管理

中国的全国性碳市场尽管规定符合条件的机构和个人可以参加，但

目前只有控排企业能参与，符合条件的金融机构还未参与进来。如果没有金融机构的参与，碳市场在价格发现、预期引导、风险管理等方面的作用将大打折扣，甚至可能影响减排目标的有效达成。欧盟碳市场的参与主体除了控排企业之外，还包括银行、基金、经纪交易商等各类型的金融机构。我们应将碳交易市场定位为金融市场，以金融监管理念进行管理，加强交易产品、机制及参与者的金融属性，推动衍生产品创新，增强市场流动性，将碳交易纳入金融市场体系和风控框架。目前正在修订的《期货法》应将碳配额衍生品纳入交易品种，依托现有的金融基础设施，以市场化、专业化方式构建全国性碳交易市场，有效利用较为成熟的市场管理经验，提高机构投资者的参与度，发挥市场成员的自律管理功能。

（四）碳价格要想形成对全社会生产、消费等行为的牵引，还取决于能否形成顺畅的价格传导

电力行业在碳排放中占据差不多一半，电价是最重要的"二传手"。中国目前的电力价格还存在一定的管制问题，并非完全的市场化定价。在这种情况下，碳价格信号的传导就可能阻滞在电价环节。下一步，中国要在建立全国统一碳市场的基础上，进一步推动形成更加有效的碳市场和更好的碳价格信号，助力低碳平稳转型。我们要尽快明确总量设定，让配额分配由免费逐步过渡到拍卖，推动金融机构的广泛参与，形成能产生足够激励且相对稳定的碳价格，推动能源价格市场化改革等。

六、前瞻性应对碳边境调节税

发达国家提出的碳边境调节机制，其收益必须用于发展中国家的碳减排，否则不符合"共同而有区别的责任"原则，实际上是变相贸易保护主义，中国要有前瞻性的应对。很多发达国家已经实现碳达峰，发展中国家碳排放还在往上升，所处阶段不同，碳价应是不同的。为防止碳泄漏，发达国家提出要征收碳边境调节税，相关收入也必须全部返还用于支持出口国、资源国等的低碳发展，从而体现对发展中国家的补偿属性。

尽管目前欧盟的碳排放量仅占全球的8%左右，但自工业革命以来其累计的碳排放量居全球前列，占到24%；美国占到25%；中国人口占全球的1/5，累计排放只占13%。如果发达国家没有对征收碳边境调节税收益进行合理安排，只是出于保护国内企业的竞争力，那么它们这样做是不符合"共同而有区别的责任"原则的，实际上是变相的贸易保护主义。

气候问题在经济学上是一个典型的"公地悲剧"问题，解决这个问题需要国际社会集体行动。在全面建设小康社会刚刚实现、人均GDP水平并不高、还面临不少发展问题的困难情况下，中国仍在2020年底向世界承诺了"30·60目标"，这是非常有担当的。反观发达国家，本应按照之前达成的国际共识，对发展中国家给予资金、技术等方面的支持，而现在不仅没有资金等方面的支持，还打算实施碳边境调节机制等措施。这不利于凝聚全球共识，共同抗击气候变化，反而会导致出现"公地悲剧"。

对可能出现的发达国家利用征收碳边境调节税实施贸易保护主义的现象，中国要有前瞻性的应对。如果发达国家从贸易保护主义出发，坚持执行碳边境调节税等举措，那么中国应尽快扩大国内碳市场和碳定价的覆盖范围，并对出口至发达国家的商品征收一定水平的碳税，从而将这部分税收留在国内，用于支持中国的低碳发展。

碳价会进一步上涨吗?*

鲁政委**

2021年7月16日，全国碳市场正式启动，这对我国碳市场建设工作具有里程碑意义，对全球应对气候变化的进程也具有重要意义。中国是全球覆盖温室气体排放量规模最大的碳市场，每年覆盖的二氧化碳排放量超过45亿吨。

截至2022年7月15日，全国碳市场的碳配额（CEA）累计成交量为1.94亿吨，累计成交额为84.64亿元。其中，挂牌协议交易成交量为3 259.28万吨，成交额为15.56亿元；大宗协议交易成交量为1.61亿吨，成交额为69.36亿元。全国碳市场运行了242个交易日，CEA成交价最低报42元/吨，最高报61.38元/吨。截至7月15日，CEA报收58.24元/吨，较启动日48元/吨的开盘价上涨了21.33%；尽管相较欧盟等其他国家和地区碳市场的碳价来说仍然较低，但已高于我国大部分地方试点碳市场，初步发挥了碳定价的作用。

一、多重因素影响碳价

考虑到我国气候目标的推进以及认为国际碳价应该趋同，市场上的一种普遍观点认为我国碳价后续仍将有较大上涨空间。2020年7—8月，中国碳论坛、ICF国际咨询公司和中创碳投联合开展了一项中国碳价调查，并于2020年12月发布了《2020年中国碳价调查报告》。这项调查收集了500多位利益相关方对中国未来碳价的预期。调查结果显示，绝大

---

* 本文发表于《金融经济》，2021年第9期，收入本书时有改动。
** 作者系中国金融四十人论坛（CF40）特邀成员、兴业银行股份有限公司首席经济学家。

多数受访者预期全国碳市场价格将稳步上升，平均预期价格 2020 年为 49 元/吨，到 2030 年将升至 93 元/吨，而到 21 世纪中叶将升至 167 元/吨。

市场对我国碳价长期上涨预期的原因可以归纳为两个方面：一是随着我国自身气候目标的推进，配额总量预期将会持续下降；二是预期碳价将国际趋同，而目前与国际上其他地区碳市场相比，我国碳价仍处于相对较低的水平。根据国际碳行动伙伴组织（ICAP）2021 年 6 月初发布的全球主要碳市场碳价，我国试点碳市场碳价为 0.83~5.7 美元/吨，而在国际上其他主要碳市场中，欧盟碳市场碳价超过了 60 美元/吨，碳价相对较低的美国区域温室气体减排行动（RGGI）的碳价也达到了 7.6 美元/吨，高于我国所有试点碳市场碳价（见图 6-1）。

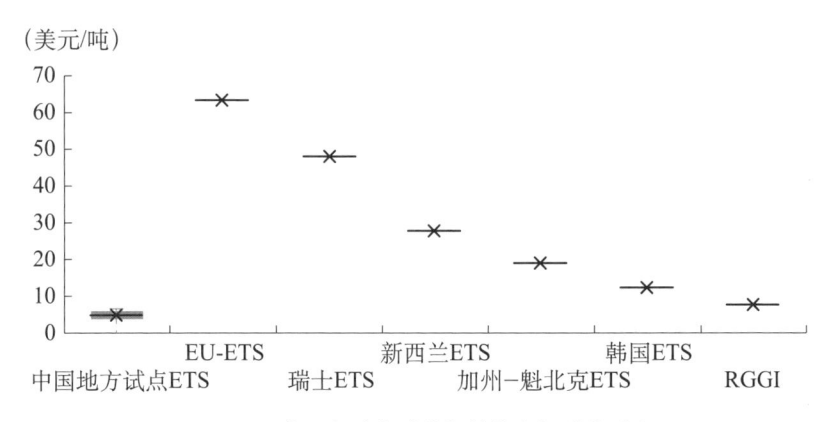

图 6-1　中国各试点碳价与其他市场碳价对比

注：图中均为 2021 年 6 月 3 日价格。若当日没成交价，则取最近一个交易日成交价或拍卖价，均以 2021 年 6 月 3 日汇率换算。

资料来源：ICAP，兴业研究．

那么，未来我国碳价会持续上涨吗？事实上，碳价受到多种因素的影响，不仅包括碳市场本身的制度设计因素，比如配额总量、市场灵活机制等，还包括宏观层面的经济增长水平、利率水平、技术进步等因素，这些因素都会影响碳市场的供需情况，并最终反映在碳价上。

（一）碳市场制度设计因素，包括配额和调控机制的设计

1. 配额总量的设定

这是影响碳配额价格的最直接的因素。碳排放权交易市场是一种基于"总量控制与交易"（cap and trade）的机制，因此，总量控制是碳市场的基础，配额总量决定了碳市场的总供给。在其他条件相同的情况下，若是配额总量设置趋紧，则配额总供给将会减小，配额将更加稀缺，碳价也会随之上升，反之碳价则会下降。此外，配额的分配方式也会对碳价有所影响。通常在其他条件相同的情况下，免费分配比例越高，碳价相对越低。

除了碳市场直接设定的配额总量外，未来配额总量的预期也会受气候政策的影响。减排目标的设定决定了长期的减排需求，也会对碳价格产生影响；在碳配额总量设置与气候目标挂钩的情况下，这种影响更加显著。以欧盟为例，2008年，欧盟宣布了较为激进的减排政策：到2020年实现"三个20%目标"，即可再生能源电力占比提高到20%、能效提高20%、碳排放量比1990年减少20%，碳价进入上升通道。2015年底，在各界寄予众望的巴黎气候大会上，《巴黎协定》最终没能达成强制减排目标，而只是建立了减排合作的意向，这对市场造成了一定的打击，碳价也转而掉头向下。2020年底，欧洲理事会将2030年减排目标中的比1990年的水平下降40%提升至下降55%。随着更高气候目标的提出，欧盟碳价再度持续上涨，创出新高。

2. 市场灵活调控机制的设置

（1）抵消机制。在碳配额清缴中，通常允许使用一定比例的减排项目产生的碳信用（carbon credit）进行抵消。通过调节抵消比例（数量）限制和抵消项目要求（质量），可以调节可用于抵消的碳信用供给。当抵消比例越大、对抵消项目的限制越少时，可用于抵消的碳信用越多，对碳市场上交易的配额需求就会越小；在其他条件相同的情况下，碳配额价格可能会越低。

（2）配额的储存与借贷机制。碳配额储存即允许本履约期的碳配额储存至下一期使用，那么在预期未来碳配额价格会上涨的情况下，交易机构会倾向于将富余的碳配额储存起来而不是在当期卖出。这一方面会减少当期碳配额的供给，另一方面也会增加未来碳配额的供给。碳配额的借贷则是指允许借用未来的碳配额用于当期的履约，那么在当期配额需求较大、碳价过高且减排成本较高时，交易机构将会选择借用未来的碳配额用于当期履约。对当期和未来碳配额的供给影响与碳配额储存刚好相反。由此可见，配额的储存与借贷机制在一定程度上可以平抑跨期碳价的波动。

(3) 市场稳定机制。市场稳定机制是防范碳配额价格异常波动风险，以及防止市场失灵的有效手段。目前，全球大部分碳市场均设置了市场稳定机制，主要包括市场稳定储备（MSR）、成本控制储备（CCR）、设置价格上下限、拍卖保留价格等。例如，欧盟碳市场在2019年1月启动了市场稳定储备机制，即在市场过度下跌的时候回购配额，在价格过高时卖出，以此来稳定价格。大部分有拍卖方式的碳市场均设置了拍卖保留价格。美国区域温室气体减排行动确立了成本控制储备机制，防止配额价格过高。CCR由配额总量之外的固定数量的配额组成，只有在配额价格高于特定水平时才能被出售。当CCR被触发时，配额将以不低于CCR触发价格的水平出售。

(二) 宏观经济与技术因素

1. 经济增长水平

经济增长水平越高，企业生产活动水平越高。在其他条件相同的情况下，碳排放量也会更大，碳配额的需求量将增加，从而带动碳价的上升；反之，在经济萧条期则往往伴随着碳价的下跌。仍以欧盟碳市场为例，2008年金融危机、2011年欧债危机两次连续的冲击都使碳价大幅下跌。2016年英国脱欧之后，市场担心经济走弱，并且英国作为欧盟最大的配额净买方离开欧洲市场，可能降低EU-ETS主体市场的需求，导致价格出现下跌。而在2019年之后，尽管欧盟提高了气候目标，对配额总量设置了明确的长期年度递减计划，并且启动了市场储备机制，给欧盟碳市场碳价带来了一波持续上升的动力，但2020年初暴发的新冠疫情仍然阻断了欧盟碳价的上涨势头。碳价出现大幅下跌，从疫情暴发前的25欧元/吨左右下跌到了15.24欧元/吨，下跌幅度近40%。

2. 利率水平

利率水平提高意味着企业的减排成本也在提升，相应的碳价可能也会上升。

3. 技术因素

如果低碳技术在短期内取得突破，企业减排成本大幅下降，那么企业的排放水平也会大幅下降，碳配额需求降低。此时若碳市场未及时调控或调整排放基准值水平，则可能出现碳价的大幅下降。

（三）其他短期影响因素

首先，影响化石能源消费量波动的短期因素可能会对配额价格产生一定的影响。化石能源消费量增加，碳排放量也会增加，碳配额的需求也会提升，反之则会下降。比如天气因素，冬季供暖需求会使化石能源使用大幅增加；阴雨天可能会降低可再生能源产量，化石能源使用也会增加，相应的碳排放量会增加，碳配额价格可能会提升。再比如化石燃料的价格因素，短期内燃料价格的波动也会对化石能源使用量产生影响，从而影响碳排放量和配额需求。其次，当临近履约期时，碳配额的需求可能会有所提升，相应的碳价也可能有所上升。

二、国际碳价一定会接轨吗

市场上一种普遍的观点认为我国碳市场碳价未来将与国际碳价实现接轨。一方面，在全球应对气候变化的背景下，未来实现不同碳市场之间的连接并逐步形成一个全球性的碳市场，被认为是提升全球碳市场的流动性与有效性的重要方向，而一旦实现连接，不同碳市场中的碳价将会实现对接与趋同；另一方面，欧盟、美国等发达地区已开始酝酿碳关税等机制，我国碳价低于国际其他碳市场，这将使我国的高碳出口企业在未来处于较为被动的地位。

然而，笔者认为国际碳价接轨并非必然。

（一）目前全球碳市场连接面临挑战，而在尚未实现连接的情况下，国际碳价难以实现接轨

要实现全球碳市场的连接，需要各地政府对其碳市场的设计要素进行调整，并共享对碳市场的管理，这可能意味着放弃一部分管辖权。此外，本国或本地区的企业在碳市场连接后购买其他地区的碳配额，意味着将为外部地区的减排行动提供资金支持，而非在本地实现减排

(ICAP, 2016)。因此，目前全球碳市场的连接面临较大挑战。而在未实现连接的情况下，各个国家或地区的碳市场碳价仍然主要取决于当地碳市场自身的制度设计与市场供需情况，国际碳价难以实现接轨。事实上，从目前全球已有的碳市场实际运行情况来看也是如此。自 2005 年全球首个碳市场（EU-ETS）启动运行以来，截至 2021 年 1 月 31 日，全球共有 24 个运行的碳市场，全球连接尚未取得实质性进展。而从主要碳市场碳价的历史走势来看，也并未实现接轨（见图 6-2）。

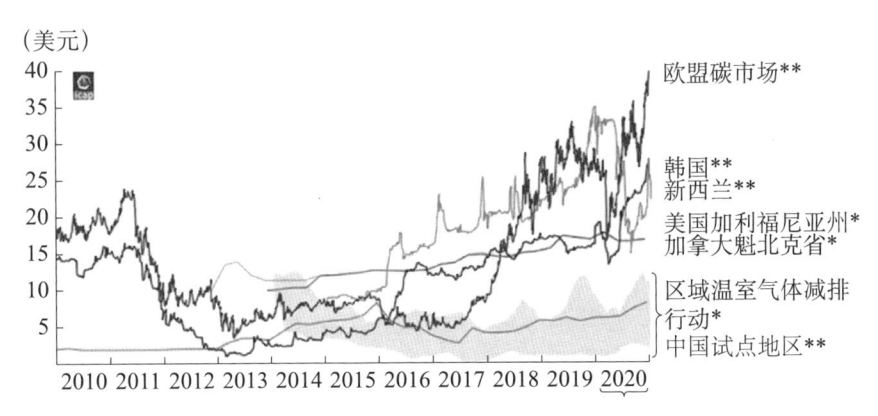

图 6-2　全球主要碳市场碳价走势对比

注：* 为一级市场价格，** 为二级市场价格。

资料来源：ICAP，兴业研究。

（二）即使我国碳市场实现了与国际碳市场的连接，碳市场的碳价也未必会实现国际接轨，还要取决于与其他碳定价机制的协同

目前，全球主要的碳定价机制包括碳市场和碳税，当碳市场与碳税制度并存时，碳配额价格和碳税共同构成了实际的碳价格（碳排放成本）。此时，即使全球碳市场实现了连接，碳市场的配额价格也未必会实现接轨，还要取决于各个地区碳税制度的安排，最终实现的是碳排放成本的趋同。在此背景下，"碳税＋差别定价的全球连接碳市场"恰恰是一种能够更好地履行"共同但有区别的责任"原则的模式。目前，欧盟等发达地区已经开始酝酿碳边境调节机制，以应对国际贸易中各地区企业排放成本的差异，而这实际上违背了"共同但有区别的责任"原则。除非发达国家将征收的碳关税用于发展中国家的低碳减排，否则，有学者提出我国应对出口至发达国家的商品征收一定水平的碳税，从而将这部分税收留在国内，用于支持中国的低碳发展（徐忠，2021）。因此，在"共同但有区别的责任"原则下，"碳税＋差别定价的全球连接碳市场"或许是一种更好的方式。首先，发展中国家碳市场碳价低于发达国家符合不同发展阶段的需要，而对出口企业补征碳税则可以确保各国企业在国际贸易中面临相同的减排成本，保证国际贸易中的公平竞争，同时碳税收入也可以用于发展中国家自身的低碳减排；其次，差别定价的全球连接碳市场可以吸引发达国家的企业在发展中国家碳市场中购买价格相对较低的碳配额进行履约，这也为发达国家向发展中国家的低碳发展提供了资金支持的渠道，以更好地履行"共同但有区别的责任"原则。

三、全国碳市场碳价如何走

在全国碳市场现有制度安排下，我国碳配额价格走势会如何呢？这主要取决于未来全国碳市场供需情况的变化。

根据生态环境部2020年12月公布的《2019—2020年全国碳排放权交易配额总量设定与分配实施方案（发电行业）》，对2019—2020年配额实行全部免费分配，并采用基准法核算重点排放单位所拥有机组的配额量。重点排放单位的配额量为其所拥有各类机组配额量的总和。采用基准法核算机组配额总量的公式为：机组配额总量＝供电基准值×实际供电量×修正系数＋供热基准值×实际供热量。其中，碳排放基准值可以理解为单位供电（供热）量的二氧化碳排放量；修正系数是考虑到机组固有的技术特性等因素，用于进一步提高同类别机组配额分配的公平性，这里暂未考虑地区修正系数。

从全国碳市场的总供给，即配额总量设定来看，主要取决于两个因素：一是生态环境部确定的碳排放基准值。基准值越高，配额总量越大。二是发电企业的实际供电量和供热量。实际供电量和供热量越高，配额总量越大。而影响企业配额缺口的主要是碳排放基准值，若企业实际发电碳排放强度低于基准值,则会产生配额盈余;若高于基准值,则会产生配额缺口。因此,基准值的高低将直接决定碳市场的实际供需情况。在其他条件相同的情况下,基准值越高,企业盈余的配额越多;而缺口越小,配额价格则会相对较低。

一方面,在目前全国碳市场的基准值下,初始配额分配还不是非常紧张。根据国际能源署(IEA,2020)的测算,如果各重点排放单位均实测其燃料排放因子,那么大部分煤电厂的平均二氧化碳强度将低于全国碳市场的基准值,配额分配相对宽松。根据国内相关机构的对比,与现有上海、广东、湖北、福建四大地方碳市场的燃煤机组供电排放基准值相比,全国碳市场 2019—2020 年的配额基准明显偏高,比试点区域平均基准值高约 10%,供热基准值也要高于上海、福建碳市场。未来预期基准值将会有所下降,但对未来配额松紧程度的影响则取决于基准值下降的幅度与速度。在目前的基准法分配方案下,碳市场将激励发电企业提高效率:提高能效,降低实际燃料碳排放因子;优先选择能效更高、排放更低的机组进行发电。随着国家减排工作的推进以及发电行业效率的提升,预计未来发电行业碳排放基准值将逐步下降,但也并不一定意味着未来碳价的提升,这还要取决于未来基准值下降的节奏相对于发电行业实际效率提升的节奏是更快还是更慢。

另一方面,从发电行业企业端的碳配额的供给和需求来看,在当前制度安排下需求可能大于供给。根据生态环境部 2021 年 3 月发布的《碳排放权交易管理暂行条例(草案修改稿)》征求意见稿,重点排放单位足额清缴碳排放配额后,配额仍有剩余的,可以结转使用。尽管正式文件尚未出台,但这版意见稿与 2019 年公开征求意见的第一稿草案中均提到配额可以结转使用,并且在地方试点市场的实践中也可以结转使用,因此预计全国碳市场配额可以结转使用,即重点排放单位的剩余配额可以结转到下一年继续使用。在配额可以结转使用的情况下,具有履约义务的发电企业对于碳配额的购买意愿要大于卖出意愿。当前,国家尚未公布未来碳配额总量以及碳排放基准值变化的规划,发电企业缺乏明确的预期,因此当有盈余配额时可能倾向于长期持有以应对未来的不确定性。此外，市场预期未来配额分配会逐步收紧，同时碳价可能会持续上涨，因此企业当前对于碳配额的购买意愿也会高于卖出意愿。目前，可用于抵消配额清缴的中国核证自愿减排量（CCER）的最大比例仅为5%（试点地区比例为5%~10%），且相关细则尚未出台，而我国CCER一级市场的备案签发也已于2017年暂停，尚未重启，因此目前CCER的供给有限。而从需求端看，我国火电发电量仍在持续上涨（见图6-3）。由此来看，尽管根据相关机构的测算，目前全国碳市场配额的分配偏松，但市场中仍然可能是需求大于供给。

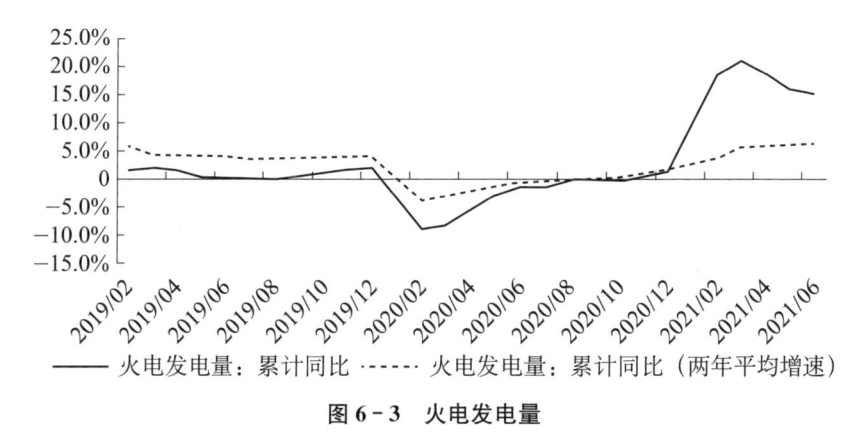

图6-3 火电发电量

资料来源：Wind，兴业研究．

但是，碳配额的需求并非没有上限。基于上述分析，若碳配额需求持续上升，那么碳配额价格也将具有持续上涨的动力。但碳配额的需求并非没有上限。

首先，国家设定了配额履约缺口上限，根据《2019—2020年全国碳排放权交易配额总量设定与分配实施方案（发电行业）》，为降低配额缺口较大的重点排放单位所面临的履约负担，在配额清缴相关工作中设定配额履约缺口上限，其值为重点排放单位经核查排放量的20%。即当重点排放单位配额缺口量占其经核查排放量比例超过20%时，其配额清缴义务最高为其获得的免费配额量加20%的经核查排放量。为鼓励燃气机组发展，在燃气机组配额清缴工作中，当燃气机组经核查排放量不低于核定的免费配额量时，其配额清缴义务为已获得的全部免费配额量；当燃气机组经核查排放量低于核定的免费配额量时，其配额清缴义务为与燃气机组经核查排放量等量的配额量。这意味着，燃气机组出现配额缺口时，不需要额外购买配额进行履约清缴；燃煤机组出现配额缺口时，需要额外购买用于履约清缴的配额量最大为实际排放的 20%。

其次，企业配额缺口与自身机组效率以及供电（热）量有关。当履约成本高于减排成本时，企业可以通过技术创新、管理创新、工艺创新、设备创新等来提升机组效率，或者发展低碳的新能源发电，以缩小配额缺口。而在当前碳达峰碳中和目标下，企业对于节能减排的重视程度已明显提升，同时低碳技术也在快速发展，减排成本也将逐步下降。未来企业可能逐步从被动减排缩小配额缺口转向主动减排，从而减少配额需求。

综合来看，在当前的制度安排下，全国碳市场交易主体基本都为配额需求方。持有的配额将会主要以履约为目的，市场活跃度或将面临挑战，但需求也并非没有上限，短期内预计碳价将维持稳定。从长期来看，全国碳市场的碳价走势仍然受到经济增长、技术进步、碳市场制度变化等多种因素的影响，预计会处于波动状态。

四、碳市场下一步发展

相比运行多年的欧盟碳市场，目前全国碳市场还处于发展初期，尽管率先纳入的发电企业数量超过 2 000 家，但总体来说，纳入的行业和企业数量有限，整体市场活跃度还有待提高。为了进一步提高碳市场的活跃度，充分发挥碳市场的作用，应继续推进对碳市场纳入主体扩容的工作。

这包括两个方面：一方面，需要纳入更多的行业，将更多的行业和企业纳入全国碳市场履约的工作中。目前，发电行业已经于 2021 年底完成第一期履约的工作。从目前的进度来看，建材行业和有色行业有望被尽快纳入全国碳市场履约工作中。具体来说，建材行业中的水泥行业和有色金属行业中的电解铝行业具有较好的优势，不仅在于其工艺较统

一、数据统计较好，还因为在 2017 年全国碳市场建设工作启动之前，国家主管机构初步制定过一次配额分配方案，因此有较好的工作基础。此外，2021 年生态环境部已分别委托中国建筑材料联合会、中国有色金属工业协会开展建材和有色金属行业的全国碳市场建设相关工作。另一方面是让更多的控排企业之外的机构和个人投资者加入并参与到碳市场中。让更多的机构和个人投资者参与到碳市场中，整个市场的活跃度自然会慢慢提升。

此外，为了进一步提升碳市场的活跃度，全国碳市场应积极开发完善相关碳交易产品，从现在的配额和 CCER 的现货交易逐步拓展到期货、期权等多品种的碳交易衍生品。这样可以有效避免碳交易集中在履约截止期前而其他时间段交易量较少的情况，也可以有效帮助控排企业规避风险或者获得收益。同时，尽快重启 CCER。CCER 作为碳市场的重要组成部分，对促进碳市场的活跃度提升也有很大的帮助。

CCER 的重要作用主要体现在三个方面：(1) 丰富纳入控排企业的履约手段。根据相关规定，重点排放单位可以使用一定比例的自愿减排量完成当年的履约工作，可以有效降低企业的履约成本。(2) 扩展碳市场交易产品，开发像 CCER 与配额之间进行互换交易等创新交易机制，提升碳市场交易的灵活度，提升碳市场交易的活跃度，这有利于全国碳市场碳价的发现和调节。(3) 有利于绿色低碳技术创新和产业投资。根据目前已有的 200 余种减排方法学，CCER 项目主要是对可再生能源、林业碳汇、甲烷利用等低碳项目的支持，因此 CCER 机制可以有效促进相关项目的发展，推动"双碳"战略的实施。

自 2017 年 3 月以来，CCER 已经暂停 5 年多了。在"双碳"战略背景下，作为碳市场的重要组成部分，CCER 若重启将在更大的范围内鼓励更多的企业或其他市场参与主体积极开展相关减排工作。从 CCER 项目的开发来看，未来会有更多的可再生能源、林业碳汇、甲烷利用等低碳和零碳项目的开发实施，支持新的低碳技术和低碳项目发展，同时也可以为低碳产业带来更多的资金支持，拓展低碳产业投融资方式。从 CCER 的使用来看，产生的 CCER 进入碳市场可以有效地促进碳市场的交易活跃度提升，为碳金融产品的开发奠定有利的基础，从而丰富碳市场的交易品种，提升碳市场通过市场机制方式促进企业开展减排工作的作用。但我们也要意识到，为了有效协调CCER与配额之间的关系，避免CCER对配额交易价格的冲击以及碳市场在建设初期出现的问题，CCER在未来一段时间内还是会按照循序渐进原则，即先易后难，逐步扩大覆盖范围，推进相关工作。

第七章

"双碳"转型风险与应对

需重视转型风险带来的金融问题

马 骏[*]

一、碳中和带来巨大投资需求

碳中和未来将产生超过百万亿元的低碳投资需求。清华大学气候变化与可持续发展研究院牵头的《中国长期低碳发展战略与转型路径研究》报告指出,在今后30年,中国若要接近实现近零排放,需要低碳投资138万亿元。

根据我们牵头的《重庆碳中和目标和绿色金融路线图》课题报告估算,未来30年,如果重庆要实现接近零排放,则需要13万亿元绿色投资,其中包括8万亿元低碳投资。绿色投资分为两大板块:一是环保板块,比如减少空气污染、水污染、土壤污染等;二是减碳板块,预计涉及规模在8万亿元左右。重庆人均GDP处于全国平均水平,如果将重庆映射到全国,按照重庆GDP规模占全国约1/40的比例推算,未来全国低碳投资需要几百万亿元。

此外,据中国投资协会和落基山研究所估计,中国在可再生能源、能效、零碳技术和储能技术等七个领域需要投资70万亿元,在国家层面低碳投资将带来最大的需求。

为什么需要有这么多投资?因为碳中和(净零)路径与基准路径存在巨大差别,使用传统高碳技术的能源、交通、建筑、工业产能和设施将无法长期使用。为实现各产业的净零排放,需要大量投资,尤其是对绿色技术、低碳技术、零碳技术的大规模新增投资,以及这些技术在能

---

[*] 作者系中国金融四十人论坛(CF40)成员、北京绿色金融与可持续发展研究院院长。

源、交通、建筑和工业领域的大规模运用。具体涉及如下几大领域：

（1）风能和光伏板块。据风能协会预测，未来 5 年，每年平均需要 100 功率的新增装机容量，与上个 5 年相比，清洁能源新装机容量有望翻番，以后将持续保持高速增长。

（2）交通运输电气化。未来，海南没有燃油车，将全部是电动车，即使用绿电。电动车销售量增长将非常快，未来 5~10 年估计至少达到年化 35%。

（3）氢能作为储能方式是清洁能源非常重要的板块，将经历爆发式增长。

（4）绿色建筑。中国建筑研究院的示范项目对旧建筑进行零碳改造将能耗降低 80%，其余 20%的能耗通过光伏板提供，实现了净零。这项改造每平方米仅额外花费 1 000 元，与北京的房价相比，这项成本几乎可以忽略不计。未来，全国将大规模进行绿色和零碳建筑的建设和改造。

（5）零碳示范园区将在国内快速推广。施耐德电气（EUREF）已经在柏林周边设立零碳示范园区，将所有建筑、电力设施、交通运输设施都做到零碳，这说明此类技术已经基本成熟。园区内的项目没有政府补贴，都是财务可持续的。我预计，未来我国的许多地区会更大规模地建设零碳示范园区，比如重庆、上海、北京、浙江、福建、河北雄安新区都在设想和规划零碳园区。

二、需要重视转型风险带来的金融问题

气候风险可分为两类：一类是物理风险，比如海平面上升、飓风、台风等；另一类是转型风险。如果不搞碳中和，那么未来全球将面临巨大的物理风险；而承诺碳中和后，物理风险将得到控制，未来最大的风险将是转型风险——我国的转型承诺要求在 30 多年的时间内，将几乎所有行业的碳排放降至近零。这一过程将会导致高碳产业和企业面临巨大风险。这些企业的未来收入将下降，成本将上升，盈利会下降甚至亏损。许多高碳企业和资产会成为搁浅资产或不良资产。

笔者牵头的央行与监管机构绿色金融网络（NGFS）监管工作组在

2020年9月发布了环境风险分析的两份重要文件——《环境风险分析综述》和《ERA方法案例集》。这两份文件总结了全球金融机构（包括银行、保险机构、证券机构）中已经研发或使用的各类用于环境和气候风险分析的模型方法，便于金融机构估算由于气候和环境转型因素导致的贷款不良率上升和投资估值下降的风险。

在宏观层面，一些机构和央行研究了气候相关风险对金融稳定的影响，并进行了量化测算。据经济学人智库（EIU）测算，在极端情况下，气候变化会带来43万亿美元的金融损失；据荷兰央行测算，本国11%的银行资产将面临较大的气候风险。在产业层面，根据英国咨询公司生动经济学（Vivid Economic）对于上市板块的风险分析预测，煤炭板块股票减值幅度或将达到80%，石油天然气将下降50%；国际非营利性智囊团2DII（2° Investing Initiative）认为，在气温升高2℃的情况下，煤电资产或减值80%，引发的银行违约率或提高4倍。

我在清华绿色金融研究中心的团队开发了一套转型风险模型，在考虑未来十年中的五大转型因素后，对我国煤电领域贷款面临的转型风险进行了测算。这五种转型因素包括：

（1）需求下降。由于能源转型政策，未来对煤电需求下降，导致煤电企业销售收入下降。

（2）新能源成本下降。由于技术进步，未来十年内，光伏、风能等新能源发电成本或将降至煤电成本的50%以下，在此过程中，煤电价格将被迫下降。

（3）碳价格上升。要落实碳中和的目标，未来十年内碳价格应当上升10倍，不努力减排的火电企业将以更高价格来购买碳配额。

（4）评级下降。前面3种因素将导致煤电企业财务状况恶化，相关银行评级或债券市场使用的信用评级下降，导致融资成本提高，使其财务状况进一步恶化。

（5）银行改变风险权重。未来银行或监管机构可能会考虑调整不同资产所适用的风险权重，降低绿色资产的风险权重，提高棕色资产的相应权重。如果未来棕色资产的风险权重上升，那么煤电企业融资成本将面临额外的上行压力。

我们将这五种转型因素引入气候转型风险模型，以三家大型上市煤电公司数据为基础进行模拟，结果发现其违约率都快速上升。未来10年，如果考虑需求下降、价格竞争、融资成本上升等因素，中国样本煤电企业的违约概率将从2020年的3%左右上升到2030年的22%左右。从金融或财务回报和风险的角度来看，金融机构就不应该再考虑此类投资标的。全球已有100家大型金融机构宣布限制煤电投资，其中部分机构表示现在就不再投资，还有一些表示在一定期限内逐步减少或停止在这个领域的投资。

三、完善绿金政策体系，落实"30·60"目标

为应对"30·60"目标提出的要求，绿色金融政策体系应该如何完善？我提出以下七个方面的建议。

（一）以碳中和为约束条件，修订绿色金融界定标准

这里的绿色金融标准，包括绿色信贷、绿色债券、绿色项目等方面的界定标准。现在，绿色债券标准的修订版已经剔除了清洁煤炭等高碳项目。这类项目虽然能减少空气污染，但会增加二氧化碳的排放，因此不符合碳中和要求，应该剔除。

但我们的绿色项目目录、绿色信贷目录等其他绿色目录中仍未做出相应调整。未来这些标准的修订需要遵循无重大损害原则，即在环境、气候、生物多样性等多个重要领域之中，不能因为实现了一个目标而损害另一个目标。

（二）要求金融机构开展气候（碳）相关的信息披露

过去要求金融机构披露环境相关的信息，主要是披露绿色信贷、企业绿色投资对于环境的贡献等，但对于碳排放等负面信息没有披露。未来，应当要求金融机构披露碳排放信息，包括银行贷款和股权投资的项目所产生的碳排放。只有知道碳排放和碳足迹，才有可能实现碳中和的目标。因此，未来在强化环境信息披露的过程中，要把碳相关的信息作为非常重要的内容，信息披露也应该变成强制性要求。

我建议监管部门要求银行披露全部资产（主要是借款企业的投资项

目）的碳排放信息。虽然一步到位很难，但可以从大型企业做起，逐步扩展到中型和小型企业。大型、重点排放企业的碳排放信息已经存储在环保系统中。环保口与金融口的信息沟通非常重要，能够降低重复采集数据的成本。

国外一些金融机构已经初步建立起披露碳足迹的标准。比如，在中英环境信息披露试点小组内，英国的英杰华集团（AVIVA）就披露了2018年和2019年所持有的股权资产和债权资产的碳足迹。数据显示，其碳足迹正在逐年下降。此类案例表明，金融机构的碳足迹披露在技术上是可行的。此外，英杰华也披露了气候压力测试的结果，即机构面临的由于物理风险和转型风险而带来的金融风险。因此，金融机构的前瞻性压力测试或情景分析也是可行的、可披露的。此外，汇丰银行、兴业银行等金融机构也对高碳资产的敞口进行了披露。

目前，国内监管机构只要求银行统计和部分披露绿色信贷，没有要求披露棕色或高碳资产。一些金融机构也只愿意披露绿色贷款信息，不愿意披露其在棕色领域的敞口和风险。其实，披露棕色资产信息对金融机构是好事。如果金融机构不分析、不披露其棕色资产的敞口和风险，那么市场会认为这些机构没有充分了解相关风险，而不了解风险就可能出危险。在金融机构计算、披露风险后，市场将会认为它们已经准备积极应对风险，市场对其认可度将随之提高。

（三）鼓励金融机构开展环境与气候风险分析，包括前瞻性的压力测试和情景分析

央行绿色金融网络已经就环境和气候风险分析提供了方法和工具，下一步需要在国内进行推广和能力建设工作。能力建设达到一定程度后，应该考虑把环境风险分析作为强制性监管要求。现在，在中英环境信息披露试点小组的合作框架下，我国已有三家银行开展环境风险分析，工商银行、兴业银行和江苏银行已经建立内部模型，其他一些银行也在跟进。

（四）强化对低碳投融资的金融激励机制

具体包括四项建议。

1. 专门设立支持绿色低碳项目的再贷款机制

早前支持绿色项目的再贷款放在整体的再贷款机制中，没有专门针对低碳项目的再贷款项目。最近一些再贷款的安排还有附加条件，比如中小企业的贷款必须占到 50% 以上，如果找不到足够的中小企业就无法发放绿色再贷款，约束条件过多。未来在碳中和的背景下，低碳项目数量将大幅增加。因此，设立每年规模达数千亿元、专门支持绿色低碳项目的再贷款机制，是有条件的、有必要的。

2. 将较低风险的绿色资产纳入商业银行向央行借款的合格抵押品范围

拥有这些绿色抵押品的银行就可以向央行借到便宜的资金。

3. 将银行的碳足迹纳入中国人民银行宏观审慎评估（MPA）或者中国人民银行的绿色银行考核机制

如果某家银行的贷款碳足迹下降得快，就表明这家银行的绿色表现优异，中国人民银行的支持性政策工具就可以对其多提供一些，包括便宜的流动性、存款准备金率的优惠等。

4. 央行和银保监会应考虑降低银行的绿色资产风险权重，提高棕色（高碳）资产风险权重，同时保持整体风险权重不变

现在，银行对企业贷款的风险权重是 100%。是否可以考虑把绿色贷款的风险权重降低至 75%，将棕色贷款的风险权重提高至某一水平，以保持总体风险权重不变？从宏观意义上看，这种安排对银行的总体资本充足率没有影响，但可以有效发挥结构调整的功能，即通过降低绿色信贷的融资成本、提高棕色信贷的融资成本，加快投资结构和实体经济向绿色转型的步伐。其他国家缺少国内绿色资产、棕色资产的标准和数据，所以讨论了几年绿色、棕色资产风险权重改革的议题，也还没有实施。而中国有 7 年的绿色信贷数据，绿色贷款违约率只有 0.5% 左右，远低于总体贷款的违约率 2% 左右的水平。这些数据表明，提高绿色资产风险权重、降低棕色资产风险权重，不但可以加速投资结构的绿色化，也可能降低整个银行业面临的转型风险。这些数据方面的基础条件只在中国存在，因此中国在风险权重调整方面占据了最有利的地位，可

以率先引入改革政策。

（五）外汇局、主权基金和养老基金开展 ESG 投资

外汇局、主权基金和政府管理的养老基金作为资产所有者可以影响一大批资产管理人的行为，从而推动我国基金业的绿色化。在选择资产管理人时，外汇局、主权基金和养老基金如果提出附加条件，要求按照可持续投资原则将更多的资源配置到 ESG 项目，并只向达到标准和有 ESG 管理能力的基金管理人提供资金，将会带动一大批资产管理公司向 ESG 转型，同时把这些资管企业管理的其他资金也绿化了。这种意义十分深远，远远超出了外汇局、主权基金和养老基金的绿色投资的效益。

关于外汇、主权和养老投资的绿色化，央行与监管机构绿色金融网络报告中提出的建议可以作为参考。

（1）建立投资标的和基金管理人的筛选机制，这是最重要的。选择管理人需要满足 ESG 要求，达不到 ESG 管理水平就不能付费。

（2）建立主权基金或央行分析风险和气候的能力。要清楚哪些是高风险领域应该避免的，哪些是应该支持的领域。

（3）披露外汇、主权和养老基金投资的 ESG 信息，以带动整个行业信息透明度提升。

（4）专门支持某些绿色产业和绿色金融板块，比如投资绿色债券市场，以降低绿色债券的融资成本。

（5）参考挪威中央银行（Norges Bank），发挥股东的积极作用，通过股东参与推动被投资企业提升 ESG 表现。挪威中央银行管理 1 万多亿美元资产，在绿色主权投资方面处于国际领先地位，它不仅选择 ESG 表现良好的公司，也选择当前 ESG 表现一般的公司，而在投资后推动被投企业提升 ESG 表现。挪威中央银行发挥主权投资者积极主动的作用，推动和参与了 1 000 多家被投企业改善 ESG 的行动，这个经验值得借鉴。

（六）强化碳市场在配置资源中的作用

在被碳市场覆盖的控排企业中，碳交易已经发挥配置资源的作用，引导高效企业承担更多碳减排的活动。但是，除几千家被纳入碳市场的控排企业以外，碳市场的一项更加重要的功能应该是引导我国几千万家企业产生行为变化，激励它们更多地开展低碳的投资和其他活动。所有企业的投资、生产、运输、运营、采购行为都有碳排放，到底选择高碳的行为还是低碳的行为，很大程度上要看碳价格的走势。如果碳价明显看涨（可以表现为碳配额的远期价格明显高于即期价格），表明从事高碳活动的成本会越来越高，企业就会减少高碳的投资和其他活动。碳价的作用远远超出了被碳市场覆盖的少数控排企业的范围，我们应该充分考虑碳定价的有效性及其对整个经济中所有行业投资的引导作用。

如何保证碳市场、碳定价的有效性呢？我们必须在流动性的市场当中形成碳价。没有流动性，碳价就无效。流动性从哪儿来？需要金融参与，即大量金融机构的买家和卖家参与。这是金融机构和投资者参与碳市场的重要理由，他们可以保证定价有效性。同时，要开发碳期权、碳期货等衍生产品，它们一方面是增强流动性的工具，另一方面是为企业提供的风险管理工具。

碳市场也要搞对外开放。我建议考虑在广州碳排放交易所的基础上建立粤港澳大湾区统一碳市场，把广州、深圳和香港未来想建设和参与的碳市场放在一起，几家共同担任股东。具体来说，可以把广碳所改造成多方共建的碳交易所，并仿造股市通、债市通的做法，通过香港建立碳市通的机制，允许外国投资者便利地参与国内碳市场。互通机制前期可以对接大湾区的碳市场。三五年后，如果全国碳市场有了较好的流动性，就可以连接到全国碳交易市场，并允许外国投资者充分参与全国碳市场。

（七）在"一带一路"领域当中，建议考虑把中资机构在海外投资的煤电项目和新能源项目纳入国内的碳市场交易中

在海外的煤电项目如果不努力减排就要花钱买配额，而一些海外新能源项目可以出售减排指标。我们可以利用国内碳市场为海外的高碳项目提供惩罚机制，同时为海外的新能源项目提供激励机制，这样才可以体现中国对"一带一路"绿色化的实质性承诺。

审慎管理气候变化相关金融风险[*]

王　信[**]

气候变化相关金融风险问题已引起国际社会越来越多的关注，被认为是系统性金融风险的重要来源之一。落实新发展理念，统筹发展与安全，推动低碳绿色发展，实现习近平总书记提出的2030年前我国碳达峰和2060年前碳中和目标（以下简称"30·60"目标），防范系统性金融风险，都需要深入研究气候变化相关金融风险，并通过宏观审慎管理等手段及早加以应对。

气候变化相关金融风险包括物理风险和转型风险。其中，物理风险是指发生气候异常、环境污染等事件，可能导致企业、家庭、银行、保险机构等市场主体的资产负债表严重受损，进而影响金融体系和宏观经济的风险；转型风险是指为应对气候变化和推动经济低碳转型，由于大幅收紧碳排放等相关政策，或出现技术革新，引发高碳资产重新定价和财务损失的风险。这两种金融风险的存在，给中央银行维护金融稳定带来了重大挑战。

应对风险的前提是准确研判风险。由于气候变化、极端情况的出现、相关政策的变化等都存在高度不确定性，气候变化与金融体系相互联系和作用的机理非常复杂，气候变化相关金融风险的宏观审慎管理面临巨大挑战。一些国家在风险评估和压力测试等方面做了有益尝试，值得我们研究借鉴。

---

[*] 本文发表于《中国金融》，2021年第4期。
[**] 作者系中国金融四十人论坛（CF40）成员、中国人民银行研究局局长。

一、气候变化相关金融风险管理的国际实践

2017 年，二十国集团发布报告，鼓励各国中央银行、金融监管部门开展环境风险分析。2017 年 12 月，中国等八国发起设立央行与监管机构绿色金融网络，呼吁各国重视并协同应对气候变化相关风险。此后，绿色金融网络发布了一系列重要报告，包括 2020 年 9 月发布了《金融机构环境风险分析综述》及其案例集。2019 年 10 月，国际货币基金组织（IMF）在《全球金融稳定报告》中，深入探讨了气候变化与金融稳定之间的关系。2020 年 1 月，国际清算银行（BIS）发布报告指出，气候变化可能引发超预期且具有广泛或极端影响的不良事件，进而触发系统性金融危机。

一些经济体如中央银行和金融监管部门开始在自身层面或要求金融机构进行环境风险分析评估。

（一）从宏观经济金融高度进行分析研判

2018 年 12 月，新西兰储备银行制定了气候变化战略，改进气候信息披露制度，以更好地识别、监管气候变化风险。2019 年，欧洲中央银行宣布，将开展气候风险压力测试，将气候风险因素纳入欧洲中央银行业务运作框架。

（二）评估金融体系应对气候风险的韧性

澳大利亚审慎监管局（APRA）正在对参与气候变化调查的每个实体进行更深入的监督评估，计划自 2021 年起，对澳大利亚一些大型授权存款机构进行气候变化相关金融风险的脆弱性评估。欧洲中央银行开发了气候风险的宏观审慎分析框架，正积极与欧洲银行管理局（EBA）、巴塞尔银行监管委员会（BCBS）以及欧元区成员中央银行等合作，进一步完善气候变化相关风险的管理方法。2020 年 11 月，欧洲中央银行发布指南，明确欧洲中央银行 2021 年将在银行气候变化相关风险自评估的基础上，对其问题提出意见。到 2022 年，欧洲中央银行将对银行相关做法实施全面监督审查，必要时对气候变化相关风险进行监管压力测试。

2019年12月，英格兰银行宣布，拟评估大型银行和保险公司气候变化相关风险敞口，并进行情景分析，测试金融机构作为一个整体应对气候风险的韧性。法国、澳大利亚、新加坡也宣布了各自的气候风险压力测试计划。2020年5月，加拿大中央银行发布报告称已使用可计算一般均衡（CGE）模型评估了气候变化的经济金融影响。整体来看，各国金融监管机构正根据数据的可得性和精细度，逐步采用更精确的方法量化金融机构气候变化相关风险敞口。

2019年11月，美国参议员肖恩·卡斯汀（Sean Casten）等提出《2019年气候变化金融风险法案》，建议美联储成立专业咨询小组，帮助制定包括气候变化情景在内的金融压力测试方案。2020年11月，美联储指出，将在金融稳定框架下监测和评估金融体系应对气候风险的脆弱性，要求银行建立和完善包括气候风险在内的重大风险识别和监控系统。

（三）指导金融机构评估气候变化相关金融风险

2020年6月，新加坡金融管理局（MAS）发布环境风险管理建议原则，指出银行应在客户和投资组合两方面评估、缓解重大环境风险，银行应开发有关监测和评估环境风险敞口的工具和指标。2020年7月，法国审慎监管局（ACPR）宣布启动第一批"自下而上"的气候变化相关风险试点评估，以便法国的银行和保险公司及时发现数据缺失、模型不足等问题。ACPR还提出一个气候变化相关量化分析框架，供银行和保险公司自愿使用。2020年11月，欧洲中央银行宣布，2021年初将要求银行进行气候变化相关风险自评估并据此制定行动计划。澳大利亚审慎监管局（APRA）鼓励经济实体开展气候变化相关风险评估、管理和披露，并计划推出气候风险审慎实践指南。

（四）完善气候和环境信息披露要求

2015年8月，法国通过《绿色增长能源转型法》，要求机构投资者披露气候变化相关风险管理信息。2020年6月，英格兰银行发布报告，介绍了英格兰银行气候变化相关金融风险披露的主要方法、风险治理框架等。同月，英国审慎监管局（PRA）和英国金融市场行为监管局（FCA）共同主办的气候金融风险论坛（CFRF）专门针对金融机构的气候风险信息披露发布指引。2020年11月，欧洲中央银行发布报告，概述欧洲中央银行单一监管机制中重要金融机构的气候和环境风险信息评估状况，分析其存在的不足。

二、气候变化相关风险评估和压力测试面临的困难

总体上看，各国应对气候变化相关金融风险仍处于初级阶段，面临金融机构应对意识不强、相关信息披露不充分、风险评估和压力测试方法有待改进等问题和挑战。

（一）许多金融机构对气候变化相关金融风险尚未给予足够重视

金融业尚未充分了解环境风险与金融风险的相关性，对环境风险分析的投入和能力不足。

（二）信息披露不足影响风险评估

例如，根据欧洲中央银行的报告，仅45%的受调查机构公布了气候风险信息披露的方法、标准等；只有30%的机构公布了转型风险对自身商业模式的潜在影响；仅24%的机构披露了物理风险的潜在影响；在风险管理方面，披露关键绩效指标或关键风险指标的机构只占26%。

（三）风险评估和压力测试方法有待改进

全球风险管理专业人士协会（GARP）对全球20家银行和7家非银行金融机构的调研显示，只有50%的金融机构对气候风险进行情景分析，且只有少数机构经常这样做。摩根大通银行指出，现有气候风险压力测试模型需要解决好以下问题：气候变化何时产生负面影响；模型未讨论金融机构是否拥有足够的资本吸收损失，以应对气候极端变化长时间的影响；压力测试情景的一系列假设存在高度不确定性等。皮耶尔费代时奇（Pierfederici）认为，气候敏感度（大气中二氧化碳浓度增加一倍导致平均地表温度的变化）具有高度不确定性。艾德里安（Adrian）等提出，压力测试的关键是要捕捉"第二轮"效应，即资产价格下跌导致廉价抛售，进一步压低资产价格而形成恶性循环的机制。

从中国的情况看，中国是全球绿色金融的重要倡导者和引领者，在

应对气候变化相关金融风险方面有一定的基础。例如，自2019年第一季度起，中国就在全国范围内开展了金融机构绿色信贷业绩评价，并先后将其作为中国人民银行宏观审慎评估（MPA）和金融机构评级的重要依据之一，这是我国宏观审慎管理的重要尝试。目前，共有15家国内机构参与中英绿色金融工作组组织的金融机构气候和环境信息披露试点。但我国在气候变化相关金融风险的评估和应对上也面临较大挑战。

（1）近期，一些地区煤电等高碳项目还在立项，为气候变化相关风险的评估和应对带来更大的不确定性。国内低碳能源政策研究项目数据显示，2020年前5个月，我国新推进煤电项目48吉瓦，相当于2019年全年投产煤电项目装机容量的1.6倍、新批煤电项目装机容量的2.8倍。

（2）目前，各方重点关注中小银行、房地产、地方政府融资等方面较突出的风险，对短期不一定暴露，但中长期会产生巨大破坏力的气候变化相关金融风险的认知远远不够，深度研究非常缺乏。

（3）气候变化相关风险防范的基础性工作有待加强，包括绿色金融标准的统一、气候变化相关风险的信息获取和披露、部门协调和信息共享、对金融机构开展气候风险评估和应对的激励约束机制等。

三、政策建议

（一）制定有较强约束力的碳减排规划

根据"30·60"目标和到2030年中国单位GDP二氧化碳排放比2005年下降65%以上等目标，细化各行业、各地区的减排路径和能源转型目标，为准确评估、预测气候变化相关金融风险奠定坚实的基础。

（二）强化气候风险应对的顶层设计和宏观审慎管理

笔者建议强化宏观审慎管理职能部门的协调机制，重点就气候变化相关风险等问题加强部门协调和绿色金融政策的顶层设计。加强专业队伍建设，将气候变化相关因素和绿色金融活动纳入宏观审慎政策框架，抓紧构建"国内统一、国际接轨"的绿色金融标准体系，以及气候变化相关风险评估的方法论和工具，及早开展气候变化对金融体系影响的情景分析与压力测试。

(三) 强化金融机构气候变化相关信息披露和风险评估的体制机制

中央银行和金融监管部门应要求金融机构合理测算高碳资产风险敞口，将环境风险纳入其风险管理框架，定期开展环境风险评估和压力测试；金融机构应及时披露资产组合的碳排放量和强度等；作为激励和约束手段，应提高绿色金融业绩评价在中央银行金融机构评级中的权重；在货币信贷政策实施、存款保险费缴纳等方面，统筹考虑金融机构气候变化相关风险及其应对状况，促使金融机构合理调整资产结构和风险拨备。相关措施可先在系统性重要金融机构实施，再逐步扩展到其他金融机构。

(四) 加强气候变化相关金融风险评估和应对的国际交流与合作

更准确地理解和应对相关风险及其外溢效应。我国应积极参与气候风险的国际治理，促使国际应对气候变化政策和相关风险的缓释更加平稳地推进。

商业银行需高度关注碳中和目标带来的转型风险[*]

鲁政委　钱立华　方　琦[**]

为了实现 2030 年碳达峰和 2060 年碳中和的长期气候目标，我国整个社会经济体系都需要发生根本性的转变，金融系统也不例外。中国人民银行行长易纲在 2020 年 10 月 15 日召开的第 42 届国际货币与金融委员会（IMFC）会议上明确指出：人民银行正积极推进绿色金融，助力完成二氧化碳排放和碳中和的目标。在此背景下，银行作为经济社会系统中的重要金融中介机构，同时也是我国绿色金融发展的主要金融机构，需未雨绸缪、积极应对国家碳中和目标。

一、碳中和目标下银行金融业务发展的重点领域面临调整

（一）商业银行金融业务支持的行业结构面临调整

随着碳中和目标的提出，我国经济产业结构转型也将进一步深化，银行的信贷业务也需要进一步向低碳产业倾斜，加强对绿色产业的支持。与此同时，在强化的减排目标下，可再生能源、新能源汽车、碳捕集与封存等绿色产业发展潜力巨大，也将为银行带来可持续发展机遇。

（二）气候投融资将日益成为银行绿色金融重要领域

一方面，在银行的绿色信贷中，气候信贷占比达到 2/3。因为此前我国没有气候投融资的标准和统计制度，因此笔者将 21 家主要银行绿

---

[*] 本文发表于《中国银行业》，2020 年第 12 期。收入本书时有改动。
[**] 鲁政委，中国金融四十人论坛（CF40）特邀成员、兴业银行股份有限公司首席经济学家；钱立华，兴业经济研究顾问咨询有限公司绿色金融首席分析师；方琦，兴业经济研究顾问咨询有限公司绿色金融分析师。

色信贷余额统计表中对二氧化碳减排具有明显贡献的绿色信贷项目认定为气候投融资支持的相关项目。笔者将气候投融资信贷工具规模定义为"对二氧化碳减排量具有明显贡献的绿色信贷项目＋绿色信贷战略性新兴产业制造端贷款"，同时，筛选大项目下的对于二氧化碳减排量有明显贡献的细分子项目，从而形成各个大项目的不同权重。

根据此测算方法，2013年6月至2017年6月，气候投融资信贷工具余额占绿色信贷余额的比例持续增加，大约从66%增加至70%。其中，2017年6月，气候投融资信贷余额为5.7万亿元，占全部绿色信贷余额的69.5%。从投放领域来看，气候投融资的信贷余额主要投向绿色交通运输项目、可再生能源及清洁能源项目、新能源制造端、工业节能节水环保项目。2021年开始，中国人民银行开始在金融机构绿色贷款统计中加入对投向具有直接和间接碳减排效益项目贷款的统计。截至2022年第二季度末，我国投向具有直接和间接碳减排效益项目的绿色贷款总余额的比例达到66.2%。

另一方面，气候投融资顶层设计文件以及官方统计制度的出台，将进一步促进和规范气候投融资发展。2020年10月21日，生态环境部、国家发改委、中国人民银行、银保监会、证监会联合发布《关于促进应对气候变化投融资的指导意见》。这是气候投融资领域的首份政策文件，明确了气候投融资的定义与支持范围，对气候投融资做出顶层设计，引导资金、人才、技术等各类要素资源投入应对气候变化领域。

这份文件的出台对于指导和推动气候投融资工作，助力实现碳达峰目标和碳中和愿景具有里程碑的意义。而在此之前，中国银保监会下发了《中国银保监会办公厅关于绿色融资统计制度有关工作的通知》，增加了气候融资统计，包含了气候变化减缓融资和气候变化适应融资。此次银保监会专门开始对气候融资进行统计，充分说明了我国监管机构对气候变化的重视。应对气候变化是国际可持续发展最为关心的领域之一。我国也有自主贡献的"双碳"目标，监管机构与国家大的政策和目标保持高度的一致。此次将绿色产业和项目，以及将与对应气候变化最为相关的领域标注出来，并进行专门统计，实现了我国气候融资的官方统计。

（三）全国碳市场建设将加速，碳金融空间逐渐被打开

碳中和目标将增加碳市场的供给和需求，从而扩大碳市场的有效规模，而碳市场反过来又可以激励企业和居民碳中和的行动。因此，随着碳中和目标的提出，我国全国碳市场的建设进程也将加速。2021年7月，我国全国碳市场正式启动交易，目前仅纳入发电行业企业；"十四五"期间八大高碳行业中的其他行业，比如钢铁、水泥、化工、电解铝等也将逐步纳入。

未来，随着碳市场的逐步发展与成熟，覆盖范围与交易品种也将逐步扩大，特别是具有价格发现功能的碳期货等碳金融衍生品或将迎来快速发展，这也将进一步提升我国碳市场的活跃度，促进碳市场的良性发展，而与之相关的碳金融业务空间也将逐渐被打开。

二、碳中和目标下的气候环境风险管理

（一）商业银行应高度关注转型风险

银行等金融机构越来越受到气候相关风险的影响。气候相关风险主要包括物理风险、转型风险和责任风险三类，其中，转型风险是指快速低碳转型可能带来的不确定性所导致的金融风险，包括政策变化、技术突破或限制以及市场偏好和社会规范的转变等。

转型风险更多地体现在金融机构的资产方面，如果金融机构向业务模式不符合低碳要求的公司提供贷款，那么金融机构就会蒙受损失。由于政策行动、技术变革以及消费者和投资者对应对气候变化政策的支持，大量化石能源燃料储备面临搁浅风险，化石燃料企业可能会面临收益下降、业务中断、融资成本上升的局面。

前文已指出，随着碳中和目标的提出，未来我国整个经济社会都会朝着绿色低碳发生巨大的转变，银行面临的转型风险将凸显，因此商业银行需要高度关注碳中和目标带来的转型风险。

（二）商业银行需要加强气候风险管理和披露

为了应对日益凸显的气候风险，银行可以通过三个方面来加强自身的气候风险管理。

1. 降低高碳资产配置，化石燃料可能成为搁浅资产的风险促使国际银行业对煤炭开采和煤电领域的融资限制不断加强

银行业金融机构是应对气候变化的重要参与者，一方面，有责任减轻气候变化的影响；另一方面，基于对煤电等资产可能成为搁浅资产的风险考虑，银行对煤炭开采和电力领域的融资限制不断加强。

清华大学绿色金融发展研究中心进行的转型风险分析显示，如果银行继续向煤电提供贷款，在未来10年煤电行业贷款的不良率或违约概率会从现在的3%左右上升到10年后的20%以上。根据能源经济与金融分析研究所（IEEFA）2019年发布的报告，全球已有超过100家主要金融机构撤离动力煤领域，并制定了正式的动力煤开采以及燃煤电厂限制政策，这些金融机构包括公共开发银行、国家发展金融机构、出口信贷机构、私人银行和保险公司，囊括了前40大全球性银行和20家全球主要保险机构中的40%。

《2020银行业气候变化化石燃料融资报告》调查显示，被调查的银行中有超过70%的银行有限制煤炭融资的政策，越来越多的银行也开始限制对部分石油和天然气行业的融资，特别是针对油砂与北极地区的石油和天然气。

总体来看，2016—2019年间，前30名煤矿企业的融资额下降了6%，前30名煤电公司的融资额缩水了13%。随着我国应对气候变化工作的不断深入，银行将逐渐对化石燃料的融资加以限制，从只针对煤炭项目的限制性政策，逐步增加煤电领域的融资限制，并进一步增加对石油和天然气的限制，以及其他高耗能行业和对化石能源高度依赖行业的限制。

2. 银行逐渐建立全面的气候与环境风险管理体系

随着金融监管机构对气候风险的关注，以及银行对气候风险认识的逐渐加强，银行将逐渐建立全面的气候与环境风险管理体系。

2020年，欧洲央行与欧盟成员国国家主管部门共同起草了《气候和环境风险指南（草案稿）》（以下简称《指南》），《指南》对欧洲银行体系应对气候和环境风险提出了更高要求。借鉴欧盟的这个指南，更多

银行将气候和环境风险管理纳入银行的商业战略和商业决策，逐步建立气候和环境风险管理相关的政策、制度和流程，明确风险管理部门和业务部门职责分工，开展气候和环境的情景分析和压力测试，建设全面的气候和环境风险管理体系，不断提高银行气候和环境风险的管理能力，开展重点行业的情景分析和压力测试，并将测试结果应用于信用准入和风险管理。

3. 加强气候相关信息披露

气候相关信息披露将有助于银行评估和管理气候风险。在具体实践方面，商业银行可以学习采纳国际主流气候信息披露框架。国际上主流的绿色金融信息披露框架主要有气候相关财务信息披露工作组（TCFD）、气候披露标准委员会（CDSB）、碳信息披露项目（CDP）、全球报告倡议组织（GRI）、绿色保险原则、负责任银行原则等。

（三）学习和创新气候信息测算与披露方法学，进行信贷和投资等银行主要资产碳强度的信息披露

国际上，部分金融机构以协调融资排放量的核算为目标，建立了碳核算金融合作伙伴关系（PCAF），以使投融资排放的核算和披露标准化，并协助金融部门与《巴黎协定》保持一致。银行和投资机构可以使用PCAF的方法评估其投融资排放，以此作为其他有关气候行动的起点。在国内，兴业银行的研究构建了一项综合的指标——信贷碳强度，即每新增一单位信贷投放将引致多少单位的完全二氧化碳排放量。这项指标并不区分绿色信贷与非绿信贷，主要测算依据是信贷投放行业的碳足迹，反映的是商业银行信贷投放的综合碳排放效率。银行可参考该指标披露自身资产的综合碳排放效率。

（四）对气候信息等重点领域多进行主动披露

除了每年披露可持续发展报告外，商业银行还可以对绿色金融业务、气候和环境风险管理等不定期做专门的细节与特色披露，不断提升银行应对气候变化和绿色金融的透明度。

三、不断提升自身气候表现，树立负责任的银行形象

商业银行应建立中长期的自身气候表现目标，加强自身碳足迹管

理，不断提升自身气候变现，以与国家长期碳达峰碳中和目标保持一致。在具体执行措施上，一方面是减少自身运营产生的碳排放，比如提高可再生能源使用比例、购买绿色电力、将公务车辆置换为电动车等，此外还可以提高自有建筑的绿色建筑认证比例；另一方面是对剩余温室气体排放引入抵消计划，比如通过植树造林、购买碳排放配额以及投资活动产生的减排效益等方式来抵消剩余的二氧化碳排放量，实现碳中和。

对高碳企业绿色转型风险不必过于悲观

张健华[*]

2030年前碳达峰行动方案制定尤为关键。结合当前中国经济形势，实现2030年前碳排放达峰的目标是很紧迫的。若要达成这个目标，就要求每年都有一些阶段性进展，包括具体的政策落地。在政策层面，最重要的是要形成全国总体规划，制定时间表和路线图，然后将目标分解，并推出相应的政策和制度安排。对于一些重要目标和重点行业，要优先出台并落实相关政策。

具体而言，首先，要测算中国碳排放情况，摸清家底，并适时设定清晰的碳排放总量年度目标。2021年的碳排放指标的设定不是关键，关键的是要形成统一标准。把中国碳排放情况的底数摸清楚，把未来的预计碳排放量和经济增长之间的关系测算清楚，这样在制定每年的碳排放目标时可能会更科学。

其次，各个地区、行业和部门都要推出相应的减排路径图，从节能降耗和结构调整两方面设定目标，为将来评估减排效果以及实现最终的"30·60"目标提供判断依据和可行路径。在设定减排目标时，要先注意节能降耗存在极值。由于中国经济总量仍处于增长阶段，能源消耗无法无限制降低。此外，我们还需要进行结构调整。从生产结构看，要重点发展低碳排放的产业，限制发展高耗能、高排放的产业；从能源消费结构看，我们要加大对可再生能源的投资。

再次，全社会要形成减排意识，倡导低碳生活方式。碳达峰碳中和

---

[*] 作者系中国金融四十人论坛（CF40）成员、清华大学五道口金融学院金融发展与监管科技研究中心主任。

目标牵涉到社会的方方面面，需要每位居民参与其中。

最后，碳排放达峰行动方案还需制定一些配套措施，比如检查核实机制、激励机制等。

笔者认为，2030年前碳排放达峰行动方案非常关键，在实现碳排放达峰期间经济结构调整方面的任务也会更重一些。如果碳排放峰值始终确定不了，那么后期要实现碳中和是很难的。

一、未来应设立碳排放总量目标，建立多维度考核体系

2021年政府工作报告中提出"单位GDP能耗降低3%左右"的目标，是基于实际情况的考虑。笔者认为，在科学测算和合理设计的基础上，碳达峰碳中和的推进采取"前紧后松"的节奏相对更好。在阶段性目标的设置上，前期节奏也应该稍微紧些，以便观察未来是否有放宽空间。否则，在后期目标的实现上可能存在较大的不确定性。但是，"紧"的程度也要根据实际情况合理适度调整。所谓"前紧"，未必按照10年平均碳排放水平来要求每年碳排放目标的下降量，而是说在10年中的前几年，碳排放目标平均可以多降一些。

例如，假设到2030年碳达峰之前还需要增加10亿吨碳排放，平均每年增加1亿吨，这是碳达峰所需的年度平均值。但是，以现在的水平，即考虑到经济增长水平、产业和能源结构（我国高碳行业占比仍然较高，新能源比重较低），每年实际碳排放量要达到10年平均值即1亿吨根本不现实，其实可以适当高于1亿吨。

尽管中国在2021年政府工作报告中设定了碳排放强度目标，笔者个人认为未来可能还是要设定碳排放总量目标。"30·60"目标实际上就是总量目标。碳达峰是总量的达峰，而不是碳排放强度或者单位GDP能耗的达峰。

使用碳排放强度还是碳排放总量设定目标，两者各有利弊，而不同指标下的碳排放目标会导致碳达峰时间不一样。设定碳排放强度目标，有利于提高能源使用效率，促进鼓励节能减排等新技术的使用。某种程度上来说，碳排放强度目标可能不会强制性约束GDP生产增量。设定碳排放总量目标的不足之处在于，有些地方为了达标，可能会强行降低

生产，从而对生产经营等各方面造成负面影响。但也有一个很大的好处：如果确定了每年的碳排放限额，那么实际上有助于碳交易的进行，否则全国统一的碳交易市场可能难以真正形成。

目前来看，在碳排放目标的设定过程中还存在很多技术问题，需要做大量基础性工作。比如，如何准确测定碳排放量；伴随未来经济增长，碳排放合理增长空间有多大；对于合理增长空间之内的新增排放，是有偿分配还是无偿分配等。这些问题都要考虑清楚。

事实上，碳排放目标不一定只有一个，可以建立多维度的考核体系。碳排放总量目标应该作为强制性指标，碳排放强度可作为参考性指标。目标设定必须合理。两个目标之间要合理正相关，且不能有太大差距。如果差距过大，那么目标之间就可能产生矛盾。

二、对高碳企业转型风险不必过于悲观，政策应合理安排过渡期并侧重鼓励措施

金融服务实体经济绿色低碳转型，先要适应国家产业政策。在支持对象上，金融服务实体经济应该符合国家鼓励方向，更多地支持清洁能源生产，减少对高耗能、高排放行业的投资。在自身的融资结构上，应该提倡绿色融资概念。在产品上，目前有绿色债券、绿色信贷、ESG投资等。此外，金融部门还要对企业的技术有所了解，有识别企业的能力。

这些对于金融机构其实不成问题，因为无论从国家导向、监管考核还是从自身的价值取向来说，绿色产业作为朝阳产业，银行本身就对它有支持倾向——银行不可能大量投资夕阳产业。

但要真正实现金融服务实体经济绿色低碳转型，金融部门在内部机制上还有许多工作要做。首先，金融企业战略要重视；其次，加强相关人才储备；最后，组织架构上也要有所支持。从技术层面来说，由于绿色企业前期效益普遍较低，对相关企业的风险评估和审贷投资标准可能都要有一套新的评估方法。此外，还可以通过内部考核机制，鼓励绿色低碳投资。

一些未来仍有市场需求的高碳行业，如果能进行能源结构调整或降低碳强度，那么也是有生存空间的。金融机构也应该给予适当支持。银行在支持高碳企业转型时，还要考虑到企业转型力度、转型进度以及转型成本承受力等因素。

高碳企业是否因为碳排放限制而变成大量的银行不良资产，取决于行业自身的发展。总体而言，我认为对于高碳行业不必过于悲观。此前有分析测算，未来十年，中国煤电企业贷款违约概率可能会上升 20 个百分点。但我觉得可能并没有那么简单。因为这是一个互动的过程，银行和企业其实都在互相观望，尤其是银行会根据企业的变化，包括适应新技术引进的情况、能源结构的变化等，决定给予这些企业多大的支持力度。

中国最终要靠绿色能源发展来解决碳减排问题，而不是限制能源消费，不是把所谓的高耗能行业全部击垮，使之成为银行不良资产。这不是我们应该追求的方向。

从国家政策的角度来看，合理安排经济绿色低碳转型过渡期是非常关键的。如果这期间引发金融系统性风险，根源可能还是企业在转型过程当中先出了问题。因此，要防范系统性风险，我们应该从产业端着手。减排政策不应该导致某一个行业大面积亏损或者大量企业破产，而应该留有过渡期。

从金融监管角度来看，应该侧重鼓励性措施，引导市场化约束机制形成，不宜出台针对某些特定行业贷款的强制性措施。这是因为各家机构都知道，要支持高碳企业，就要承担潜在的违约风险。这时候，银行自然会有调整，通过借贷双方的博弈形成新的均衡。

一项政策的出台，其影响是多元的。相关部门在制定政策时需要通盘考虑，既要考虑减排目标，也要考虑到经济稳定和企业生存。例如，对某一行业的贷款额度、贷款占比等不宜做具体限制，否则必然导致一些企业被强制退出。

从银行经营者的角度来看，必须提前预判碳减排相关政策的影响，密切观察跟踪，对这些风险要有预警，在资产布局上缩小一些行业潜在的风险敞口。但是，我们也应当认识到，一个行业只要还存在，就需要支持，银行不能都退出。如果金融部门都不支持了，这个行业到底是因为减排，还是因为银行惜贷、压贷、抽贷而被人为击垮呢？这反而很难辨析清楚。

三、建立全国统一的碳交易市场，各主管部门应加强协调配合

对于全国碳排放权交易市场建设，我认为要吸引社会资本广泛参与绿色金融市场。除了在激励约束机制建设中要更注重奖励，引导形成市场化的约束机制之外，还要建立起市场交易机制，设计更多的金融产品。除了来自相关产业的直接参与者，还要允许纯金融资本、社会资本来做交易，而这些外部社会资本不一定都有实际需求。

具体到碳排放权交易市场的建设，首先要健全碳排放配额强制性分配机制。这就要求总量限制，要有封顶。有了总量限制和分配机制之后，剩下的就要靠市场机制来调节。目前，"30·60"两个时间点实际上提供了封顶机制，依此可以倒推出这期间每年应有的碳排放量，为强制性分配配额提供了比较好的契机。

其次要形成全国统一的市场，认证标准和分配机制也要全国统一。第三方权威机构的核证工作非常关键，即要对各个实体的碳排放量进行核实。至于核证工作是不是也要全国统一，以及认定多少家权威机构等问题，可以再研究，但是这些工作都要尽快开展。形成全国统一的市场是一项系统工程，方方面面都需要抓紧启动。

再次，产业、环境、金融等各主管部门应该加强协调配合。现在来看，有的产业归工信部管理，节能减排归生态环境部负责，交易机制归金融监管部门主管。从长远来说，大家的目标是一致的，但在实践路径中需要更多协调和沟通。在出台政策时，需要兼顾各个部门诉求。在这方面，可从更高层面上组织各主管部门加强协作。

最后，金融部门负责监管，有利于吸引社会资本广泛参与。如果仅从全国统一的碳交易市场来考虑，鉴于它涉及交易机制、交易所，其实它的金融属性更强一些，由金融部门监管会更好一些。这也有利于吸引更多社会资本，提高市场活跃度。虽然其中一些机制可能会与产业主管部门、气候主管部门有关，但总的来说，只要对配额进行市场交易，它就具备金融属性。

图书在版编目（CIP）数据

绿色经济与绿色金融/蔡昉主编．－－北京：中国人民大学出版社，2023.7
ISBN 978-7-300-31881-3

Ⅰ.①绿… Ⅱ.①蔡… Ⅲ.①绿色经济－经济发展－研究－中国②金融业－绿色经济－研究－中国 Ⅳ.①F124.5②F832

中国国家版本馆 CIP 数据核字（2023）第 123460 号

绿色经济与绿色金融
蔡 昉 主编
Lüse Jingji yu Lüse Jinrong

出版发行	中国人民大学出版社		
社　　址	北京中关村大街 31 号	邮政编码	100080
电　　话	010-62511242（总编室）		010-62511770（质管部）
	010-82501766（邮购部）		010-62514148（门市部）
	010-62515195（发行公司）		010-62515275（盗版举报）
网　　址	http://www.crup.com.cn		
经　　销	新华书店		
印　　刷	涿州市星河印刷有限公司		
开　　本	720 mm×1000 mm　1/16	版　次	2023 年 7 月第 1 版
印　　张	19.5 插页 2	印　次	2023 年 7 月第 1 次印刷
字　　数	278 000	定　价	89.00 元

版权所有　侵权必究　印装差错　负责调换